博士论文
出版项目

中国农村家庭多维相对贫困动态性研究

Research on Rural Families' Dynamics of
Multidimensional Relative Poverty in China

汪 为 著

中国社会科学出版社

图书在版编目（CIP）数据

中国农村家庭多维相对贫困动态性研究/汪为著 . —北京：中国社会科学出版社，2023.6
ISBN 978-7-5227-1787-6

Ⅰ.①中⋯ Ⅱ.①汪⋯ Ⅲ.①农村—贫困问题—研究—中国 Ⅳ.①F323.8

中国国家版本馆 CIP 数据核字（2023）第 066900 号

出 版 人	赵剑英
责任编辑	刘晓红
责任校对	周晓东
责任印制	戴 宽

出　　版	中国社会科学出版社
社　　址	北京鼓楼西大街甲 158 号
邮　　编	100720
网　　址	http：//www.csspw.cn
发 行 部	010-84083685
门 市 部	010-84029450
经　　销	新华书店及其他书店
印　　刷	北京君升印刷有限公司
装　　订	廊坊市广阳区广增装订厂
版　　次	2023 年 6 月第 1 版
印　　次	2023 年 6 月第 1 次印刷
开　　本	710×1000　1/16
印　　张	20.5
插　　页	2
字　　数	288 千字
定　　价	109.00 元

凡购买中国社会科学出版社图书，如有质量问题请与本社营销中心联系调换
电话：010-84083683
版权所有　侵权必究

出 版 说 明

为进一步加大对哲学社会科学领域青年人才扶持力度，促进优秀青年学者更快更好成长，国家社科基金 2019 年起设立博士论文出版项目，重点资助学术基础扎实、具有创新意识和发展潜力的青年学者。每年评选一次。2020 年经组织申报、专家评审、社会公示，评选出第二批博士论文项目。按照"统一标识、统一封面、统一版式、统一标准"的总体要求，现予出版，以飨读者。

全国哲学社会科学工作办公室

2021 年

摘　　要

2020 年，中国实现了第一个百年奋斗目标，在中华大地上全面建成了小康社会，这也标志着中国历史性地解决了绝对贫困问题。在中国共产党的带领下，中国人民经历百年奋斗，最终使"民亦劳止，汔可小康"的千年梦想照进了现实。但与此同时，现实也使我们认识到，在进入全面建成小康社会的新阶段后，由消除绝对贫困转向解决"相对贫困"，已然成为"全体人民共同富裕取得更为明显的实质性进展"的关键环节。

相对贫困识别是有效开展相对贫困治理的基础。在学术研究和实际工作中，相对贫困识别通常采用收入和消费指标，然而由于相对贫困的多维度特征，单一经济维度的指标不能够全面反映相对贫困的实际状况。Sen 提出了"能力贫困"概念，认为人们之所以贫困，是因为他们缺乏增强自身投资、应对不确定性风险、参与经济活动获利的"能力"，从而把能力、社会排斥和参与性引入贫困的度量，创建了多维贫困理论。除收入和消费外，相对贫困测度还应包含非货币维度，如健康、教育、住房及公共品的获得等。因此，相对贫困测算需要从单一维度向多维度拓展。另外，相对贫困具有动态性。传统的相对贫困问题研究大多基于截面数据进行统计测度，其本质是静态的，测度结果对相对贫困的解释是片面的。而相对贫困是动态变化的，相对贫困研究需要由静态向动态转换。相对贫困现象是一种需要进行连续考察的状态，对相对贫困人口进行长期的跟踪是非常必要的。相对贫困研究既要了解个体或家庭某一时点的贫困状况，更要连续观察其多个时点的相对贫困状况，分析其进出相对贫困的过程、特征及原因，从而建立相对贫困的动态瞄准机制和制定前瞻性的主动帮扶政策。基于此，本书在多维相对贫困理论研究的基础上，选取消费、教育、健康、生活质量和资产 5 个维度和相应指标，利用 2010—2018 年的中国家庭追踪调查数据（CFPS 数据），测度了农村家庭多维相对贫困状况，识别了农村家庭的动态相对贫困类型，并构建了计量模型考察其影响因素，解释了导致不同多维动态相对贫困类型的成因，找准"贫根"，为缓解农村家庭的相对贫困治理政策措施制定提供实证依据。

  本书研究内容分为以下九章：第一章提出研究问题，指出本书研究的意义，明确本书的研究目的和研究内容，提出本书的研究思路和框架，并对本书所采用的研究方法和数据进行说明，最后指出本书中可能存在的创新点和研究局限。第二章对农村家庭、多维贫困、动态贫困、相对贫困等相关概念进行界定，阐述本书涉及的理论基础，如贫困理论、能力贫困理论、可持续生计理论等，并梳理相关文献，了解国内外多维相对贫困动态性研究现状。第三章分析农村家庭多维相对贫困状况，构建多维相对贫困测度的体系框架，介绍测量多维相对贫困的基本方法，选取多维相对贫困测度的维度和指标，并科学制定相应的临界值和权重，在此基础上对农村家庭多维相对贫困进行测度。进一步地，按全国、东部、中部、西部和东北地区从区域层面描述农村家庭多维相对贫困特征，包括多维指标相对贫困发生率、多维相对贫困指数和多维指标贡献率。同时，将农村家庭和城镇家庭多维相对贫困状态进行对比分析，考察城镇家庭和农村家庭多维相对贫困状况差异。第四章对农村家庭多维相对贫困特征进行描述，基于可持续生计分析框架，刻画不同多维相对贫困状态农村家庭的生计特征，包括不同多维相对贫困状态农村家庭的生计资本，不同多维相对贫困状态农村家庭的生计策略，进一步地，按全国、东部、中部、西部和东北地区从区域层面分析不同多维相对贫困状态农村家庭的特征差异。第五章对农村家庭多维相对贫困动态性进行测度,在多维相对贫困测度的基础上,以农村家庭经历多维相对贫困的年数,将多维相对贫困动态性地划分为从不相对贫困、暂时相对贫困和慢性相对贫困。进一步地,按全国、东部、中部、西部和东北地区从区域层面描述农村家庭多维相对贫困动态性特征,比较分析城镇家庭与农村家庭多维相对贫困动态性的差异,以及不同地区之间农村家庭多维相对贫困动态性的差异。同时,将农村家庭和城镇家庭多维相对贫困动态类型进行对比分析,考察城镇家庭和农村家庭多维相对贫困动态类型的差异。第六章对农村家庭多维相对贫困动态特征进行描述,基于可持续生计分析框架,刻画不同多维相对贫困动态类型农村家庭的生计特征,包括不同多维相对贫困动态类型农村家庭的生计资本,不同家庭多维相对贫困动态类型农村家庭的生计策略。进一步地,按全国、东部、中部、西部和东北地区从区域层面分析不同多维相对贫困动态类型农村家庭的特征差异。第七章探究农村家庭多维相对贫困动态性的影响因素,在多维相对贫困动态性测度基础上,构建计量模型,分析影响农村家庭多维相对贫困动态性的决定因素,并比较分析不同地区之间农村家庭多维相对贫困动态性决定因素的差异。第八章为中国农村多维相对贫困治理对策分析,明确中国农村多维相对贫困治理的目标任务,构建中国农村多维相对贫困治理的机制,制定中国农村多维相对贫困协同治理的政策性工具,提出中国农村多维相对贫困治理的实施路径。第九章为本书的结论及针对研究结论提出的相关建议。

本书立足于中国农村的实际经济状况,在文献研究的基础上,采用了实证分析与规范分析相结合,定性分析和定量分析相结合以及比较分析的研究方法,对中国相对贫困问题进行了详细的分析。具体来说,本书主要的研究方法如下:首先,实证分析与规范分析相结合的分析方法。本书在文献研究的基础上,考察了中国农村多维相对贫困的现状,并在区域层面对东部、中部、西部和东北地区农村家庭多维相对贫困进行了测算,进而基于现状分析结果,对中国农村家庭多维相对贫困动态性进行了划分，以其经历多维相对贫困的年数，将农村家庭多维相对贫困动态性划分为从不相对贫困、暂时相对贫困和慢性相对贫困，并对农村家庭多维相对贫困动态性的影响因素进行了理论与实证分析。通过这种研究方法，我们不仅能对中国农村家庭相对贫困状况有一个全面的把握，而且为政府缓解相对贫困政策的制定和实施提供了有力的支持。其次，定性和定量相结合的分析方法。本书在多维相对贫困动态性及其影响因素的分析中，不仅从家庭层面对该问题进行了探讨，而且使用数据库以及数据库所提供的农村家庭样本数据，采用统计描述和计量分析的方法对理论分析结果进行了经验验证。这种分析方法不仅有助于深化我们对问题的认识，而且能够有效地保证分析结果的合理性和客观性。再次，比较分析方法。本书结合中国二元经济结构的现状，对农村家庭和城镇家庭相对贫困的差异性进行比较分析，包括农村家庭和城镇家庭多维相对贫困测量结果的比较分析，以及农村家庭和城镇家庭多维相对贫困动态性测量结果的比较分析。同时，本书还从区域层面进行了比较分析，将全国、东部、中部、西部和东北地区的区域差异分析贯穿全文，对比分析了农村多维相对贫困动态性的区域差异。

本书在借鉴国内外相关研究成果的基础上，利用2010—2018年中国家庭追踪调查数据，紧紧围绕多维相对贫困和相对贫困动态性展开研究，并试图在以下几个方面进行创新：

第一，本书在对多维相对贫困及其动态性测度方法上进行了创新。在多维相对贫困的维度和指标的选取上，本书在经典的多维相对贫困指数（MPI）基础上，结合中国城乡实际情况，对多维相对贫困维度和指标进行了创新；本书在多维相对贫困维度和指标的权重设置上也进行了创新，在学者广泛使用的等指标权重法的基础上，采用等维度权重法对指标进行了赋值，该方法测度的多维相对贫困结果更具有可比性；在多维相对贫困测度基础上划分了相对贫困动态性，克服了传统相对贫困动态性以经济维度作为考量标准的局限性。

第二，本书在对中国城乡相对贫困的实证分析中，不仅从静态的角度对中国城乡整体多维相对贫困状况和发生机制进行了分析，而且从动态的角度考察了中国城乡相对贫困动态演化状况及其影响因素。同时，我们还对多维相对贫困动态性在区域层面进行了比较研究。这种分析不仅使我们对于相对贫困问题有一个较为全面的把握，而且能为政府反相对贫困政策的制定和实施提供更具可操作性的手段。

第三，长期以来，由于微观数据特别是微观面板数据的缺乏，国内学者对于中国城乡相对贫困的分析主要是纯理论分析，鲜有从微观层次的验证和考察。即使有相对贫困相关的实证分析，也主要是采用统计年鉴的年度宏观数据或较小样本的调查数据进行。这不仅限制了相对贫困分析的内容，而且其分析的客观性和准确性也得不到保障。在此情况下，本书对于家庭相对贫困状况及其影响因素的实证分析，在一定程度上弥补了国内相对贫困研究中实证分析的不足，并大大地提高了分析结果的准确性和可依赖性。

关键词：农村家庭；多维相对贫困；贫困动态性；生计资本；生计策略

Abstract

In 2020, China achieved its first centennial goal and built a moderately prosperous society in an all-round way on the land of China, which also marks that China has historically solved the problem of absolute poverty. Under the leadership of the CPC, the Chinese people have gone through centennial struggle and finally realized the millennium dream of "people can stop working, and they can live a moderately prosperous life". At the same time, however, the reality also makes us realize that, after entering the new stage of building a moderately prosperous society in an all-round way, the shift from eliminating absolute poverty to solving "relative poverty" has become a key link in "achieving more significant substantive progress in common prosperity for all people".

The identification of relative poverty is the foundation for effective governance of relative poverty. In academic research and practical work, relative poverty identification usually uses income and consumption indicators. However, due to the multidimensional characteristics of relative poverty, a single economic dimension indicator cannot fully reflect the actual situation of relative poverty. Sen proposed the concept of "capacity poverty", believing that people are poor because they lack the "ability" to enhance their own investment, cope with uncertain risks, and participate in economic activities to profit. This introduces ability, social exclusion, and participation into the measurement of poverty, creating a multidimensional poverty theory. In addition to income and consumption, the measurement of relative poverty should also include non monetary dimensions such as health, education, housing, and access to public goods. Therefore, the measurement of relative poverty needs to be expanded from a single dimension to multiple dimensions. In addition, relative poverty is dynamic. Traditional research on relative poverty is mostly based on cross-sectional data for statistical measurement, which is essentially static, and the interpretation of relative poverty by measurement results is one-sided. And relative poverty is dynamically changing, and research on relative poverty needs to transition from static to dynamic. The phenomenon of relative poverty is a state that requires continuous observation, and long-term tracking of the relative poor population is very necessary. The study of relative poverty not only needs to understand the poverty situation of individuals or families at a certain time point, but also needs to continuously observe their relative poverty situation at multiple time points, analyze the process, characteristics, and reasons of entering and exiting relative poverty, in order to establish a dynamic targeting mechanism for relative poverty and formulate forward-looking proactive assistance policies. Based on this, this book selects five dimensions and corresponding indicators of consumption, education, health, quality of life, and assets based on the research of multidimensional relative poverty theory. Using the China Household Tracking Survey data (CFPS data) from 2010 to 2018, it measures the multidimensional relative poverty situation of rural households, identifies the dynamic relative poverty types of rural households, and constructs an econometric model to examine their influencing factors, Explained the causes of multidimensional dynamic relative poverty types, identified the "root of poverty", and provided empirical basis for the formulation of policies and measures to alleviate relative poverty in rural households.

　　The research content of this book is divided into the following nine chapters: Chapter 1 proposes research questions, points out the significance of this book's research, clarifies the research purpose and content of this book, proposes the research ideas and framework of this book, and explains the research methods and data used in this book. Finally, it points out potential innovation points and research limitations that may exist in this book. Chapter 2 defines relevant concepts such as rural households, multidimensional poverty, dynamic poverty, and relative poverty, elaborates on the theoretical foundations involved in this book, such as poverty theory, capacity poverty theory, and sustainable livelihood theory, and reviews relevant literature to understand the current research status of multidimensional poverty relative poverty dynamics at home and abroad. Chapter 3 analyzes the multidimensional relative poverty situation of rural households, constructs a systematic framework for measuring multidimensional relative poverty, introduces the basic methods for measuring multidimensional relative poverty, selects dimensions and indicators for measuring multidimensional relative poverty, and scientifically formulates corresponding critical values and weights. Based on this, the multidimensional relative poverty of rural households is measured. Furthermore, describe the multidimensional relative poverty characteristics of rural households at the regional level based on the national, eastern, central, western, and northeastern regions, including the incidence rate of multidimensional relative poverty indicators, the multidimensional relative poverty index, and the contribution rate of multidimensional indicators. Simultaneously, compare and analyze the multidimensional relative poverty status of rural and urban families, and examine the differences in the multidimensional relative poverty status between urban and rural families. Chapter 4 describes the multidimensional relative poverty characteristics of rural households. Based on the sustainable livelihood analysis framework, the livelihood characteristics of rural households in different multidimensional relative poverty states are depicted, including the livelihood capital of rural households in different multidimensional relative poverty states, and the livelihood strategies of rural households in different multidimensional relative poverty states. Progressively, according to the national, eastern, central Analyzing the differences in the characteristics of rural households in multidimensional relative poverty status from a regional perspective in the western and northeastern regions. Chapter 5 measures the dynamics of multidimensional relative poverty in rural households. Based on the measurement of multidimensional relative poverty, the dynamics of multidimensional relative poverty are divided into never relative poverty, temporary relative poverty, and chronic relative poverty based on the number of years that rural households have experienced multidimensional relative poverty. Furthermore, describe the dynamic characteristics of multidimensional relative poverty of rural households at the regional level based on the national, eastern, central, western, and northeastern regions, and compare and analyze the differences in the dynamic characteristics of multidimensional relative poverty between urban and rural households, as well as the differences in the dynamic characteristics of multidimensional relative poverty of rural households between different regions. At the same time, a comparative analysis will be conducted on the dynamic types of multidimensional relative poverty between rural and urban households to examine the differences in the dynamic types of multidimensional relative poverty between urban and rural households. Chapter 6 describes the multidimensional dynamic relative poverty characteristics of rural households. Based on the sustainable livelihood analysis framework, it depicts the livelihood characteristics of different multidimensional relative poverty dynamic types of rural households, including the livelihood capital of different multidimensional relative poverty dynamic types of rural households, and the livelihood strategies of different multidimensional relative poverty dynamic types of rural households. Furthermore, analyze the differences in the characteristics of different multidimensional relative poverty dynamic types of rural households at the regional level based on the national, eastern, central, western, and northeastern regions. Chapter 7 explores the influencing factors of multidimensional relative poverty dynamics in rural households. Based on the measurement of multidimensional relative poverty dynamics, an econometric model is constructed to analyze the determinants of multidimensional relative poverty dynamics in rural households, and to compare and analyze the differences in the determinants of multidimensional relative poverty dynamics among rural households in different regions. Chapter 8 is an analysis of the countermeasures for multi-dimensional relative poverty governance in rural China, clarifying the goals and tasks of multi-dimensional relative poverty governance in rural China, constructing a mechanism for multi-dimensional relative poverty governance in rural China, formulating policy tools for collaborative governance of multi-dimensional relative poverty in rural China, and proposing the implementation path for multi-dimensional relative poverty governance in rural China. Chapter 9 is the conclusion of this book and relevant suggestions for research conclusions.

This book is based on the actual economic situation of rural China, and adopts a combination of empirical analysis and normative analysis, qualitative analysis and quantitative analysis, as well as comparative analysis research methods on the basis of literature research. It provides a detailed analysis of China's relative poverty problem. Specifically, the main research methods of this book are as follows: firstly, the analysis method of combining empirical analysis and normative analysis is adopted. On the basis of literature research, this book examines the current situation of multidimensional relative poverty in rural China, and calculates the multidimensional relative poverty of rural households in the eastern, central, western, and northeastern regions at the regional level. Based on the results of the current situation analysis, the dynamic characteristics of multidimensional relative poverty in Chinese rural households are divided based on the number of years they have experienced multidimensional relative poverty, The multidimensional relative poverty dynamics of rural households were divided into temporary relative poverty and chronic relative poverty, and theoretical and empirical analysis was conducted on the influencing factors of the multidimensional relative poverty dynamics of rural households. Through this research method, we can not only have a comprehensive understanding of the relative poverty situation of rural households in China, but also provide strong support for the formulation and implementation of government policies to alleviate relative poverty. Secondly, a combination of qualitative and quantitative analysis methods. In the analysis of multidimensional relative poverty dynamics and its influencing factors, this book not only explores the issue from the family level, but also empirically validates the theoretical analysis results using statistical description and econometric analysis methods using databases and rural household sample data provided by the databases. This analysis method not only helps to deepen our understanding of the problem, but also effectively ensures the rationality and objectivity of the analysis results. Again, compare the analysis methods. This book compares and analyzes the differences in relative poverty between rural and urban households based on the current situation of China's dual economic structure, including the comparative analysis of multidimensional relative poverty measurement results between rural and urban households, as well as the comparative analysis of multidimensional relative poverty dynamic measurement results between rural and urban households. At the same time, this book also conducts a comparative analysis at the regional level, integrating the analysis of regional differences across the entire country, eastern, central, western, and northeastern regions, and comparing and analyzing the dynamic regional differences of multidimensional relative poverty in rural areas.

On the basis of drawing on relevant research results both domestically and internationally, this book uses data from the China Household Tracking Survey from 2010 to 2018 to conduct research closely around multidimensional relative poverty and relative poverty dynamics, and attempts to innovate in the following aspects:

Firstly, this book innovates methods for measuring multidimensional relative poverty and its dynamics. In the selection of dimensions and indicators of multidimensional relative poverty, this book innovates the dimensions and indicators of multidimensional relative poverty based on the classic multidimensional relative poverty index (MPI) and the actual situation of urban and rural areas in China; This book also innovates in the setting of multidimensional relative poverty dimensions and indicators' weights. On the basis of the widely used equal indicator weight method by scholars, the equal dimension weight method is used to assign values to the indicators, and the multidimensional relative poverty results measured by this method are more comparable; On the basis of multi-dimensional relative poverty measurement, the dynamic nature of relative poverty was divided, overcoming the limitations of traditional relative poverty dynamics based on economic dimensions as a criterion for consideration.

Secondly, in the empirical analysis of relative poverty between urban and rural areas in China, this book not only analyzes the overall multidimensional relative poverty situation and occurrence mechanism from a static perspective, but also examines the dynamic evolution and influencing factors of relative poverty between urban and rural areas in China from a dynamic perspective. At the same time, we also conducted a comparative study on the dynamics of multidimensional relative poverty at the regional level. This analysis not only provides us with a comprehensive understanding of the issue of relative poverty, but also provides more operational means for the formulation and implementation of government policies against relative poverty.

Third, for a long time, due to the lack of micro data, especially micro panel data, the analysis of China's urban and rural relative poverty by domestic scholars is mainly pure theoretical analysis, with little verification and inspection from the micro level. Even if there are empirical analyses related to relative poverty, they are mainly conducted using annual macro data from statistical yearbooks or survey data from smaller samples. This not only limits the content of relative poverty analysis, but also fails to guarantee its objectivity and accuracy. In this case, the empirical analysis of the relative poverty situation of households and its influencing factors in this book to some extent compensates for the shortcomings of empirical analysis in domestic relative poverty research, and greatly improves the accuracy and reliability of the analysis results.

Key Words: Rural Households; Multidimensional Relative Poverty; Poverty Dynamics; Livelihood Capital; Livelihood Strategy

目 录

第一章　导论 ……………………………………………………（1）
　第一节　研究背景和意义 ………………………………………（1）
　第二节　研究目标和内容 ………………………………………（4）
　第三节　研究方法和数据 ………………………………………（7）
　第四节　研究创新点与研究局限 ………………………………（10）

第二章　理论基础与文献综述 …………………………………（12）
　第一节　关键概念界定 …………………………………………（12）
　第二节　理论基础 ………………………………………………（26）
　第三节　文献综述 ………………………………………………（32）
　第四节　本章小结 ………………………………………………（47）

第三章　农村家庭多维相对贫困测度 …………………………（49）
　第一节　多维相对贫困测度的体系框架 ………………………（49）
　第二节　农村家庭多维相对贫困测度结果 ……………………（57）
　第三节　农村家庭与城镇家庭多维相对贫困对比 ……………（77）
　第四节　本章小结 ………………………………………………（89）

第四章　多维相对贫困视角下农村家庭生计特征分析 ………（90）
　第一节　不同多维相对贫困程度农村家庭的生计资本 ………（90）
　第二节　不同多维相对贫困程度农村家庭的生计策略 ……（107）

第三节　本章小结 …………………………………………（116）

第五章　农村家庭多维相对贫困动态性测度 ……………（118）
第一节　多维相对贫困动态性测度方法 ………………（118）
第二节　农村家庭多维相对贫困动态性测度结果 ……（123）
第三节　农村家庭与城镇家庭多维相对贫困动态性

对比分析 ……………………………………（128）
第四节　本章小结 ………………………………………（137）

第六章　不同多维相对贫困动态类型农村家庭的生计特征 ……（138）
第一节　不同多维相对贫困动态类型农村家庭的

生计资本 ……………………………………（138）
第二节　不同多维相对贫困动态类型农村家庭的

生计策略 ……………………………………（160）
第三节　本章小结 ………………………………………（172）

第七章　农村家庭多维相对贫困动态性的影响因素分析 ……（174）
第一节　模型构建 ………………………………………（174）
第二节　变量选取与描述统计 …………………………（175）
第三节　实证结果分析 …………………………………（180）
第四节　本章小结 ………………………………………（185）

第八章　中国农村多维相对贫困治理对策分析 ……………（186）
第一节　中国农村多维相对贫困治理的目标与任务 …（186）
第二节　中国农村多维相对贫困治理的机制构建 ……（197）
第三节　多维相对贫困协同治理的政策性工具 ………（207）
第四节　多维相对贫困治理的实施路径 ………………（218）

第九章　结论与建议 ……………………………………（234）
　　第一节　主要结论 ……………………………………（234）
　　第二节　政策建议 ……………………………………（238）

附　录 ………………………………………………………（243）

参考文献 ……………………………………………………（278）

索　引 ………………………………………………………（296）

后　记 ………………………………………………………（300）

Contents

Charpter 1 Introduction ……………………………………… (1)
    Section 1 Background and significance ……………………… (1)
    Section 2 Research objectives and contents ………………… (4)
    Section 3 Research methods and data ……………………… (7)
    Section 4 Research innovation and research limitations ……… (10)

Charpter 2 The theoretical basis and literature review …… (12)
    Section 1 Definition of key concepts ………………………… (12)
    Section 2 Theoretical basis …………………………………… (26)
    Section 3 Literature review …………………………………… (32)
    Section 4 Summary …………………………………………… (47)

Charpter 3 The measurement of multidimensional relative poverty of rural families ……………………… (49)
    Section 1 System framework of multidimensional relative poverty measurement ……………………………… (49)
    Section 2 Rural households' measurement results of multidimensional relative poverty of ……………… (57)
    Section 3 Comparison of multidimensional relative poverty between rural families and urban families ……………… (77)
    Section 4 Summary …………………………………………… (89)

Charpter 4 Analyzes the livelihood characteristics of rural families from the perspective of multidimensional relative poverty ……………………………… (90)

Section 1 Livelihood capital of rural families with different multidimensional relative poverty levels …………… (90)

Section 2 Livelihood strategies of rural families with different multidimensional relative poverty levels ………… (107)

Section 3 Summary ……………………………………………… (116)

Charpter 5 The dynamic measurement of multidimensional relative poverty of rural families ……………… (118)

Section 1 Multidimensional relative poverty dynamic measurement method ……………………………… (118)

Section 2 Dynamic measurement results of multidimensional relative poverty of rural households ……………… (123)

Section 3 Comparative analysis of multidimensional relative poverty dynamics between rural families and urban families ……………………………………… (128)

Section 4 Summary ……………………………………………… (137)

Charpter 6 Livelihood characteristics of rural families with different multidimensional relative poverty dynamic types ……………………………… (138)

Section 1 Livelihood capital of rural families with different multidimensional relative poverty dynamic types ……………………………………………… (138)

Section 2 Livelihood strategies of rural families with different multidimensional relative poverty dynamic types …… (160)

Section 3 Summary ……………………………………………… (172)

Charpter 7 Analyzes the influencing factors of the multidimensional relative poverty dynamics of rural families .... (174)
    Section 1 Model construction .... (174)
    Section 2 Variable selection and descriptive statistics .... (175)
    Section 3 Analysis of empirical results .... (180)
    Section 4 Summary .... (185)

Charpter 8 Analysis on the Countermeasures of multidimensional relative poverty control in China's rural areas .... (186)
    Section 1 Objectives and tasks of multidimensional relative poverty governance in rural China .... (186)
    Section 2 Mechanism construction of multidimensional relative poverty governance in rural China .... (197)
    Section 3 Policy tools for coordinated governance of multidimensional relative poverty .... (207)
    Section 4 Implementation Path of multidimensional relative poverty governance .... (218)

Charpter 9 Conclusions and suggestions .... (234)
    Section 1 Main conclusions .... (234)
    Section 2 Policy recommendations .... (238)

Appendix .... (243)

Reference .... (278)

Index .... (296)

Postscript .... (300)

第 一 章

导 论

第一节 研究背景和意义

一 研究背景

贫困是世界范围内每个国家和地区共同面临的难题，是联合国千年发展目标之一，消除贫困是一项全球性任务，也是中国经济社会发展的重大问题（罗梦亮，2012）。自改革开放以来，中国取得了举世瞩目的扶贫成就，中国农村贫困人口由 1978 年的 2.5 亿人减少为 2010 年的 2688 万人，贫困发生率相应地由 33% 减少到 2.8%，2020 年中国农村贫困人口全部脱贫。"后扶贫时代"，扶贫任务由消除绝对贫困转为解决相对贫困。随着贫困理论的发展，对相对贫困的测度已经不能简单地以收入状况来反映，仅以收入为衡量贫困的标准不能准确地反映出相对贫困的真实情况。在经济发展的初级阶段，人们关注的是静态的绝对收入和消费的相对贫困，而进入经济发展的中高级阶段，动态和多维度的相对贫困越来越受到重视。一方面，要认识到相对贫困的维度不能仅仅以收入来反映，其他方面的相对贫困（如健康、教育等）也会通过收入来影响相对贫困，所以要从多维的角度来看待相对贫困（张全红、周强，2014）；随着时间的变化，相对贫困各维度也在变化，可能继续陷入相对贫困也可能脱离相对贫困，因此，要对相对贫困进行动态性分析。

现在，人们对相对贫困的研究不单单局限于截面数据基础上静态层面的研究，转而开始在面板数据基础上的动态性研究；同时，从单一的收入维度转向多维度（如消费、教育、健康等）相对贫困的研究（夏庆杰等，2007）。然而，目前将相对贫困的动态性研究和多维度相结合的研究还比较少，因此，本书尝试从多维相对贫困视角下对农村相对贫困动态性进行研究。目前，我国解决贫困的任务依然艰巨，一是相对贫困人口数量多，二是收入差距造成了相对贫困。因此，对相对贫困形成因素的深入研究有助于解决目前的相对贫困问题，然而当前对农村相对贫困的研究主要停留在静态研究和以收入为单一维度的研究，缺少以多维度为视角的动态性研究，本书试图在收入和消费维度的基础上加入多维评估参数对相对贫困进行动态性研究，对目前的政策提出建议和微观层面的基础证据。从多维动态相对贫困视角出发，区分相应维度的相对贫困为暂时性相对贫困和持续性相对贫困并考察其影响因素可以解释不同类型相对贫困的成因，建议不同类型的相对贫困采用不同的帮扶政策，有助于为各类帮扶政策提供更好的瞄准机制（叶普万，2005）。

二 研究意义

2020年农村贫困人口全面脱贫后，相对贫困研究一直是学术界研究的热点。当前，中国相对贫困治理的大力推进也迫切需要理论依据和政策支撑。在实际工作中，由于相对贫困的多样性、复杂性和特殊性，识别相对贫困的难度较大，诸多学者尝试构建各种相对贫困指数，以帮助政策执行人员识别相对贫困和分析相对贫困，相对贫困指数的构建有利于制定科学的相对贫困治理政策，以及对相对贫困治理效果进行评估。然而，测度相对贫困是一项较为复杂的难题，不同的相对贫困测度方法和数据质量的差异，均会影响相对贫困测度的精准性。对相对贫困识别来说，由于传统的相对贫困定义和数据的可获得性，早期对相对贫困的识别大多是以家庭或个体的收入或消费水平为依据，通过设定货币化的相对贫困线，将收入或消费量化，以识别家庭或个体是否处于相对贫困状态。随着经济社会的发展，仅仅依据收入或消费来识别家庭或个体是否相对贫困并在此基础上制定相对贫困治理措施，并不能准确地反映识别对象的真实状况，可能导致相对贫困识别结果不精准和治理措施偏离，不符合实际工作的需要。实际上，除收入和消费之外，家庭或个体的教育、健康和资产等维度和指标也会影响家庭或个体的相对贫困状况，在能力贫困理论基础之上，从多个维度评判家庭或个体是否处于相对贫困状态，更能反映识别对象的真实状况，在此基础上，才能更精准地制定相应的相对贫困治理政策。

同时，当前学术界对多维相对贫困的研究大多停留在静态分析层面，缺乏以动态的视角来研究多维相对贫困，相对贫困是具有时间维度的，家庭或个体不管是处于非相对贫困状态还是相对贫困状态，其时间上是连续的，因此，对相对贫困的研究需要利用面板数据，对连续观察的家庭或个体从时间维度进行动态考察。鉴于此，本书拟采用中国家庭追踪调查数据，利用经典的AF多维相对贫困测度方法，以全国、东部、中部、西部和东北地区为区域层面[①]，对农村家庭多维相对贫困进行测度，在此基础上，考察农村家庭相对贫困动态类型，同时，基于可持续生计分析框架，刻画不同多维相对贫困状态和不同多维相对贫困动态类型农村家庭的生计特征，并构建计量模型，分析影响农村家庭多维相对贫困动态性的影响因素，设计农村多维相对贫困治理政策体系并提出相应的相对贫困治理建议。

---

① 本书对于区域的划分参照了国家统计局有关东中西部和东北地区的划分方法（http：//www.stats.gov.cn/tjsj/zxfb/201405/t20140527_558611.html），同时，删除了样本量较少的省份。其中，东部包括北京市、天津市、河北省、上海市、江苏省、浙江省、福建省、山东省和广东省，中部包括山西省、安徽省、江西省、河南省、湖北省和湖南省，西部包括广西壮族自治区、重庆市、四川省、贵州省、云南省、陕西省和甘肃省，东北地区包括辽宁省、吉林省和黑龙江省。

第二节 研究目标和内容

一 研究目标

本书以农村家庭作为研究对象,利用中国农村家庭追踪调查数据(CFPS 数据),采用文献研究、定性与定量结合的研究方法,围绕农村多维相对贫困动态性这一主题进行分析,构建多维相对贫困研究框架,描述 2010—2018 年中国农村家庭多维相对贫困状况,并以区域层面从东部、中部、西部和东北四个地区分析了农村家庭多维相对贫困差异,并从理论和实证两个方面深入分析农村家庭多维相对贫困动态性的影响效应。本书具体的研究目标可以分为:

(1) 梳理文献,构建多维相对贫困分析框架,选取衡量农村多维相对贫困的维度和指标,并科学设置各指标的临界值和权重。

(2) 利用 CFPS 数据,在多维相对贫困分析框架上测度农村多维相对贫困,揭示农村多维相对贫困现状,阐述不同指标的贫困发生率及对多维相对贫困的贡献率,并刻画城镇和农村以及不同地区的差异。

(3) 基于可持续生计分析框架,从生计资本和生计策略两个方面,刻画不同多维相对贫困状态农村家庭的特征差异。

(4) 测度农村家庭多维相对贫困动态性,描述农村家庭多维相对贫困动态性特征,并刻画城镇和农村以及不同地区的差异。

(5) 基于可持续生计分析框架,从生计资本和生计策略两个方面,刻画不同多维相对贫困动态类型农村家庭的特征差异。

(6) 在多维相对贫困及动态性测度基础上,构建计量模型,分析影响农村家庭多维相对贫困动态性的决定因素。

(7) 在以上研究的基础上,提出缓解农村家庭多维相对贫困的对策建议。

二 研究内容

基于以上研究目标，本书研究内容主要包括以下几个方面：

第一章导论提出研究问题，指出本书研究的意义，明确本书的研究目的和研究内容，提出本书的研究思路和框架，并对本书所采用的研究方法和数据进行说明，最后指出本书中可能存在的创新点和不足。

第二章对农村家庭、多维贫困、动态贫困等相关概念进行界定，阐述本书涉及的理论基础，如贫困理论、能力贫困理论、可持续生计理论等，并梳理相关文献，了解国内外多维相对贫困动态性研究现状。

第三章分析农村家庭多维贫困状况，首先，构建多维相对贫困测度的体系框架，介绍测量多维相对贫困的基本方法，选取多维相对贫困测度的维度和指标，并科学制定相应的临界值和权重，在此基础上对农村家庭多维相对贫困进行测度。其次，按全国、东部、中部、西部和东北地区从区域层面描述农村家庭多维相对贫困特征，包括多维指标相对贫困发生率、多维相对贫困指数和多维指标贡献率。最后，将农村家庭和城镇家庭多维相对贫困状态进行对比分析，考察城镇家庭和农村家庭多维相对贫困状况差异。

第四章对农村家庭多维相对贫困特征进行描述，基于可持续生计分析框架，刻画不同多维相对贫困状态农村家庭的生计特征，包括不同多维相对贫困状态农村家庭的生计资本，不同多维相对贫困状态的农村家庭的生计策略，进一步地，按全国、东部、中部、西部和东北地区从区域层面分析不同多维相对贫困状态农村家庭的特征差异。

第五章对农村家庭多维相对贫困动态性进行测度，在多维相对贫困测度的基础上，以农村家庭经历多维相对贫困的年数，将多维相对贫困动态性划分为从不贫困、暂时贫困和慢性贫困，进一步地，按全国、东部、中部、西部和东北地区从区域层面描述农村家庭多维相对贫困特征，比较分析城镇家庭与农村家庭多维相对贫困动态性的差异，以及不同地区之间农村家庭多维相对贫困动态性的差异。同时，将农村家庭和城镇家庭多维相对贫困动态类型进行对比分析，考察城镇家庭和农村家庭多维相对贫困动态类型的差异。

第六章对农村家庭多维动态相对贫困特征进行描述，基于可持续生计分析框架，刻画不同多维相对贫困动态类型农村家庭的生计特征，包括不同多维相对贫困动态类型农村家庭的生计资本，不同家庭多维相对贫困动态类型农村家庭的生计策略，进一步地，按全国、东部、中部、西部和东北地区从区域层面分析不同多维相对贫困动态类型农村家庭的特征差异。

第七章探究农村家庭多维相对贫困动态性的影响因素，在多维相对贫困动态性测度基础上，构建计量模型，分析影响农村家庭多维相对贫困动态性的决定因素，并比较分析不同地区之间农村家庭多维贫困动态性决定因素的差异。

第八章为中国农村多维相对贫困治理对策分析，明确中国农村多维相对贫困治理的目标任务，构建中国农村多维相对贫困治理的机制，制定中国农村多维相对贫困协同治理的政策性工具，提出中国农村多维相对贫困治理的实施路径。

第九章为本书的结论及针对研究结论提出的相关建议。

本书的研究技术路线如图1-1所示。首先，在文献分析和咨询相关专家的基础上，提出本书的研究对象和研究目标，确定本书的书名，并从贫困理论、能力贫困理论和多维贫困理论等方面对本书研究主题进行理论研究，构建本书的理论基础。其次，从理论分析和实证分析两方面建立本书的分析框架。理论分析方面，通过梳理文献和经典相对贫困理论以及已有文献对多维相对贫困动态性影响机制和路径的探讨，从理论上分析影响农村家庭多维相对贫困动态性的影响因素；实证分析方面，在经典的多维相对贫困测量方法和相对贫困动态性测量方法的基础上，结合本书的数据和中国农村实际情况，优化和完善多维相对贫困测量方法和相对贫困动态性测量方法，得出多维相对贫困测量结果和相对贫困动态性测量结果，比较城镇家庭和农村家庭测量结果的差异，并刻画不同多维相对贫困状态和不同相对贫困动态类型农村家庭的特征。最后，构建实证模型，从多维相对贫困视角对不同相对贫困动态类型的农村家庭的影响因素进行实证研究，以识别影响农村家庭多维相对贫困动态性的影响因素，进而为缓解农村家庭多维相对贫困动态性和减少农村家庭多维暂时相对贫困和慢性相对贫困提出可行的政策建议。

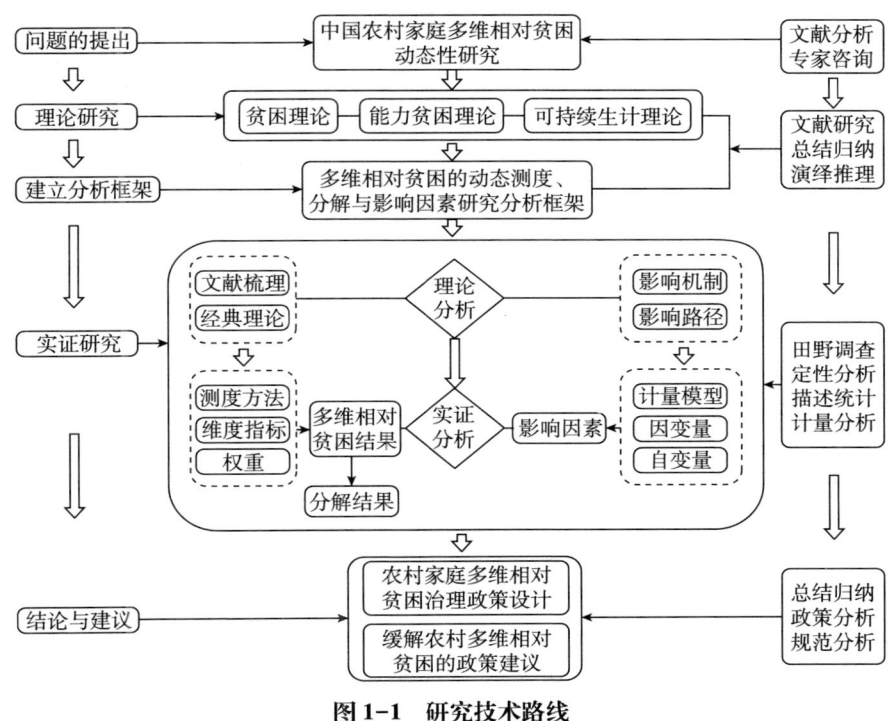

图1-1 研究技术路线

第三节 研究方法和数据

一 研究方法

本书立足于中国的实际经济状况，在文献研究的基础上，采用了实证分析与规范分析相结合、定性分析和定量分析相结合以及比较分析的研究方法，对中国相对贫困问题进行了详细的分析。具体来说，本书主要的研究方法如下：首先，实证分析与规范分析相结合的分析方法。本书在文献研究的基础上，考察了中国农村多维相对贫困的现状,并在区域层面对东部、中部、西部和东北地区农村家庭多维相对贫困进行了测算,进而基于现状分析结果,对中国农村家庭多维相对贫困动态性进行了划分,以其经历多维相对贫困的年数,将农村家庭多维相对贫困动态性划分为从不贫困、暂时相对贫困和慢性相对贫困,并对农村家庭多维相对贫困动态性的影响因素进行了理论与实证分析。通过这种研究方法,我们不仅能对中国农村家庭贫困状况有一个全面的把握,而且为政府缓解相对贫困政策的制定和实施提供了有力的支持。其次,定性和定量相结合的分析方法。本书在多维相对贫困动态性及其影响因素的分析中,不仅从家庭层面对该问题进行了探讨,而且使用数据库以及数据库所提供的农村家庭样本数据,采用统计描述和计量分析的方法对理论分析结果进行了经验验证。这种分析方法不仅有助于深化我们对问题的认识,而且能够有效地保证分析结果的合理性和客观性。最后,比较分析方法。本书结合中国二元经济结构的现状,对农村家庭和城镇家庭相对贫困的差异性进行比较分析,包括农村家庭和城镇家庭多维相对贫困测量结果的比较分析,以及农村家庭和城镇家庭多维相对贫困动态性测量结果的比较分析。同时,本书还从区域层面进行了比较分析,将全国、东部、中部、西部和东北地区的区域差异分析贯穿全书,对比分析了农村多维贫困动态性的区域差异。

二 研究数据

本书使用的数据来源于中国家庭追踪调查(China Family Panel Studies, CFPS)微观数据,该数据库由北京大学"985"项目资助、北京大学中国社会科学调查中心(Institute of Social Science Survey, Peking University, ISSS)组织实施,其主要是从个体、家庭和社区三个层面跟踪收集数据,能够较为真实地反映当前中国社会、经济、人口、教育和健康的情况。

中国家庭追踪调查数据主要是观测个体、家庭和社区的经济与非经济福利以及诸多其他研究主题,如经济活动、教育成果、家庭关系与家庭动态、人口迁移、健康等。中国家庭追踪调查微观数据样本量较大，覆盖面积十分广泛，涵盖我国 25 个省份①，调查对象为样本家庭内全部家庭成员信息。调查信息问卷主要由社区问卷、家庭问卷、成人问卷和少儿问卷四种主体问卷构成，并且在此基础上不断发展出针对不同性质家庭成员的长问卷、短问卷、代答问卷、电访问卷等多种问卷类型。

北京大学中国社会科学调查中心从 2005 年开始筹备调查工作，2007—2009 年在北京、上海和广东三地开展试调查工作，2010 年正式开展全国性调查，经 2010 年基线调查界定出来的所有基线家庭成员及其今后的血缘或领养子女将作为中国家庭追踪调查数据库的基因成员，成为永久追踪对象。调查涉及全国 25 个省、市、自治区，2011 年、2012 年、2014 年、2016 年和 2018 年分别进行了跟踪调查。为了有利于从年度上进行比较②，本书选取 2010 年、2012 年、2014 年、2016 年和 2018 年数据进行研究，其中 2010 年调查样本 14798 户，2012 年调查样本 13315 户，2014 年调查样本 13946 户，2016 年调查样本 14033 户，2018 年调查样本 13051 户。本书利用 Stata13 软件对 2010 年、2012 年、2014 年、2016 年和 2018 年数据进行了匹配③，筛选出了连续 5 次被调查的家庭样本，样本总量为

---

① CFPS 数据包括全国 31 个省份的数据，然而，部分省份（内蒙古自治区、海南省、西藏自治区、青海省、宁夏回族自治区、新疆维吾尔自治区）的样本数较少（除了新疆维吾尔自治区为 16 户之外，其余均小于 10 户），缺乏代表性，因此，本书最终选取了 25 个省份的数据，这些省份包括北京市、天津市、河北省、山西省、辽宁省、吉林省、黑龙江省、上海市、江苏省、浙江省、安徽省、福建省、江西省、山东省、河南省、湖北省、湖南省、广东省、广西壮族自治区、重庆市、四川省、贵州省、云南省、陕西省和甘肃省。

② 目前，北京大学中国社会科学调查中心公布的中国家庭追踪调查数据年份分别为 2010 年、2011 年、2012 年、2014 年、2016 年和 2018 年，没有采用 2011 年的数据，以 2010—2018 年每隔两年的数据作为样本，以便于从时间维度上分析多维贫困、贫困动态性等趋势。

③ 本书所用 CFPS 数据匹配的数据类型有家庭数据、成人数据、儿童数据和社区数据，这些数据均由北京大学中国社会科学调查中心提供。

8519户，其中城镇家庭为3841户，农村家庭为4678户。①

第四节 研究创新点与研究局限

一 可能的创新点

本书在已有研究的基础上，考察了中国农村多维相对贫困的现状及动态性特征，并对中国农村反相对贫困政策的制定和实施提出了相应的政策建议。本书在以下三个方面可能有一定的创新。

第一，对多维相对贫困及其动态性测度方法进行了创新。在多维相对贫困的维度和指标的选取上，本书在经典的多维相对贫困指数（MPI）基础上，结合中国农村实际情况，对多维相对贫困维度和指标进行了创新；本书在多维相对贫困维度和指标的权重设置上也进行了创新，在学者广泛使用的等指标权重法的基础上，采用等维度权重法对指标进行了赋值，该方法测度的多维相对贫困结果更具有可比性；在多维相对贫困测度基础上划分了相对贫困动态性，克服了传统相对贫困动态性以经济维度作为考量标准的局限性。

第二，对农村家庭多维相对贫困进行动态考察。本书在对中国农村相对贫困的实证分析中，不仅从静态的角度对中国农村整体多维相对贫困状况和发生机制进行了分析，而且从动态的角度考察了中国农村相对贫困动态演化状况及其影响因素。同时，我们还对多维相对贫困动态性在区域层面进行了比较研究。这种分析不仅使我们对于相对贫困问题有了一个较为全面的把握，而且能为政府反相对贫困政策的制定和实施提供更具操作性的手段。

第三，从微观大样本数据研究农村家庭多维相对贫困动态性。长期以来，由于微观数据特别是微观面板数据的缺乏，国内学者对

---

① 本书研究的主要对象为农村家庭，后文为了对比城镇家庭和农村家庭多维贫困及贫困动态性的特征差异，也使用了城镇家庭数据。

于中国农村相对贫困的分析主要是纯理论分析，鲜有从微观层次的验证和考察。即使有相对贫困相关的实证分析，也主要是采用统计年鉴的年度宏观数据或较小样本的调查数据进行。这不仅限制了相对贫困分析的内容，而且其分析的客观性和准确性也得不到保障。在此情况下，本书对于家庭相对贫困状况及其影响因素的实证分析，在一定程度上弥补了国内贫困研究中实证分析的不足，并大大地提高了分析结果的准确性和可依赖性。

二 研究局限

由于笔者研究水平的局限以及相关数据的限制，本书在以下方面存在一些不足。

第一，本书构建多维相对贫困指标体系是否科学。当前，对于多维相对贫困指标体系没有统一的标准，尤其鲜有研究构建城镇多维相对贫困指标体系，虽然本书参照了多维相对贫困指数（MPI）指标体系，并结合中国农村实际情况，进行了适当调整，但整个指标体系的维度和指标选取、权重、临界值等内容的科学性需进一步论证。

第二，数据的局限。本书所采用的是北京大学中国社会科学调查中心执行的中国家庭追踪调查数据（CFPS 数据），本书选用的样本数据包括 2010 年、2012 年、2014 年、2016 年和 2018 年五个年度数据，而对于相对贫困动态性研究，需要连续观察数据，该数据为间断两年的样本数据，因此，由于数据的限制可能会导致本书多维相对贫困动态性测度结果的偏差。

第三，刻画不同贫困类型家庭生计特征时，缺乏对家庭社会资本的考察。考察家庭生计资本，需要对人力资本、物质资本、金融资本、自然资本和社会资本进行全方位的刻画，由于受到 CFPS 数据的限制[1]，本书无法从数据中选取合适的指标或变量刻画家庭社会资本。

---

[1] CFPS 数据中，缺少反映家庭社会资本的指标，有部分指标可以代替社会资本，但有效观测值较少，缺乏代表性。

第 二 章

理论基础与文献综述

第一节 关键概念界定

一 农村家庭

家庭是人类社会最基本的单位,也是最核心的单元,家庭是个体成员生存、繁育后代、传承文化以及建立社会秩序的基础。丁文和徐泰玲(2001)指出,家庭是文化发展的产物,在人类漫长的历史发展过程中,家庭具有鲜明的时代特征和民族文化特色,这在任何国家、任何制度和任何时期均得到了体现。然而,中西方家庭是有差距的,费孝通(1998)指出了中西方家庭的差异,他认为西方家庭有明确的界限,易于区分,而中国家庭却是模糊的,很难准确界定中国家庭。一般来说,家庭的概念是指社会中的个体以婚姻、血缘或收养关系为基础所构成的基本的社会生产、生活单位(郝滨,2009)。当然,家庭也存在广义和狭义两种概念,广义的家庭是指在人类进化过程中,社会个体通过家庭关系组成的利益集团,即家族的概念;狭义的家庭是指以夫妻关系为基础构成的基本社会单元。鉴于此,本书研究的家庭主要指狭义的家庭概念。

与家庭概念类似的还有"家户",家户通常见于国外文献,家户的概念指在某一地理位置上共同居住的群体，家庭结构往往是已婚夫妻和其子女构成的核心家庭，强调的是地理位置的集聚。而在中国，同一地理位置上共同居住的群体所构成的家庭，其结构可能存在较高的异质性，比如，子女成人后可能仍然和兄弟姐妹同住，也可能出现几代人共同居住的现象（谢宇等，2014）。与地理位置的集聚相比，受中国传统文化的影响，中国家庭的概念更突出经济关系和血缘关系（Thornton and Lin，1994）。本书采用的是北京大学中国社会科学调查中心发布的中国家庭追踪调查数据（CFPS数据），所以，本书借鉴了CFPS数据关于家庭概念的界定，与家庭相关的描述性统计内容借鉴了CFPS数据2013年和2014年发布的《中国民生发展报告》，即将居民家庭的概念界定为"同灶吃饭"的、"有血缘、婚姻或领养关系的直系亲属"以及"在家连续住满三个月以上的有血缘、婚姻或领养关系的非直系亲属"。[①]

　　家庭的概念包含共同居住的内容，因此其还应涉及"居民"的概念。国际货币基金组织对"居民"进行了定义，居民指在某一国家或地区连续居住累计满一年以上的自然人、企业、非营利团体和政府，不符合以上条件的则为非居民。我国对居民的定义是：中华人民共和国居民包括居民自然人和居民法人。居民自然人指在中华人民共和国境内连续居住累计满一年以上的自然人[②]以及中华人民共和国短期（不满一年）出国（境）人员、在境外留学人员、就医人员（已取得境外居留权的自然人除外）及中华人民共和国驻外使馆领馆、常驻国际组织使团的工作人员及其家属。居民法人则指中华

---

　　① 所谓"同灶吃饭"，是一种通俗形象的说法。在传统农村家庭中，往往以"分灶"来表示小家庭从大家庭中分离出来，即"分家"。因此，这种对家庭界定的标准，不但符合中国农村传统，而且还可以"同灶吃饭"来界定同住一起的成员是否为家庭成员的标准，这样可以有效地降低识别家庭准确性的误差。从经济学的角度来讲，"同灶吃饭"其实就是共同预算和共同消费，使家庭成员构成一个经济体。
　　② 外国及中国香港、澳门、台湾地区在境内的留学生、就医人员、外国驻华使馆领馆、国际组织驻华办事机构的外籍工作人员及其家属除外。

人民共和国境内依法成立的企业法人、事业单位法人、机关法人、社会团体法人和军队；在中华人民共和国境内注册登记但未取得法人资格的组织等同于居民法人；境外法人的驻华机构也等同于法人。鉴于此，本书研究的"居民"仅指自然人居民，不包括法人居民。

另外，对"农村家庭"概念的界定是以"城镇"和"农村"两个概念为基础的。对于中国城镇和农村的划分，国务院关于《统计上划分城乡的规定》指出，以国务院对于市镇建制的规定和我国的行政区划为基础，以民政部门确认的居民委员会和村民委员会辖区为划分对象，以实际建设为划分依据，将我国的地域划分为城镇和农村。① 但是在改革开放后，随着农村劳动力的大量转移和人口在城乡间的迁移，对于农村和城镇的划分已经很难准确定义，按传统的城乡居民家庭的定义可能存在一定的误差。

因此，本书对农村居民家庭的定义主要从两方面进行考虑：一是以 CFPS 数据对城乡家庭类型的划分为依据，数据对家庭类型标注为农村的判定为农村家庭；二是根据居民家庭户主的户口类型来判断，如果户主户口类型为农业户口，则定义户主所在的家庭为农村家庭，同理，如果户主户口类型为城镇户口，则定义户主所在的家庭为城镇家庭。公布的 CFPS 数据家庭居民样本包括农村家庭和城镇家庭，本书研究的对象主要是农村家庭，同时，在部分章节（第三章和第五章）也对农村家庭和城镇家庭进行了对比。

二 多维贫困

多维贫困是由诺贝尔经济学奖获得者 Sen 提出的，Sen 认为，发

---

① 其中，城镇包括城区和镇区，城区是指在市辖区和不设区的市，区、市政府驻地的实际建设连接到的居民委员会和其他区域；镇区是指在城区以外的县人民政府驻地和其他城镇，政府驻地的实际建设连接到的居民委员会和其他区域；与政府驻地的实际建设不连接，且常住人口在 3000 人以上的独立的工矿区、开发区、科研单位、大专院校等特殊区域及农场、林场的场部驻地视为镇区。乡村则是指规定划定的城镇以外的区域。

展是人拥有实质自由的过程，这里的实质自由，包含避免遭受使人困苦的方面，如饥饿、疾病和营养不良等，拥有实质自由其实就是指人的基本可行能力。Sen 指出，贫困不仅仅指收入低下或收入能力缺失，而且更应包含人的基本可行能力的被剥夺。收入只是反映贫困剥夺的一方面，还有收入以外的因素也可能导致可行能力被剥夺，进而导致真正的贫困。Sen 将贫困定义为可行能力的剥夺，因此该方法称作能力方法。

多维贫困是与发展的福利相关的，反映发展的福利可以包含两个方面：一方面是客观福利，指能够具体量化评价的个人福利，如个体的收入；另一方面是主观福利，指个体对其所处的生活状态进行的主观评价，如对子女受教育程度是否满意、对社会保障体系是否满意、对医疗救助体系是否满意等。在经济发展的初期，往往存在大量的绝对贫困人口，即收入低下的人群，此时政府和研究者的主要反贫方向均是绝对贫困人口的减少，而当经济发展到一定程度，随着社会财富的积累和国民经济收入的提高，客观福利会得到明显改善，此时政府和研究者关注更多的则是相对贫困，即处在相对收入下层的群体。鉴于此，Sen 提出了多维贫困理论，用能力的方法来定义贫困，其核心观点是，人的贫困不仅表现为收入的贫困，还应包括能源、水、卫生设施等其他可量化的指标以及个体自身能够感受到主观方面的贫困。

多维贫困的概念和内涵随着贫困研究的不断发展而被不断丰富和扩展。一般而言，贫困可以分为三种类型：一是绝对贫困，二是相对贫困，三是社会排斥。绝对贫困指个体没有足够的物质来维持其生存和发展的基本需要；相对贫困是以群体的平均水平为参照，处于整体水平一定比例以下的群体即为相对贫困群体；社会排斥则强调个体与群体的断裂和脱节，如失业、缺乏劳动技能、收入低下、住房无保障及恶劣的卫生条件等。从贫困的发展历程可以看出，衡量贫困的标准伴随贫困内涵的延伸而不断变化，由最开始的以收入来衡量贫困发展为多个维度或多指标来衡量贫困，并且以多维度或指标来衡量贫困，越来越受到学术界和社会反贫实践的青睐，成为反贫的理论依据和基础。

多维贫困的定义提出之后，如何对多维贫困进行测量成了多维贫困研究的焦点。Sen于2007年在牛津大学成立了贫困与人类发展中心，由Alkire任主任，并成立了多维贫困研究团队，力求对多维贫困进行量化和测量。Alkire（2007）指出，在能力方法基础上进行多维贫困测量可以更加精确地反映目标个体真实福利状况，从而有利于识别目标个体能力的被剥夺情况。Alkire和Foster（2008）提出了多维贫困"双临界值法"，可对多维贫困进行识别、加总和分解，为多维贫困实证研究奠定了基础。

从中国的反贫实践来看，中国从1986年开始进行大规模的开发式扶贫，其主要目标是改善贫困地区落后的基础设施和生产条件，促进贫困地区第一、第二、第三产业发展，提高贫困地区农民人均收入水平，减少贫困地区绝对贫困人口数量。在开发式扶贫过程中，对贫困人口的识别采用的是以收入为单一维度，即收入贫困线，按贫困线来确定贫困县、贫困村和贫困户，进而以专项扶贫项目和扶贫政策对贫困县、贫困村和贫困户进行扶贫开发。从开发式扶贫的成效来看，中国扶贫取得了显著的扶贫成就，表现为中国绝对贫困人口数量的大量减少。然而，随着中国经济的不断发展，人民生活水平的整体提升，居民收入差距的不断扩大，相对贫困逐渐成为中国扶贫面临的主要问题。同时，除收入差距之外，教育、医疗、住房和社会保障等关系民生的公共服务的差距也越来越明显，甚至高于收入差距。因此，与过去的贫困现状相比，现阶段中国贫困出现了明显的新特征，这些特征包括：绝对贫困不断被消除，相对贫困和社会排斥逐渐成为贫困主要内容；除收入维度外，教育、医疗、住房和社保等其他维度贫困也表现突出；贫困地区由农村地区逐渐转变为农村地区和城镇地区共存的局面。所以，以多维贫困理论为基础，对中国农村地区和城镇地区进行测量和研究，具有重要的现实意义和理念价值。

以单一的收入或消费为维度衡量贫困可能不能准确地反映贫困状况，和单维贫困相比，多维贫困是以能力贫困为基础，反映家庭成员的健康、教育、资产和社会福利的可获得性。Sen 认为，多维贫困从多个维度考察家庭成员能力被剥夺情况，可以全面客观地衡量家庭所处的贫困状态。鉴于此，本书以中国农村家庭为研究对象，采用 AF 方法，收入、教育、健康、资产和生活质量 5 个维度共 13 个指标来测度多维贫困，考察中国农村家庭多维贫困的整体变动趋势，分析中国农村家庭多维贫困的地区差异，与城镇家庭多维贫困进行对比，考察中国农村家庭多维贫困的动态演化特征和影响多维贫困变动的因素。

三　相对贫困

绝对贫困是指在一定的社会环境和生存方式下，个人或家庭依靠其劳动所得和其他合法收入难以维持其基本生存需求，从而陷入生计贫困的状况。绝对贫困是基于生存需求和压力的一种"绝对剥夺"，强调"最低生活所需"的范围。相对贫困则是在绝对贫困的基础上更进一步引入"相对剥夺"的概念，认为贫困在实质上是一种相对的现象，是一种由于资源分配不均所造成的相对剥夺状态。

关于相对贫困的研究最早起源于学者 Runciman（1966），他认为当个体的收入不能使其达到所处社会的平均生活水平时，该个体就处于被相对剥夺的状态，也就是相对贫困的状态。美国经济学家 Fuchs（1967）明确提出了相对贫困的概念和标准，他指出用社会平均生活状况来衡量相对贫困，若个人或家庭的生活状况在某种程度上低于社会平均水平，那么可以认为其处于贫困状态。Townsend 于 1979 年系统提出相对贫困理论，以社会正常群体为参照，以资源分配视角定义相对贫困，指出相对贫困是个人或家庭因无法获得其所属社会阶层的饮食、正常的社会活动、广泛认可的生活条件和相应的便利设施等资源，而处于低于社会平均生活水平之下的贫困状态，处于平均生活水平下的底层人民即相对贫困人口。世界银行（1981）

指出，当个人、家庭或群体缺乏足够资源获得社会平均标准的饮食、生活条件和机会，就是处于贫困状态，这一描述明确了贫困的产生包括社会资源的相对缺失。Sen（2001）指出，"贫困是建立在个体可行能力的剥夺基础上的，包括正常生存的能力、接受义务教育、享有基本政治权利，还包括在公众场合露面或参与社会生活而不会感到羞耻的能力"。从权利相对剥夺视角解释相对贫困，即个人（家庭）的社会权利被相对剥夺时处于相对贫困状态。

相对贫困不仅是用财富、收入或消费来衡量经济福利的方式，还与社会公平以及个人自我认同密切相关，是社会贫困的表现形式（高强和孔祥智，2020）。相对贫困更为强调脆弱性、无发言权、社会排斥等社会层面的"相对劣势"（郭熙保，2005）。相对贫困意味着在一定的生产条件下，个体的收入仅够其家庭成员的基本生存需求，而不能负担家庭成员的其他社会资源需求（邢成举和李小云，2019）。相对贫困是对比目标社会群体后产生的一种落后的状态，包含了较高层次的社会心理需求，侧重相对排斥和相对剥夺（左停等，2019）。基于参与社会发展和共享成果的权利，相对贫困通过与目标社会群体相对比来进行测度。鉴于此，本书认为相对贫困是指在特定的社会条件下，个人或家庭的劳动所得以及其他合法收入可以维持其基本生存需要，但难以满足被社会广泛认可的其他生活需求，教育、医疗和就业等资源的缺失，能力相对不足以及权利相对排斥与相对剥夺的状态。

相对贫困具有以下五个性质：第一，主观性。相对贫困的标准源于研究者根据不同国家或地区的生存水准所作出的主观判断，是对社会较低生活水平的一定确认。第二，相对性。相对贫困是基于特定参照群体所产生的贫困，在不同社会阶段，将处于相同社会条件下的不同社会成员进行对比，这些对比表现为物质基础、社会情感、政治权利等的相对剥夺。第三，动态性。相对贫困的测定标准应当是动态变化的，随着不同时期经济发展状况、社会生态环境和社会生活水平的变化而加以调整。第四，多维性。相对贫困的测定标准不仅包括"基本生活需求"层面的物质标准，即主体可支配资源是否能维持其基本生存需要，是否严重少于参照群体。还包括"基本能力需求"层面的精神标准，即主体是否享受公平的教育、健康和政治权利等基本能力需要，是否被排除在社会认可的社会活动和生活方式之外。第五，长期性。相对贫困伴随社会不平等而存在，以社会平均收入的某一比率为测定标准，而社会不同群体的收入是动态变化的，难以实现绝对均衡，因而相对贫困将长期普遍存在。

截至目前，相对贫困的识别研究已有丰硕的成果并得到广泛应用，但关于相对贫困的测度并没有形成统一的标准。相对贫困的衡量主要通过相对贫困线来进行。相对贫困线依据社会整体的收入、消费等物质财富的分布来确定。通常做法是，将某一国家或地区的中位收入或平均收入的某一比率作为相对贫困线，低于相对贫困线的人口为相对贫困的状态。英国将相对贫困线设定为国民人均收入中位数的60%；欧盟国家将全体居民收入中位数的60%看作相对贫困线，并加入生活物资匮乏与家庭就业人数不足等识别指标，制定了多维度的相对贫困标准；世界银行将相对贫困线设定为平均收入的1/3；日本则是将家庭收入分为十等分组，将其中中等家庭收入的60%划为相对贫困标准，同时依据家庭规模、年龄、家庭结构和物价指数等因素进行修订；美国的贫困标准结合了绝对贫困和相对贫困，制定了官方贫困线和指导线。官方贫困线是基于满足家庭成员基本需要的最低收入来确定，根据不同类型家庭的实际情况做出调整；指导线用于确定个人或家庭能否获得联邦补贴或援助。

我国在国家级层面没有制定统一的相对贫困标准，但东部沿海经济发达省份开始了相关探索与实践，国内学者也陆续开展了探索性研究。浙江省于2016年年底明确规定低保对象、低保边缘对象和"4600元"低收入农户巩固扶持对象（指如无巩固帮扶措施，年均收入极易滑入4600元以下的农户）为相对贫困的扶贫对象；江苏省于2016年以人均年收入6000元为相对贫困标准。汪三贵和孙俊娜（2021）认为，在相对贫困初期阶段，采用人均可支配收入中位数的

40%这一比例值分设城乡的相对收入贫困线是合理的；曲延春（2021）认为，当前农村相对贫困线的标准应在农村居民人均可支配收入的30%—40%，且以35%左右为宜。王小林和冯贺霞（2020）表明，中国在没有实现基本公共服务均等化的当下，应制定相对贫困的多维标准，充分考虑就业、收入等经济因素，医疗、教育和福利等社会因素，以及生态环境因素。

四 动态贫困

动态是与静态相对应的，均为运动中的状态。贫困的动态性是指家庭或个体在一个观察期内的福利变化，衡量这种福利变化的贫困线可以是固定的也可以随时间进行变化。张清霞（2008）在Valletta（2006）研究的基础上指出，贫困的动态性是指在一个较长的时间范围内，随着社会收入水平和生活水平的不断变化而导致贫困标准的不断变化，家庭或个体福利的变化而出现的家庭或个体处于贫困或非贫困状态的现象，从贫困状态转变为非贫困状态即退出贫困，从非贫困状态转变为贫困状态即进入贫困。根据家庭或个体进入贫困和退出贫困的频率，以及处于贫困状态和非贫困状态的时间长短，可以将贫困动态性划分为从不贫困、暂时贫困和慢性贫困。

第一，从不贫困。从不贫困即指家庭或个体在被观察时间内，从未进入贫困或处于贫困状态，在整个观察期内，家庭或个体都拥有非贫困状态的福利水平，教育、医疗、住房和社会保障等社会福利均处于较好的水平，家庭和个体成员的可行能力也从未被剥夺。从不贫困的家庭和个体，其福利水平均处于贫困线之上。

第二，暂时贫困。暂时贫困是指家庭或个体的收入、消费或其他福利水平在观察期内的部分时间低于贫困线，即处于贫困状态。也就是说，家庭或个体在部分时间处于非贫困状态，在部分时间处于贫困状态，其福利水平在贫困线附近波动。这种波动可能是多样性的，有些家庭可能是人均收入水平在贫困线附近，因此每年呈波动状态，可能今年处于贫困状态，明年处于非贫困状态；有些家庭也可能是在观察期内的大部分时间均处于贫困状态，而在某一年或观察期末期摆脱了贫困，成为非贫困家庭；有些家庭也可能是在观察期的前期处于非贫困状态，然而由于外在的一些突发事件，如战争、疾病、失业和意外死亡等，由于这些突发事件的偶然性和严重性，导致家庭遭受外部风险的冲击，从而陷入贫困状态。总而言之，暂时贫困就是家庭或个体陷入贫困的时间为观察期内贫困年数大于1且小于观察总年数的情况。

第三，慢性贫困。慢性贫困指家庭或个体在观察期内一直处于贫困状态，英国慢性贫困研究中心（Chronic Poverty Research Centr，CPRC）将慢性贫困定义为"处于贫困状态5年及以上时间的家庭或个体"。随后，英国慢性贫困研究中心又重新进行了定义，将慢性贫困定义为"在相当长的时期内处于贫困状态的人口"。从慢性贫困的定义可以看出，处于慢性贫困状态的家庭或个体，其福利水平通常或始终位于贫困线以下，对慢性贫困家庭而言，贫困可能持续相当长的时间甚至发生贫困的代际传递。慢性贫困研究中心新的定义将慢性贫困定义为"相当长的时期"，这个时期可能是个体的一生或家庭的几代。处于慢性贫困状态的家庭，其成员在衣、食、住、行等方面均不能满足其最低需求。目前，对慢性贫困定义中所经历贫困时间的衡量，大部分研究认为需要经历5年及以上时间，即观察期要大于等于5年，并且被研究对象在观察期内的全部时间处于贫困状态。这里的研究对象，可以是个体，也可以是家庭或家族。

暂时贫困和慢性贫困的概念被提出的时间较短，提出暂时贫困和慢性贫困概念的目的是将贫困从静态的研究转变为动态的研究，即将贫困的研究范畴加入了时间的维度。暂时贫困和慢性贫困的概念被提出后，逐渐成为学术界研究的焦点。然而，当前学术界对暂时贫困和慢性贫困的概念定义和测量方法存在较大争议。目前，学术界对暂时贫困和慢性贫困的概念定义和测量方法可以分为以下几个方面：

第一，将家庭或个体在观察期内处于贫困状态的时间长度来定义暂时贫困和慢性贫困。Ravallion（1988）把慢性贫困称为持久性贫困，他认为在一定观察期内一直处于贫困状态的家庭或个体所处的贫困类型定义为持久性贫困，在一定观察内只有部分时间处于贫困状态的家庭或个体所处的贫困类型定义为暂时性贫困。随后，Morduch（1994）也给出了类似的定义，不过和 Ravallion 的暂时性贫困和持久性贫困相比，他将贫困动态类型称为暂时贫困和慢性贫困。以上定义对测量贫困动态性提供了方法，但是这种定义和测量方法存在一定的局限性，主要表现在：一是该定义和测量方法只考虑了家庭或个体所处贫困状态时间的长度，而忽略了家庭或个体所处贫困状态的深度和广度。举例来说，假设有甲、乙两个家庭，观测期为 5 年，甲家庭和乙家庭所处贫困的时间长度均为 3 年，但甲家庭比乙家庭所处的贫困程度更严重，按照暂时贫困和慢性贫困的定义，两者的贫困动态类型是相同的，甲家庭和乙家庭均为暂时贫困，但没有反映出甲、乙两个家庭所处贫困状态的差异。二是该定义对观察期的时间年限要求为奇数，因为如果是偶数，对于在观察期内家庭或个体所经历的贫困时间和非贫困时间一致时，便无法判断家庭或个体的贫困动态类型，因此，该定义只能定义和测量奇数年限时间内家庭或个体的贫困动态类型。例如，一个家庭在 4 年的观察期内有 2 年处于贫困状态（或者在 6 年时间内有 3 年处于贫困状态），以上对暂时贫困和慢性贫困的定义则不能测量该家庭所处的贫困动态类型。三是该定义对暂时贫困和慢性贫困的时间标准存在不同，当观察期为奇数年限时，往往将奇数一半取整的数作为判定暂时贫困和慢性贫困的标准。例如，当观察为 3 年、5 年和 7 年时，判定标准分别为 2 年、3 年和 4 年，从而无法对标准进行统一。

也有学者对贫困动态性进行了更为详细的分类，如将贫困动态性划分为 5 种不同的类型：永远贫困、经常贫困、胶着贫困、偶尔贫困和从未贫困（Hulme and Shepherd, 2003）。永远贫困指家庭或个体在观察期内所有时间均经历着贫困；经常贫困指家庭或个体在观察期内的大部分时间经历着贫困；胶着贫困指家庭或个体在观察期内经历着贫困和非贫困反复的过程；偶尔贫困指家庭或个体在观察期内的小部分时间经历着贫困。处于这 5 种贫困类型的家庭或个体，其福利水平是有差异的，处于永远贫困、经常贫困和胶着贫困的家庭或个体，其福利水平的平均值低于贫困标准，而偶尔贫困和从未贫困的家庭或个体，其福利水平的平均值高于贫困标准。Hulme 和 Shepherd（2003）虽然对贫困动态类型进行了细分，也将永远贫困和经常贫困归为慢性贫困，将胶着贫困和偶尔贫困归于暂时贫困。然而，这种细分方法也要求家庭或个体的观察期时间大于 5 年，导致很难界定胶着贫困和经常贫困。举例来说，若一个家庭在 6 年（或其他偶数年限）内有 3 年处于贫困状态，按照上述方法的定义，该家庭可能为胶着贫困，也可能为经常贫困。

第二，将家庭或个体陷入贫困的程度来测量从不贫困、暂时贫困和慢性贫困。该方法能够将贫困进行分解，对观察期内的贫困进行纵向相加，进而分解为暂时贫困和慢性贫困，这样便克服了第一种方法不能反映贫困程度、观察期年限要求及衡量标准的限制。Jalan 和 Ravallion（1998，2000）采用 Rodgers 和 Rodgers（1993）的方法，将暂时贫困和慢性贫困重新进行了定义，他们认为消费是平滑的，如果家庭或个体由于消费变动而导致的贫困即暂时性贫困，由于消费的平均值的过低而导致的贫困即慢性贫困。按照这个定义，Jalan 和 Ravallion（2000）将贫困动态类型划分为三种类型，持久性贫困、慢性贫困兼暂时性贫困和暂时性贫困。其中，持久性贫困指家庭或个体在观察期内均处于贫困状态；慢性贫困兼暂时贫困指家庭或个体消费的平均值位于贫困线以下，仅在观察期内部分时间处于贫困状态；暂时性贫困指家庭或个体在观察期内部分时间处于贫困状态，但其消费的平均值位于贫困线之上。

进一步地，Jalan 和 Ravallion（2000）提出了测量暂时贫困的方法，假设暂时贫困为 T，则：

$$T = P(y_1, y_2, \cdots, y_D) - P(\overline{y_1}, \overline{y_2}, \cdots, \overline{y_D}) \qquad (2-1)$$

式（2-1）中，$P(y_1, y_2, \cdots, y_D)$ 表示家庭或个体在观察期 D 时间内的总贫困，$P(\overline{y_1}, \overline{y_2}, \cdots, \overline{y_D})$ 表示家庭或个体在观察期 D 时间内的慢性贫困，慢性贫困由观察期内的平均消费 $\overline{y_1}$ 决定。该方法对总贫困和慢性贫困的测量借鉴了 FGT 指数的 SPG 指标（Squared Poverty Gap），SPG 指标是对不同家庭或个体的贫困进行横向加总，而 Jalan 和 Ravallion 借鉴了这种方法，将不同家庭或个体在观察期内的贫困进行纵向加总。

第二种测量暂时贫困和慢性贫困的方法能够反映家庭或个体间福利水平的差异，然而，依然存在局限性，表现在以下几个方面：一是从式（2-1）可以看出，家庭或个体暂时贫困和慢性贫困的测量均是由其消费水平的均值计算出来的，而 Jalan 和 Ravallion 将暂时贫困定义为"家庭或个体由于消费变动而导致的贫困"，显然定义和计算公式是矛盾的。二是由式（2-1）可知，该方法对家庭或个体在观察期内的贫困进行纵向相加时，由于他们借鉴了 SPG 指标，所以导致总贫困的计算方法没有包括观察期内非贫困年份的消费水平，因为 SPG 指标只是将观察期内所有贫困年份进行相加，这种方法与横向加总贫困其实是一致的，然而，式（2-1）计算慢性贫困时，又包括了观察期内非贫困时期的消费水平。这样便存在一个明显的问题：在测量家庭或个体总贫困时没有包括观察期内非贫困时期的消费水平，而在测量家庭或个体的慢性贫困时，包括了观察期内非贫困时期的消费水平。三是式（2-1）关于暂时贫困和慢性的测量还存在测量误差的问题，因为家庭或个体在观察期内的平均消费水平会受其非贫困时期的影响，虽然总贫困不受影响，但直接影响了暂时性贫困的水平。举例来说，假如贫困线为 4，观察期为 5 年，一个家庭的消费分别为 2、2、3、6、2，那么该家庭只有在第四年的时候处于非贫困状态。按照 SPG 指标和式（2-1）的计算方法，该家庭在这 5 年内的总贫困为 23/80，暂时贫困为 18/80，慢性贫困为 5/80。然后，假设另一个家庭在观察期内的消费分别为 2、3、3、2、

15，按照 SPG 指标和式（2-1）的计算方法，第二个家庭与第一个家庭的总贫困是一样的，但第二个家庭的慢性贫困却为 0，此时，总贫困等于暂时贫困。通过以上例子可以看出，第二种测量暂时贫困和慢性贫困的方法存在局限性：家庭或个体在观察期内的消费水平对总贫困的测量结果无影响，但是却影响了慢性贫困的测量，也影响了总贫困中慢性贫困和暂时贫困的构成。该局限性是式（2-1）测量暂时贫困和慢性贫困的一个关键缺陷。[①] 因此，对暂时贫困和慢性贫困的测量应不考虑观察期内家庭或个体在非贫困时期的消费水平，对贫困的纵向加总应是家庭或个体在观察期内处于贫困状态时期的消费水平。若在测量暂时贫困和慢性贫困时，将家庭或个体在观察期内非贫困年份的福利水平也包括在内，所测量出的结果显然不是该家庭或个体贫困状况的真实反映。

第三，Foster（2007）在式（2-1）的基础上进行了改良，他认为式（2-1）的主要缺陷是其对家庭或个体在观察期内所处贫困状态的时间长度不够敏感，因此，Foster 提出对贫困进行纵向加总时应采用两个临界值：一是贫困线，用贫困线来判定家庭或个体在观察期内的时间段是否处于贫困状态；二是持续时间，指家庭或个体所处贫困动态类型为慢性贫困时，其经历贫困的最低时间比例。在测量出慢性贫困的基础上，再对家庭或个体的慢性贫困进行纵向加总，得出总贫困。Foster（2007）方法的优点是能够反映出家庭或个体所处贫困状态的时间长度，但是该方法也存在严重不足，即不能测量暂时贫困，并且不能将总贫困进行分解，即不能将总贫困分解为慢性贫困和暂时贫困。此外，该方法在选取持续时间的标准时，也同样面临第一种方法存在的问题。

[①] 该缺陷违背了贫困加总的原则：测量一个总样本的总贫困时，总贫困应该不受处于非贫困状态的个体的福利水平的影响。因此，在对贫困进行纵向加总时，也应按照这个原则，即总贫困应该不受观察期内非贫困时期消费水平的影响。

第二节 理论基础

一 贫困理论

贫困理论在学术界不断得到丰富和扩展，可以从多个视角来阐述，总体上讲，这些视角包括福利经济、收入贫困理论和发展经济学。贫困是一种状态，导致该状态的发生是由于社会、经济和政策等多种因素导致的家庭或个体缺乏最低的生活标准。与贫困理论相关联的是反贫困理论，顾名思义，反贫困理论是指通过各种政策或手段使贫困被缓解或消除的过程，由此可见，反贫困是一个动态持续的过程。当然，贫困不可能完全消除，因为有相对贫困问题的存在，消费的贫困只能是绝对贫困。

（一）福利经济学视角的贫困理论

福利经济学研究的主要问题是关于如何使人们在社会活动中福利最大化的问题，是经济学的重要分支。福利经济学属于规范经济范式，因为福利经济学研究的主要目标是利用经济社会政策措施的实施，提升社会的总体福利水平，而提升到何种程度以及如何判定福利水平很难界定。福利经济学对贫困的研究主要表现在以下三个方面：一是收入均等化理论，二是福利补偿理论，三是能力和权利理论。庇古认为，家庭或个体的收入满足边际效应递减规律。也就是说，在其他条件不变的情况下，家庭或个体随着收入的不断增加，其边际效用反而是逐渐减小的。按照这个理论，收入的增幅对不同群体的效应具有差异性，比如，对于穷人和富人来说，两者均增加一单位的收入，其所带来效应是不同的，穷人增加一单位收入的效应更大。因此，庇古认为，整个社会劳动者的收入差距越小，社会的总体福利水平越高。由于社会劳动者的收入主要由一次分配和二次贫困组成，因此，一次分配导致的收入差距应由二次分配来进行调节，他进而提出应在二次分配中用累进税来消除收入差距。可以看出，福利补偿理论注重的是尊重个体的权利，不赞成依据行政手段将富人的财富转向穷人，而是按照帕累托最优原则实现社会福利的最大化。Sen（1999）指出，造成个体贫困的原因是其可行能力的缺失和权利的被剥夺。

（二）发展经济学视角的贫困理论

发展经济学的研究对象主要是发展中国家，这些国家主要以农业生产为主，属于比较落后的国家，发展经济学的主要任务是揭示发展中国家发展过程中存在的问题，进而帮助发展中国家通过实现工业化而脱离贫困。显而易见，发展经济学的研究范畴包括贫困问题。Nurkse（1953）指出，发展中国家之所以落后，不是因为其资源匮乏，而是因为发展中国家社会经济体系和制度的不完善而导致"恶性循环"。这个"恶性循环"是指，当一个国家处于落后状态时，由于国家的贫困，国民拥有的资本有限，因此国家的储蓄率较低，影响了社会投资，同时，当国民收入不高时，整个国民经济总需求也会减少，内需不足导致产出不高，从而影响了生产规模的扩大和国民就业，由此陷入了恶性循环，居民也陷入了收入陷阱。因此，Nurkse指出，打破这种"恶性循环"的关键是实施大推进式的"平衡战略"，也就是说，利用提升国民储蓄率来积累社会投资资本，进而扩大社会生产规模，以此带动国民就业和提升国民消费，由此进入"良性循环"。而后，Nelson（1956）提出了"低水平均衡陷阱"理论，"低水平均衡陷阱"指的是国民拥有的收入水平过低，只能勉强维持基本的生存需要，而且贫困群体脱离"低水平均衡陷阱"的难度较大。这种现象与发展中国家的人口增长有关，当发展中国家的人口增长速度大于经济增长速度时，国民人均收入会处于临界值以下；当发展中国家的人口增长速度低于经济增长速度时，国民人均收入会有所提高，然而，当人口增长速度比经济增长速度高时，国民人均收入会停滞不前。导致这种现象的主要原因是，国家资本积累的程度不够，从而使经济增长的速度赶不上人口的增长速度，因此，打破"低水平均衡陷阱"理论的关键在于国家资本的快速积累,以此实现经济增长速度高于人口增长速度。Harvey（1957）也提出,经济发展存在最小临界值,一个国家或地区只有在超过这个最小临界值时,才能实现其经济的良好增长。

（三）收入分配视角的贫困理论

凯恩斯认为,导致社会总需求不足的主要原因是收入贫困的不公平,同时,他认为收入分配不公平也是社会不公平的直接表现形式。就如何实现收入公平分配问题,凯恩斯总结了三种可行方法:一是国家通过调整税收来实现收入公平分配,即对高收入群体征更多的税,而对低收入群体征较低的税,通过税制来调整国民收入分配问题;二是降低储蓄利率,因为储蓄利率过高会使高收入群体的财产不断增值,并且也不利于全社会投资资本的扩大;三是政府采取行政手段,如实行最低工资标准,完善劳动保障制度等。Rawls（1971）以社会公平正义的视角,提出了分配正义理论,他指出政府制定政策时,应充分关注低收入群体的福利问题,通过制定公平的收入分配模式,以增加全体国民的收益。Robert（1975）提出了相反的观点,他认为政府应制定法律保障个体的合法收益权益,而不应该强制干涉国民收入分配,以保障每个国民均有平等发展的机会。

二 能力贫困理论

收入贫困是指家庭或个体收入不足而导致的贫困,而能力贫困是指个体的能力缺乏或被剥夺而导致的贫困。依据能力贫困理论来对贫困进行定义,比以收入贫困理论对贫困进行定义更合理。

第一,个体能力直接影响其创造收入的能力,通常而言,受过良好教育的个体,其能够获得的收入比没有接受过教育的个体高。类似地,身体健康的个体,其能够获得的收入比身体状况差的个体高。所以,个体的受教育程度和身体健康状况是影响其是否处于贫困状态的重要因素,处于贫困状态的群体,可能是由于没有接受良好的教育或身体健康状况较差,他们处于贫困状态的原因是他们缺乏创造较高收入的能力。

第二，衡量贫困不应仅从收入来衡量，即使两个收入状况相同的个体，其所处的贫困状态也会存在差异。比如，个体甲因失业导致收入来源缺乏，仅靠政府发放的失业救济金维持生活，个体乙为普通就业者，假设个体甲和个体乙的收入水平是一致的，且按收入贫困线来衡量，个体甲和个体乙均不处于贫困，然而，若以能力贫困视角来衡量贫困，显然个体甲处于贫困状态，而个体乙则处于非贫困状态，因为个体甲由于缺乏创造收入的能力，并且失业导致个体甲的损失不仅体现在收入方面。Sen指出，大量证据表明，失业群体除了损失收入以外，还遭受了多方面的严重影响，这些影响包括心理伤害，失业的个体可能由此缺乏自信，从而丧失工作意愿和技能，产生心理疾病、生理疾病、自杀，以及导致家庭关系紧张和社会生活适应性较差，强化社会排斥，甚至导致种族冲突和性别歧视。总而言之，失业对个体层面的能力剥夺产生的后果不仅仅体现在收入的剥夺，弥补这些后果产生的影响并不能通过政府发放失业救济金来解决。

第三，能力可转化为收入，但收入转变为能力很难。个体拥有的能力可以很容易地转化为收入，但这个过程的逆转较难。举例而言，一个农村家庭处于贫困状态之中，通过重视子女教育，使子女获得较高水平教育后，子女以拥有的高水平教育谋求工作，整个家庭收入水平大幅提高，从而家庭摆脱贫困状态，这是家庭个体的能力转化成了收入；相反，若一个家庭现阶段收入能力尚可，但是其家庭成员拥有的能力较差，短期内通过收入提升能力的途径有限，该家庭未来陷入贫困的可能性较大。

第四，以能力贫困理论来定义贫困，能够有效地防止将手段作为目标。收入贫困是以收入或消费为维度来衡量贫困，这样可能导致政策制定者以提升收入作为主要目标，但实际上收入提升仅是脱贫的手段，而目标应是贫困群体生活质量的改善，以及能力的提升，从能力理论来定义贫困则可以达到这个目标。举例来说，个体的受教育程度和健康水平不仅与个体创造收入的能力相关，这两者本身也是个体生活质量的维度,因此,以能力贫困理论来定义贫困,更加契合减贫的目标。比如,政府通过制定政策使贫困家庭能够接受更好的教育,对贫困家庭劳动力开展劳动职业技能培训,这些措施均可以提升贫困家庭成员的能力。鉴于此,学术界提出了测度能力贫困的方法和指标,以弥补收入或消费单一指标的不足,如人数贫困指数和能力贫困指标等。

三 可持续生计理论

可持续生计分析框架是近年来国内外研究贫困问题广泛使用的分析框架,其中,被国内外学者普遍接受和使用的是DFID(英国国际发展部)(1999)提出的可持续生计框架。如图2-1所示,可持续生计框架将家庭视为处于脆弱性的环境中生存或谋求生计,家庭所处的这种环境会对家庭所拥有的生计资本的利用方式,即生计策略产生影响,家庭会采取一系列的生计策略,以保障整个家庭的生存和发展。可持续生计框架的组成要素包括4个部分:一是脆弱性生存环境,这些环境涉及政策、自然、技术和风险等因素;二是家庭拥有的生计资本,主要包括人力资本、自然资本、物质资本、金融资本和社会资本五种类型的生计资本;三是变革中的组织和程序,主要包括政府及其他组织出台的政策和规定等;四是家庭的生计策略,家庭根据所处的环境,对家庭所拥有的生计资本进行利用,采取一系列的生计策略,以保障整个家庭的生存和发展目标,这些目标包括获得更高的收入、改善生活质量和减少风险等内容。

可持续生计框架可以通过分析影响家庭生计的各种因素,以及这些因素的关系来考察家庭的发展,因此,可持续生计框架被广泛用于实证研究。近年来,国内学者也尝试利用可持续生计框架分析我国农村家庭发展问题。李斌等(2004)对家庭可持续生计的概念和相关联的分析框架进行了比较分析。许多学者利用可持续生计框架,对家庭风险处理、家庭生计转型、退耕还林、劳动力转移和生态补偿方式等问题进行了研究(陈传波,2005;李茜和毕如田,2007;

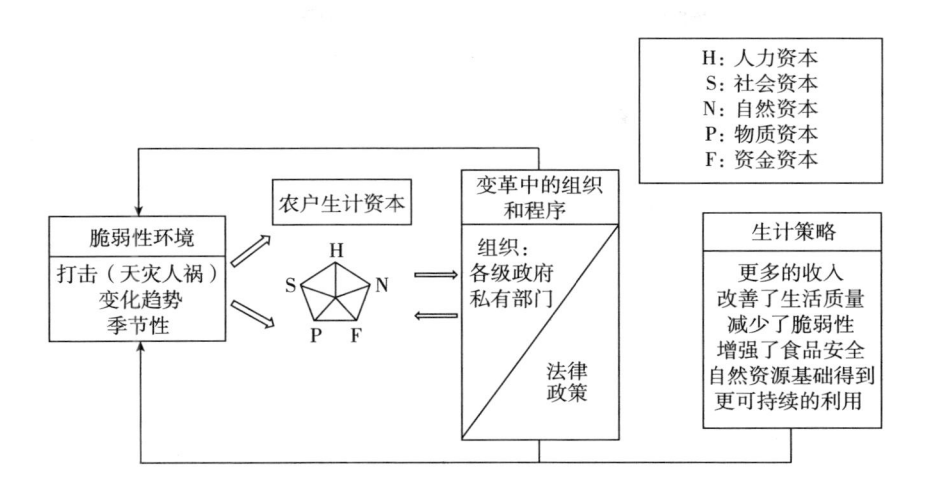

图 2-1　DFID 可持续生计框架

徐鹏等，2008；张丙乾等，2008；周建新和张勇华，2008；黎洁等，2009；陈玉萍等，2009；杨云彦和赵锋，2009；谢旭轩等，2010；苏芳和尚海洋，2012；汪为和吴海涛，2017）。这些研究发现，中国农村家庭的生计主要依靠其拥有的人力资本和自然资本；导致中国家庭处于贫困状态和面临贫困风险的因素主要是其拥有的生计资本有限，以及缺乏多样性的生计策略；家庭生计转型的主要推力是外部经济社会环境的变化；中国农村家庭由于缺少外部条件的支撑和保障，往往根据自身资源条件选择多样性的生计策略，以应对可能面临的多种风险。

可持续生计分析也被广泛运用于农村贫困问题的研究。生计是指家庭拥有的资本和能力，可用于家庭谋求生存和发展。国外学术界提出了多种生计分析框架，如有学者提出了可持续生计分析框架（Scoones，1998）；还有学者提出了多样化生计分析框架（Ellis，2000）；还有学者提出了按照以资本和能力为核心的生计分析框架（Bebbington，1999）。另外，一些国际机构也提出了不同的生计分析框架，如非政府组织（CARE）的生计安全框架和英国国际发展署（DFID）的可持续生计框架等。对比文献可知，各种生计分析框架的定义和分类，均是以资产的分析方法为基础的，只是不同的生计分析框架侧重点有所不同（马志雄等，2012）。国内诸多学者利用可持续生计框架对贫困脆弱性、南水北调、退耕还林和移民等不同类型家庭的生计资本或生计策略进行了研究（李小云等，2007；孔祥智等，2008；黎洁等，2009；杨云彦等，2009；李树茁等，2010；李聪，2014）。

按照可持续生计理论，家庭为了实现自身的生存和发展而依赖的资源称为生计资本，生计资本包括人力资本、自然资本、金融资本、物质资本和社会资本，如图 2-1 所示，这些资本构成了图 2-1 中的五边形。人力资本是家庭发展的重要资本，指家庭所拥有的可用于谋生或取得收入的知识、技能、劳动能力和健康状况（李斌等，2004）；自然资本是指家庭拥有的土地、水面和生物资源等；金融资本指家庭资本的积累以保证消费和生产的连续性（苏芳等，2009）；物质资本指家庭维持其生产生活的生产资料或基础设施；社会资本指家庭实现生计目标可利用的社会资源。在一定条件下，五种类型的生计资本可以实现相互间的转换。

第三节 文献综述

一 多维贫困研究

国内学术界对贫困问题的研究最开始是从收入或消费为单一维度进行研究的，近年来不断有学者尝试从多维度来研究我国农村贫困问题，主要表现在以下几个方面：

第一，利用经典的 AF 多维贫困方法对多维贫困进行测度。AF 多维贫困测度方法是由 Alkire 和 Foster（2008）提出的，具有可操作性强、易于量化和可分解等优点。马瑜等（2016）利用 AF 方法，采用 CHARLS 数据（中国健康与养老追踪调查数据），以健康、收入、生活水平和社会参与 4 个维度，测度了城镇和农村老年个体的多维贫困状况。郭熙保和周强（2016）采用 AF 方法，利用 CHNS 数据（中国健康与营养调查数据），分别从静态和动态的角度分析了中国农村家庭的多维贫困程度。高帅和毕洁颖（2016）利用 CFPS 数据（中国家庭追踪数据），采用 AF 方法，研究了中国农村家庭多维贫困的动态变化。张全红（2015）利用 1991—2011 年的 CHNS 数据（中国健康与营养调查数据），采用 AF 多维贫困测量方法，以教育、健康和生活水平 3 个维度选取了 10 个指标，对中国农村多维贫困进行了测量。杨龙和汪三贵（2015）利用 2010 年中国农村贫困监测数据，采用 AF 多维贫困测度方法，测度了中国农村贫困地区多维贫困状况，并对多维贫困指数进行了分解，他们发现，低收入农村家庭的多维贫困状态更严重，低收入和中等收入家庭的多维贫困测度受贫困标准的影响较大。支俊立等（2017）对中国农村家庭的多维贫困测度结果显示，对于非贫困人口，贫困人口的教育和健康贫困更严重，同时，中国各省份多维贫困的差异性不明显。谭燕芝和张子豪（2017）利用 CFPS 数据（中国家庭追踪调查数据），分析了社会网络、非正规金融和农村家庭多维贫困三者之间的影响机制和中介效应。张昭等（2017）利用 CFPS 数据，以收入、健康、教育、卫生、生活水平和食物消费为维度，对多维贫困进行了测量和追踪，并考察了多维贫困的流动性问题。张立冬（2017）发现中国农村多维贫困在 2000—2011 年呈下降态势，但比收入贫困严重。高明（2018）采用了修正的 AF 方法测算中国农村多维贫困状况，通过家庭结构视角分析了不同农户家庭结构对于多维贫困水平的影响，提出了一系列政策化建议。程晓宇（2019）选取了教育、健康、居住条件、资产 4 个维度，通过 AF 测算方法考察农村多维贫困发生率以及持续性，发现贵州地区贫困问题多产生于"因病致贫""因病返贫"。邓婷鹤（2019）利用 AF 方法测度了农村老人的客观多维贫困指数与主观福利多维贫困指数，发现主观福利多维贫困指数贡献率更高，农村老年人口的多维贫困主要是由非收入因素引起的。张昭（2020）通过 AF 方法研究农村老年人口多维贫困问题，并得出农村老年人口多维贫困程度高于农村总体多维贫困水平的结论。高明、李小云等（2021）对 AF 方法进行修改，在发展能力和社会权利两大框架之下，选取经济资本、人力资本、基本保障、生活水平 4 个维度进行多维贫困测度，发现在能力—权利框架之下，农村贫困得到缓解但不同维度之间不平衡现象突出。

除利用 AF 多维贫困测度方法考察农村家庭多维贫困外，也有不少学者考察城镇家庭或城乡家庭的多维贫困。张全红和周强（2015）利用 Alkire 和 Foster（2011）提出的多维贫困测度方法，采用 1991—2011 年 CHNS 数据（中国健康与营养调查数据），测度了中国城乡家庭多维贫困的广度、深度和强度。高帅（2015）利用 CFPS 数据（中国家庭追踪调查数据），测度了中国城乡家庭多维贫困，并在此基础上对城镇家庭和农村家庭的贫困动态类型进行了研究。周强和张全红（2017）利用 AF 方法测算了中国家庭长期多维贫困的状态转化，发现长期多维贫困的影响因素主要是教育，教育水平的差异导致教育回报率的差异，从而影响贫困家庭贫困剥夺份额和多维贫困状态持续的时间。方迎风（2012）利用 CHNS 数据（中国健康与营养调查数据），采用模糊集方法，测度了中国家庭多维贫困状况，发现教育、健康和医疗等维度的贫困比收入贫困严重，多维贫困测度受方法和权重的影响较大。高艳云（2012）利用 CHNS 数据（中国健康与营养调查数据），对中国城镇家庭和农村家庭的多维贫困进行了测度，发现中国城镇家庭和农村家庭的多维贫困状况均有所缓解，但农村家庭的多维贫困程度比城镇严重。王素霞和王小林（2013）利用 AF 方法，对中国城乡家庭多维贫困进行了测度，发现农村家庭多维贫困比城镇家庭严重。侯亚景和周云波（2017）利用中国家庭追踪调查数据，考察了收入贫困和多维贫困的内在关联。张全红等（2017）利用 AF 方法对中国城乡家庭多维贫困进行了测度和分解，并在此基础上考察了中国城乡家庭的贫困动态性，他们发现，中国城乡家庭的长期贫困比暂时贫困的比例高，教育、医疗和健康对多维贫困指数的贡献率较高。郭军平（2018）等将视角聚焦于进城农民工的多维贫困状况，在教育、健康、生活三方面均等赋值，通过 AF 方法测度其多维贫困水平，并发现中国进城农民工家庭的贫困类型以消费贫困和选择性贫困为主。于涛（2019）构建了 4 个维度的中国多维贫困指数测度体系，运用 AF 方法研究中国城市贫困问题。栾卉（2020）研究了中国城乡多维贫困规律，在对城乡贫困家庭多维贫困数据进行分解之后，发现相较于健康、资产水平等因素，健康对于家庭的多维贫困水平影响更大。曲颂（2021）等基于广义和狭义的视角在四大经济区进行多维贫困测度，系统测度了中国城镇住户贫困的规模、程度、敏感性及空间分异规律。

第二，以不同的视角或区域对多维贫困进行测度。一是以不同的视角研究多维贫困。农民工是特殊的群体，不少学者对农民工的多维贫困进行了测度，如王春超和叶琴（2014）测度了农民工的多维贫困，向运华和刘欢（2016）利用 CHNS 数据（中国营养与健康调查数据）测度了农村转移劳动力家庭的多维贫困，蒋南平和郑万军（2017）利用 AF 方法考察了中国农民工多维反贫的测度问题。程世勇和秦蒙（2017）研究了中国城市农民工多维贫困状况。廖娟（2015）测度了残疾人的多维贫困状况。解垩（2015）测度了老人的多维贫困状况。张晓颖等（2016）研究了流动妇女的多维贫困状况。杨振等（2015）以生活消费为视角，根据恩格尔系数和扩展线性支出模型构建了多维贫困测度体系，研究了中国农村家庭多维贫困的空间格局。潘竟虎和胡艳兴（2017）以夜间灯光数据为视角，构建了多维贫困测量体系。刘林和李光浩（2016）以基础设施的可获得性为视角，测度了新疆南疆地区城镇和农村贫困家庭的多维贫困。张童朝等（2016）从市场参与的视角研究了连片特困地区的多维贫困。马奔等（2017）从生物多样性保护的角度，考察了多维贫困的影响因素。侯亚景（2017）指出，多维贫困具有动态性和长期性的双重特征，因此，他在多维贫困研究中加入了时间因素和贫困个体的主观感受，并在此基础上利用 CFPS 数据（中国家庭追踪调查数据），测度了中国农村多维贫困。也有研究特定区域的多维贫困。张庆红和阿迪力·努尔（2015）测度了新疆南疆三地州农村家庭的多维贫困状况。刘林（2016）研究了边境连片特困区的多维贫困状况与空间分布。汪为和吴海涛（2018）利用湖北省农村住房调查面板数据，采用 AF 方法，对湖北农村家庭多维贫困进行了测度，发现湖北农村多维贫困状况呈逐年降低的趋势，同时，将湖北农村家庭贫困动态类型划分为从不贫困、暂时贫困和慢性贫困，发现暂时贫困比慢性贫困严重。陈辉和张全红（2016）测度了粤北山区农村家庭的多维贫困。郑长德和单德朋（2016）对集中连片特困地区多维贫困进行了测算，并分析了集中连片特困地区多维贫困的动态变化和空间分布特征。孙林等（2016）测度了内蒙古农村家庭的多维贫困特征。杨慧敏等（2016）测度了生态敏感地区农村家庭的多维贫困状况。吴秀敏等（2016）测度了民族地区建档立卡贫困家庭的多维贫困。田宇等（2017）对武陵山区农村家庭多维贫困进行了测度，发现处于多维贫困状态的家庭达 70.9%，重度贫困家庭达 40.1%。刘小珉（2017）对民族地区的多维贫困进行了测度，发现中国民族地区多维贫困存在地区差异和民族差异。郭建宇和吴国宝（2012）采用不同的多维贫困指标和权重，对山西省贫困县农村家庭的多维贫困进行了测度。夏春萍（2019）等基于 31 个省份的调研数据，分析了我国农村多维贫困分布的地理特征与影响因素，并着重分析了中部、西部、东部的农村多维贫困分布。涂爱仙和阳晓丽（2020）研究了民族地区老年人口多维贫困问题，发现其健康贫困、经济贫困和精神贫困均堪忧。魏程琳和史萍（2021）采取了文化视角来研究"单身汉"的多维贫困问题，发现"单身汉"往往不重视积蓄、家庭支持弱、抗风险能力低且内在动力不足，因此很容易致贫、返贫。

二 相对贫困研究

2020 年中国消除了绝对贫困，进入后脱贫时代，相对贫困问题日益突出，学术界对相对贫困的识别与测度、治理机制及各区域或群体的相对贫困问题等也进行了广泛的研究。

第一，相对贫困的识别与测度研究。一是相对贫困线的划定。确定相对贫困线的主流方法是收入比例法和平均收入法。收入比例法通过将所关注群体收入升幂排序，再确定某一比例，收入水平处于该比例之下的群体列为贫困群体，贫困群体当中的最高收入水平线即为相对贫困线。当前国际上通常按照10%的比例划分贫困群体，即收入占全体居民总数10%的群体。平均收入法是基于关注对象人均收入来划分贫困线，通常占人均收入的50%或33%，国内相关研究与调查中贫困线划分系数常为居民人均收入的50%。方卫东（2000）将常用于生物学上的Logistics函数稍加变形，基于收入分组数据，得出了具有良好拟合优度的分布函数，用于测量相对贫困线。陈宗胜等（2013）提出应该对既有贫困线加以修正，采用相对贫困线，以保证更多的"潜在贫困人口"被纳入扶贫减贫体系当中，对此，他提出应该将农村居民年平均收入按照0.4—0.5的均值系数进行测算，测算结果作为当年相对贫困线的标准。程永恒（2013）在对1978—2008年的贫困数据测量过程中，按农村家庭人均纯收入的50%来确定相对贫困线。蔡亚庆（2016）在对我国农户贫困持续性和影响因素的研究中指出，由于不同省份的经济差异较大，在确定贫困线时，应该按照各省的人均净收入中位数的1/2来确定相对贫困线。孙久文等（2019）建议在城乡二元的格局下，可以划分不同的贫困线，并提出两种贫困线拟定思路：其一是采用马丁法，即先获取收入分布情况，再按情况将绝对贫困线折合成相对贫困线，并设置浮动区间；其二是将全体居民收入进行排序，取中位数或者众数等固定值。在2020年以后分别以城乡居民收入中位数的一定比例作为城市和乡村的贫困线，并且以5年或者10年为调整周期。叶兴庆和殷浩栋（2019）建议在"十四五"时期将居民收入中位数的40%作为贫困线，将大约10%的人群纳入帮扶范围。李实（2018）从收入的中位数角度出发，将相对贫困线设置成收入中位数的50%；邢成举（2019）和李小云（2020）认同将收入中位数作为划分依据，但其建议采用40%的划分比例；沈扬扬（2020）和李实（2121）基于人均可支配收入中位数来划分相对贫困，建议采用40%的比例。张维伟（2021）按照农村居民人均可支配收入的40%设置相对贫困线。二是构建农村相对贫困的复合测度标准。有部分学者认为，从中国当前国情出发治理相对贫困，并不一定需要与国际标准看齐，他们建议采用多维的相对贫困测量标准。马秋华（2018）从"两不愁、三保障"标准出发，建议构建多维相对贫困检测数据库，并制定出包含多个非收入维度的多维相对贫困标准。陈宗胜（2020）提出，中国的扶贫识别标准应该是以收入为主的多维贫困标准，只依靠收入标准是不充分的，还应该考虑到健康状况、生活条件等复合测度标准。张传周（2020）提出，由于贫困是一个复合的概念，不单包括因为收入较低而导致的"贫"，还体现为一种"相对剥夺感"，因此对于相对贫困的测度也应该有一个复合、多维的标准。曲延春（2021）指出，相对贫困不仅指相对贫困人口经济收入的"贫"，更指其社会发展的"困"，所以应建立体现经济之"贫"与发展之"困"并重，农村相对贫困人口数量适度的复合测度标准。汪三贵（2021）在测量贫困时，将其分为收入维度与非收入维度，并建议各地根据各自的经济发展与社会福利水平，制定各自的测量标准。

第二，相对贫困治理长效机制的构建。邢成举和李小云（2019）研究认为构建新时代贫困治理机制，应转变现有的贫困治理理念与话语，完善贫困治理体制，制定新的贫困治理战略，整合贫困治理路径。孙明慧（2021）研究认为，应通过建立相对贫困衔接机制、脱贫内生动力机制和多方力量扶持机制，发挥各项制度、政策、法规的常态化贫困治理功能，从而解决农村相对贫困问题。林艺凡（2021）研究"后扶贫时代"的贫困治理思路，结果发现应进一步培育农民主体意识、夯实乡村特色产业支撑、强化基层人才队伍建设、建立综合贫困治理机制以期巩固和拓展脱贫攻坚成果。钟海和卢芳许（2021）研究认为，相对贫困治理需建立中国特色的"四维一体"长效机制,包括相对贫困动态识别检测机制、自主发展能力建设机制、特色产业培育发展机制和兜底保障分类帮扶机制,不断完备具有中国特色的解决相对贫困问题的制度供给。林闽钢(2020)研究认为应建立三种相对贫困治理机制:一是建立相对贫困人口发展的基础性机制;二是建立干预代际贫困传递的阻断性机制;三是形成"政府主导、社会参与、市场促进"的贫困治理的整体性机制。范和生和武政宇(2020)提出,新时期相对贫困治理机制构建面临的五大困境,需要通过建立健全相应的五大机制,并以能力建设机制为核心,构建起相对贫困治理的长效机制。罗必良(2020)研究提出一套相对贫困治理机制,应该包含遏制返贫的长效兜底机制、机会开放的长效支持机制、激发活力的长效动力机制、代际阻断的长效培育机制及广义福利的长效诱导机制。郑继承(2020)基于中国特色社会主义政治经济学的理论体系与我国经济高质量发展的总体要求,提出相对贫困治理的长效机制应围绕转型机制、动力机制、衔接机制、保障机制和责任机制等关键点建立。李棉管和岳经纶(2020)研究认为,应根据相对贫困的维度和社会政策的取向来构建中国相对贫困治理的长效机制。白增博等(2020)关注相对贫困视角下农村老年贫困的治理,根据老年贫困治理面临的困境,提出相应的贫困治理长效机制。

第三,不同群体或区域的相对贫困问题研究。张敦福(1998)对导致城市农民工群体在城市中处于相对贫困的影响因素进行了研究,并预测未来这些因素变化不大,农民工群体的相对贫困状态也难以改变。侯军岐等(2021)采用模糊层次分析法发现人力资本、金融资本和物质资本对脱贫边缘农户生计可持续能力有较大的影响。马莉和王广斌(2021)基于 CFPS(2018)数据,利用 AF 方法对农村老年人口多维相对贫困进行测度,并运用倾向得分匹配(PSM),探讨主要针对子女的代际关系质量对农村老年人口相对贫困的影响机理。王立安等(2013)发现参与退耕还林项目对绝对贫困、相对贫困和一般农户的收入和生计资本具有显著正向影响,但对高收入农户却有负向影响。宋嘉豪等（2022）利用2018年中国家庭追踪调查数据（CFPS）发现22.8%的农村家庭处于相对贫困状态，劳动力数量对相对贫困的影响较大。苏芳等（2021）认为，后扶贫时代中国扶贫的工作重点要向相对贫困转变，应构建相对贫困治理的分析框架，提出具有中国特色的相对贫困治理模式。王湛晨和李国平（2022）采用2014—2019年金沙江流域水电工程移民家庭的追踪调研数据，发现生计资本储备将有效避免相对贫困的发生以及代际传递。韩广富和辛远（2020）总结了中国农村相对贫困治理面临的挑战、相应的解决方法和新的发展趋势。张莎莎和郑循刚（2021）发现，与纯粹农业策略相比，选择非农就业策略或农工兼业策略的农户陷入相对贫困的概率显著降低，非认知能力通过非农就业策略和农工兼业策略影响农户相对贫困。罗明忠和邱海兰（2021）研究农机社会化服务采纳对农村经济相对贫困的影响，结果显示农村经济的相对贫困可通过采纳农机社会化服务得到有效缓解。刘洪等（2021）对贵州构建解决民族地区农村相对贫困的长效机制面临的问题进行了研究分析。

三　贫困动态性研究

第一，依据家庭经历的贫困时间长度进行分类的贫困动态类型。一是经历的贫困时间长度，从已有研究可以发现，不同国家或地区的家庭，其经历的贫困时间长度可能存在差异。有学者以10年为考察期对美国家庭贫困进行了研究，发现1/4—1/3的美国家庭的贫困时间长度大于1年，而经历贫困时间长度大于8年以上的家庭占2.6%—5.1%（Duncan，1985）。也有学者采用9年的印度家庭面板数据测算了印度家庭的贫困状况，发现印度家庭处于贫困状态的比例约为20%，从未贫困的家庭约占12%（Gaiha and Deolalikar，1993）。罗楚亮（2010）采用2007年和2008年的中国家庭追踪调查数据，按照国家贫困线标准，对中国家庭贫困状况进行了测量，发现两个年度均为贫困状态的家庭较少，占贫困家庭总数的10%以下。

于敏（2011）采用甘肃和内蒙古1999—2004年的家庭面板数据，分析了两个省份家庭的动态贫困状况，发现观察期内均处于贫困状态的家庭为0，甘肃和内蒙古家庭在5个年份处于贫困状态的比例分别为1.6%和1.3%，在4个年份中处于贫困状态的比例分别为3.9%和3.4%。二是按贫困时间长度分类的短期贫困和长期贫困。有研究认为长期贫困比短期贫困严重，如有学者采用中国22个省份2000—2002年的面板数据进行贫困动态分析，以3年均处于贫困状态定义为长期贫困，以1年和2年处于贫困状态定义为短期贫困，贫困家庭类型主要为长期贫困（Gustafsson and Ding，2009）。有研究认为短期贫困比长期贫困严重，岳希明等（2007）利用中国1997—2001年592个国家贫困县的16000个农村家庭面板数据，发现贫困家庭的主要类型为短期贫困。张立冬（2010，2013）研究发现，贫困农村家庭中持久性贫困和暂时贫困的占比分别为4.72%和95.28%。李翠锦、李万明（2015）利用2008—2010年新疆3000户农村家庭的面板数据，将经历贫困时间为3年和2年的农村家庭定义为持久性贫困家庭，将经历贫困时间为1年的农村家庭定义为暂时贫困家庭，发现贫困家庭中占主要比例的是暂时贫困家庭。汪为和吴海涛（2018）利用湖北省农村住房调查面板数据，发现暂时贫困比慢性贫困严重。也有研究认为短期贫困和长期贫困相同，如汪三贵等（2003）采用1997—2000年山西、贵州、四川、甘肃等省份贫困县的面板数据，发现经历长期贫困的农村家庭占总样本的27.9%，经历短期贫困的农村家庭占总样本的31%，短期贫困和长期贫困家庭比例相差不大。郭劲光（2011）利用辽宁省重点贫困县监测数据，发现经历短期贫困的农村家庭占44.5%，经历长期贫困的农村家庭占41%，两者所占比例相差不大。解雨巷等（2019）基于贫困脆弱性的视角，分析了财政教育政策对长期贫困的缓解作用。高健和丁静（2021）发现了农村新农合保险对缓解农户长期贫困具有显著正向影响。

第二，农村家庭贫困持续时间与贫困动态类型的转变。国外学者早期关于贫困动态性的研究是运用久期分析方法（Durationmodel）来考察农村家庭贫困持续时间（Bane and Ellwood，1986；Burke and Jayne，2008）；而后一些学者又在上述基础上对此方法进行了改善，例如，Iceland（1997）提出了左删失数据问题的处理方法，另外一些学者将多重久期模型运用到贫困动态性研究之中（Stevens，1994；Arranz，2012）。Bigsten 等（2008）考察了埃塞俄比亚 1994—2004 年城镇家庭和农村家庭的贫困持续时间，他们发现，贫困持续时间有明显的状态依赖，即贫困家庭所处的贫困年限越长，其越不容易脱贫；所处的贫困年限越短，处于贫困状态的概率则越小。You（2011）采用 1989—2006 年 CHNS 数据（中国健康与营养调查数据）测度贫困动态性，发现中国农村家庭贫困持续时间约为 2.55 年，同时，处于贫困状态 4 年以上的农村家庭，即使已经脱贫，未来陷入贫困的可能性也较大。王朝明等（2010）采用 1990—2005 年中国农村家庭数据测度贫困动态性，发现中国农村家庭的脱贫概率随时间增长而下降，然而，处于非贫困状态的农村家庭，其返贫的概率随时间增长而上升。叶初升和赵锐（2013）采用 1989—2009 年 CHNS 数据（中国健康与营养调查数据）研究贫困发现，观察期内处于贫困状态家庭脱贫的占比为 86%，而处于非贫困状态家庭陷入贫困状态的占比为 7%，并且，家庭处于贫困的年限越长，其脱贫的概率越高。罗曼等（2012）采用云南红河州 2006—2009 年农村住户调查数据研究农村家庭贫困的状态转变问题，发现处于暂时贫困的家庭占比约为 60%。张立冬（2010）指出，不同收入分组的家庭，其贫困状态特征具有差异，处于贫困线附近的家庭，在第二年陷入贫困的概率较高。周振和兰春玉（2014）利用 2000—2009 年 CHNS 数据（中国健康与营养调查数据）研究农村家庭动态贫困，杨慧敏等（2016）利用 2000—2011 年 CHNS 数据（中国健康与营养调查数据）测度了中国农村家庭贫困程度及贫困动态类型特征。高帅（2015，2016）、张志国（2015）考察了中国农村家庭多维贫困状态的转变和持续时间问题。周强和张全红（2017）研究发现教育水平的提高有利于促进中国长期多维贫困的转化。苏静等（2019）提出，教育与社会资本均对中国农户多维贫困转化产生显著影响。

第三，将总贫困进行分解，分解为暂时贫困和慢性贫困。由上文可知，按照家庭或个体的贫困持续时间来确定贫困动态类型具有一定的缺陷，因此，有学者利用家庭或个体收入的平滑性和永久性，提出了暂时贫困和慢性贫困的测量方法和分解方法（Rodgers，1993），其后，Jalan 和 Ravallion（1998，2000）、章元等（2012）改进了 Rodgers 和 Rodgers（1993）的贫困动态分解方法。Jalan 和 Ravallion（1998，2000）利用 1985—1990 年中国广西、广东、云南和贵州的数据研究贫困动态性，发现中国农村家庭的暂时贫困所占比例比慢性贫困所占比例高；张立冬（2013）分别利用国家贫困线、1.25 美元和 2 美元贫困标准，发现暂时贫困家庭的占比分别为 97%、92%、79%。章元（2012，2013）改进了 Rodgers 和 Rodgers（1993）的贫困动态性分解方法，采用 1999—2005 年中国农村固定观测数据，发现以 1 美元为贫困标准时，不同观察期内的慢性贫困家庭占比处于 79%—91%，慢性贫困比暂时贫困更严重。吴海涛（2013）研究发现，采用的贫困标准不同和分解方法不同，会导致测量结果的差异，如按照章元（2012）的方法测量的慢性贫困占比高于按 Jalan 和 Ravallion（2000）的方法测量的慢性贫困占比，但两种方法均得出了一致的结论：慢性贫困占比比暂时贫困占比高。张全红等（2017）利用 2000—2011 年 CHNS 数据（中国健康与营养调查数据）对多维贫困进行测量和分解，并在此基础上测量了贫困动态性，也发现慢性贫困的占比高于暂时贫困的占比。陈全功等（2009）对民族地区农村家庭的研究结果表明，处于慢性贫困状态的农村家庭，其返贫或发生代际传递的概率更高。毕岚岚等（2018）通过对云南农村 2010—2012 年的面板数据分析，发现了样本农户在调查期内以慢性贫困为主，并使用 DAG 方法修正了传统的 JR 方法，获得了更具有稳健性的结果。聂荣（2021）等发现我国东部、西部、中部不同地区的贫困类型有所差异，且就全国而言，大多数农村家庭都属于暂时贫困，极少数处于慢性贫困。

四 贫困影响因素研究

第一，贫困动态类型转变的影响因素。Addabbo 和 Baldini（2000）对意大利经济衰退时期家庭贫困研究发现，导致非贫困家庭经历贫困的主要因素是新生儿出生、户主更替、劳动力失业及社会转移支付的减少等因素。Valletta（2006）认为，税收政策和转移支付政策能够显著地降低家庭陷入贫困的可能性，并提高家庭脱贫的可能性。Glauben 等（2011）认为，家庭劳动力受教育程度高、家庭成员中有村干部会提高中国农村家庭脱贫的可能性，而拥有土地资源状况和农业生产结构单一会降低中国农村家庭脱贫的可能性。You（2011）发现影响中国农村家庭脱离慢性贫困的主要因素是家庭劳动力素质、家庭资产情况、是否有健康保险和是否有劳动力外出务工。Imai 和 You（2013）发现，与生计策略以非农生产为主的中国农村家庭相比，生计策略以农业生产为主或以外出务工为主的家庭脱贫可能性更高。罗楚亮（2010）认为，家庭劳动力的非农转移可以明显地减小农村家庭经历贫困的概率，并影响农村家庭贫困动态类型。向运华和刘欢（2016）认为，家庭劳动力外出务工能够显著地改善农村家庭多维贫困状况。姚毅（2012）发现，经济增长可降低农村家庭返贫的可能性，家庭劳动力受教育程度尤其是接受义务教育的程度，可有效降低农村家庭返贫可能性，并增加其脱贫的概率；同时，家庭人口状况和家庭地理位置是影响农村家庭贫困动态类型的重要因素。叶初升和赵锐（2013）以生命周期的视角研究了贫困的影响因素，他们发现，家庭户主年龄为47岁时，家庭脱离贫困的可能性最大，这意味着贫困受家庭生命周期的影响；同时，教育可显著影响家庭脱贫，而劳动力在民营企业就业的家庭，其脱贫的可能性较低。关爱萍和李静宜（2017）发现，家庭人力资本状况和社会资本状况对农村家庭是否贫困有显著的负向影响，两类资本的交互项对农村家庭是否贫困也有显著的负向影响。方迎风和张芬（2016）

发现邻里效应对家庭成员是否外出务工和所处贫困动态类型均有显著影响。除家庭因素外，也有研究从外部因素考察了贫困的影响因素，如社会排斥（陈光金，2006）、社会保障（刘玲琪，2003）和收入不均等（刘宗飞，2013）。曾鸣（2019）发现，互联网的使用有效降低了西部农村地区居民文化贫困发生率。苏静等（2019）运用 CFPS 面板数据研究了教育与社会资本对农户多维贫困转化的影响。

第二，不同贫困类型的影响因素。Jalan 和 Ravalion（1998）发现，家庭规模、劳动力受教育年限和健康状况能够显著影响慢性贫困。章元等（2013）发现，人力资本、政治资本和金融资本对家庭慢性贫困有着重要影响，拥有更多土地的家庭和生计策略以从事农业生产为主的家庭，其面临更大的外部风险冲击，从而显著地提升了农村家庭陷入暂时贫困状态的概率。岳希明等（2007）发现，短期贫困主要受随机性因素影响，而长期贫困主要受短期内无法克服的因素影响。Addabbo 和 Baldini（2000）发现，家庭户主特征会显著影响短期贫困，年龄小于 40 岁、自我雇用、"蓝领工人"以及从事农业生产等特征的户主所在家庭，其陷入短期贫困的可能性较大。王生去（2011）指出，家庭区位条件、家庭人口负担系数等因素对慢性贫困有显著影响。此外，Hulme（2003）发现，处于慢性贫困状态的家庭，具有明显的特征：区位条件较差、抵抗外部风险能力弱、社会资本较差以及被主要社会群体排斥等。有学者将目光聚焦在民族地区，发现燃料、住房与教育对民族地区多维贫困指数产生较大影响（吴秀敏，2016）。左孝凡等（2018）通过 CFPS 数据分析 2010—2014 年中国农村居民多维贫困影响因素，发现社会资本对导致农户多维贫困产生显著影响。许源源和徐圳（2020）认为，相对贫困包括制度结构和个体行动的缺失，城市相对贫困应受到重视。黄金梓等（2020）提出，由于生态脆弱地区生态环境破坏、原生基础薄弱、路径依赖严重因素，导致其易致贫、易返贫，生态型贫困问题严峻。李彦军和刘梦凡（2021）发现，相较于村庄外部因素，家庭内部因素对导致农户多维相对贫困的影响更大，而家庭因素中教育往往是更为重要的影响因素。聂荣和杨丹（2021）发现，村级收入、人均纯收入、消费习惯等会加重农村地区的消费贫困状况。

五　文献述评

从国内外关于多维贫困、相对贫困和贫困动态性和贫困的影响因素研究来看，贫困是全球广泛存在的现象，每个国家或地区都面临反贫任务。随着经济水平的不断提高，人们的精神需求也随之提高，贫困的内涵也不断得到延伸和扩展，贫困研究从最初的物质贫困逐渐转变为人文贫困，贫困研究内容不断得到丰富。多维贫困是从能力贫困的基础上发展而来的，以多维贫困的视角研究贫困逐渐成为学术界研究的焦点。在贫困研究方法上，贫困研究也从理论研究转变为实证研究，尤其是多维贫困的 AF 方法被国内外学者广泛应用于多维贫困研究，同时根据不同的研究需要，学者对多维贫困指标体系不断地进行优化和改进。虽然多维贫困受到广泛应用，但其测度方法的适用性存在很大争议，邹微和方迎风（2012）认为，多维贫困测量方法的维度存在两两相关的情况，并且多维贫困指标大多使用二值变量来衡量，以及多维贫困指标的临界值和权重设置的主观性较大，导致多维贫困测量结果的精确性问题。然而，不难看出，相比于传统的以收入或消费作为单一维度测量贫困，多维贫困是贫困研究的一个突破，其能够更加全面和精确地反映真实贫困状况。

关于贫困动态性的研究，国内外学术界关注的主要是家庭是否处于贫困状态、处于贫困的动态类型以及贫困动态类型的转变等，这三方面内容从不同的研究视角反映了贫困动态性。第一，研究家庭或个体的贫困经历过程，其关键点在于以时间维度来动态考察家庭或个体经历贫困时间的长度，包括家庭或个体经历贫困的年限和贫困家庭或个体持续经历贫困的年限。第二，研究贫困动态类型的转变，其关键点在于分析贫困临界状态的转变，其主要内容是研究已经经历贫困的家庭或个体在未来时间怎样脱贫，以及从未经历贫困的家庭或个体在未来时间免予陷入贫困的问题。第三，将家庭或个体的贫困动态类型分为慢性贫困和暂时贫困，从贫困结构的视角来研究贫困动态性。由于按照家庭或个体经历贫困年限和以组分分解法来划分贫困动态类型，两种方法均需要对家庭或个体在一个较长的观察期（通常大于 5 年）进行考察，而不是传统的某一时点的静态考察，如把家庭或个体收入或消费的跨期变动而导致的贫困定义为暂时贫困，或者将家庭或个体所处贫困状态年限小于 5 年定义为短期贫困，两者均为基于动态视角的考察。

本书认为，以组分分解法来研究贫困动态性，是以持久性收入或消费理论为基础，而该理论认为收入或消费由持久性收入或消费和暂时性收入或消费组成，该方法并不能全面真实地反映家庭或个体的贫困动态类型，而按照家庭或个体所处贫困年限对贫困动态类型进行分类，强调了时间维度，能够反映家庭或个体贫困状况的时间变化，以此来研究贫困动态性更科学。鉴于此，本书利用 2010—2018 年 CFPS 数据（中国家庭追踪调查数据），采用经典的 AF 方法，测度中国农村家庭多维相对贫困状况，在此基础上测度中国农村家庭多维相对贫困动态类型，分析中国农村家庭多维相对贫困的动态特征，以及分析农村家庭多维相对贫困动态性的影响因素，进而为缓解农村家庭多维相对贫困提供理论基础和政策建议。

第四节　本章小结

本章对本书研究的几个关键概念进行了界定，包括农村家庭、多维贫困、相对贫困和动态贫困，对农村家庭多维贫困动态性的理论基础进行了阐述，包括贫困理论、能力贫困理论和可持续生计理论，并对国内外有关多维贫困、相对贫困、贫困动态性和贫困影响因素研究进行了系统梳理。

贫困由传统的绝对贫困和能力贫困，再到动态贫困，贫困的内涵不断延伸和丰富。贫困概念包括动态、历史和地域的范畴。在经济发展水平不高时，绝对贫困是贫困研究的重点；在经济发展水平较高时，相对贫困和多维贫困更受到关注。收入贫困或消费贫困着重于个体物质贫困的研究，而多维贫困研究的重点除物质贫困外，还包括非物质贫困，从而能够更加全面地反映贫困问题。

本书的理论基础包括贫困理论、能力贫困和可持续生计理论。贫困理论的研究视角主要为福利经济学、发展经济学和收入分配三个方面，不同的研究视角对贫困进行定义，结果可能会有差异。能力贫困是相对收入贫困或消费贫困而言的，是贫困研究的延伸和发展，能力贫困丰富了贫困研究内容，而多维贫困则是在能力贫困理论基础之上发展而来的。可持续生计理论是当前国内外研究贫困问题的一个重要分析框架，其可持续生计框架被国内外研究广泛采用，该框架将家庭视为处于脆弱性的环境中生存或谋求生计，家庭所处的这种环境会对家庭所拥有的生计资本的利用方式，即生计策略产生影响，家庭会采取一系列的生计策略，以保障整个家庭的生存和发展。

国内外学者已经从不同的视角对多维贫困进行了研究，但是，这些研究采用的多维贫困维度和指标较为单一，大部分关于多维贫困的研究也局限于多维贫困的测度和分解，缺少在此基础上分析多维贫困影响的因素，以揭示导致家庭或个体处于多维贫困状态的成因。同时，国内外研究以多维贫困为基础的贫困动态性研究较少，大多数研究是以静态来考察多维贫困的，缺乏对多维贫困的动态分析，更缺少农村多维相对贫困与城镇多维相对贫困的对比研究。

第 三 章

农村家庭多维相对贫困测度

为了测度中国农村家庭多维相对贫困状况，反映中国农村家庭多维相对贫困的动态变化，本章首先构建了多维相对贫困测度的体系框架，介绍了多维相对贫困测度方法、维度和指标以及权重设置。然后，利用CFPS数据对中国农村多维相对贫困进行了测度，对多维相对贫困指标、多维相对贫困发生率、多维相对贫困指数及指标贡献率进行了分析。同时，为了考察多维相对贫困的城乡差异，本章分别就城镇家庭、农村家庭的多维相对贫困进行了对比，并按照东部、中部、西部和东北四个地区描述了多维相对贫困地区间的差异。

第一节 多维相对贫困测度的体系框架

一 多维相对贫困测度方法

本书在Alkire和Foster（2009）提出的多维贫困方法（以下简称A-F方法）基础上[①]，提出了多维相对贫困的测量方法，这种测算方法具体如下。

---

① 该方法还可对贫困广度和贫困深度的多维贫困指数进行测量，受篇幅所限，本书仅测算了贫困发生率的多维贫困指数。

假设调查样本总量为 N，i ($i \in N$) 表示被调查样本的第 i 个家庭，d ($d \geq 1$) 用以表示多维相对贫困测度的维度数，j ($j \in d$) 表示第 j 个维度，g_{ij} 表示家庭 i 在维度 j 的观测值，z_j 表示第 j 个维度的相对贫困临界值，则家庭 i 在维度 j 的相对贫困状况 p_{ij} 为：

$$p_{ij} = \begin{cases} 1, & if \ g_{ij} \leq z_j \\ 0, & 其他情况 \end{cases} \quad (3-1)$$

以 w_j 表示第 j 个维度的权重，对每个贫困维度进行赋权，得到每一维度的加权相对贫困剥夺值：

$$r_{ij} = p_{ij} \times w_j \quad (3-2)$$

然后，选取维度数 k ($k \in d$) 进行多维相对贫困识别：

$$c_{ij}(k) = \begin{cases} \sum_{j=1}^{d} r_{ij}, & if \sum_{j=1}^{d} r_{ij} \geq k \\ 0, & if \sum_{j=1}^{d} r_{ij} < k \end{cases} \quad (3-3)$$

这样能够得到不同 k 值的多维相对贫困剥夺份额。同时，对不同 k 值的多维相对贫困个体数进行识别：

$$q_{ij}(k) = \begin{cases} 1, & if c_{ij}(k) > 0 \\ 0, & if c_{ij}(k) = 0 \end{cases} \quad (3-4)$$

相对贫困发生率 H (k) 为：

$$H(k) = \frac{\sum_{i=1}^{N} q_{ij}(k)}{N} \quad (3-5)$$

相对贫困剥夺份额 A (k) 为：

$$A(k) = \frac{\sum_{i=1}^{N} c_{ij}(k)}{\sum_{i=1}^{N} q_{ij}(k) \times d} \quad (3-6)$$

多维相对贫困指数 M (k) 为：

$$M(k) = H(k) \times A(k) = \frac{\sum_{n=1}^{N} c_{ij}(k)}{N \times d} \quad (3-7)$$

进一步地，将多维相对贫困进行分解：

$$M(k) = \frac{\sum_{n=1}^{N} c_{ij}(k)}{N \times d} = \frac{U}{N} M_U(k) + \frac{R}{N} M_R(k) \quad (3-8)$$

其中，U 和 R 分别表示不同分组的人口数量[①]，$M_U(k)$ 和 $M_R(k)$ 分别表示不同分组的多维贫困指数。

二 多维相对贫困测度的维度与指标

本书多维相对贫困测量的维度选取参照了 Alkire 和 Foster（2009）提出的多维贫困测度方法及多维贫困指数（MPI）维度选取标准，多维贫困指数是国际上比较权威和应用广泛的多维贫困指数。多维贫困指数是对人类贫困指数和人类发展指数的进一步完善（Wagle，2008），能够更好地反映家庭多维贫困状况。多维贫困指数选取了健康、教育和生活水平三个维度，其中健康维度包括营养和儿童死亡率，教育维度包括受教育年限和儿童辍学率，生活水平维度包括做饭燃料、卫生设施、饮用水、通电、地板材质和资产，共 10 个指标。

多维贫困指数仅从能力和福利方面来衡量多维贫困，没有纳入传统贫困测量的收入和消费维度，缺少经济维度的考量。因此，本书在多维贫困指数的基础上，增加了经济维度，以家庭人均收入为指标衡量经济维度。同时，资产是家庭财富的积累，可以从生活资产、消费资产等指标来反映家庭资产情况，因此，本书将资产指标从生活水平维度独立出来作为单一维度。另外，根据 CFPS 数据指标的可获得性和中国农村实际情况，本书对多维贫困指数的指标进行了适当调整。

综上，本书共选取了 5 个相对贫困维度对多维相对贫困进行测量，这 5 个维度分别属于经济相对贫困、能力相对贫困和福利相对

---

① 该分组也可大于等于 2。

贫困三个框架，经济相对贫困为消费维度，能力相对贫困包括健康和教育维度，福利相对贫困包括生活水平和资产两个维度。每个维度的选取及指标赋值如下：

（1）收入维度。学术界通常以经济状况来定义和测度相对贫困，衡量经济状况的指标主要有收入、消费和福利（Wagle，2008）。收入能够直接衡量农村家庭经济状况，可以直接判别农村家庭是否处于相对贫困，本书将农村家庭人均纯收入作为测度多维相对贫困的一个维度，若人均纯收入低于总体人均收入中位数的一半，赋值为1；反之赋值为0。

（2）教育维度。教育可以直接反映家庭的人力资本状况，是衡量能力相对贫困的重要维度。本书选取家庭劳动力受教育程度和适龄儿童入学情况来衡量教育维度相对贫困，以家庭劳动力的平均受教育年限来反映家庭劳动力受教育状况。因此，若家庭劳动力平均受教育年限小于总体受教育年限中位数的一半，赋值为1；同时，若有7—15岁适龄入学儿童辍学，赋值为1。

（3）健康维度。由于数据的限制，健康维度选取了医疗支出、医疗保险和家庭劳动力的劳动能力三个指标。医疗支出可以直接反映家庭成员的健康情况，通常情况下，医疗支出越大，则家庭成员的健康状况越差，我们以数据总体医疗支出中位数的一半为临界值，即医疗支出超出当年总体医疗支出的上四分位数一半则赋值为1；医疗保险指标以家庭成员是否超过半数参加新型农村合作医疗保险来衡量，若超过半数的家庭成员未参保，赋值为1。劳动力健康状况对于家庭有至关重要的作用，如果有劳动力丧失劳动能力，家庭陷入相对贫困的风险将增大，因此，若家庭有劳动力丧失劳动能力的，赋值为1。

（4）生活质量维度。生活质量维度包括做饭燃料、饮用水、通电和住房类型。做饭燃料以所用能源为衡量指标，若做饭燃料为天然气、通电、沼气等以外的非清洁能源，赋值为1；饮用水指标以家庭是否有自来水、深井水等清洁水源为判断标准，若无则赋值为1；

通电指标以是否通电为标准，若没有通电，则赋值为1；住房类型以农村家庭主要居住住房的类型判断，若楼房、砖瓦房房屋面积低于房屋总面积的一半，则赋值为1。

（5）资产维度。资产维度包括金融资产、住房面积和耐用品三个指标。金融资产指标以存款、股票等金融资产的拥有量为判断标准，若金融资产数额低于当年总体数据的中位数的一半，赋值为1；住房面积指标的临界值以总体数据的中位数一半为划分标准，若农村家庭人均住房面积小于总体人均住房面积中位数的一半，赋值为1；耐用品指标以农村家庭拥有耐用品数量来判断，若耐用品数量小于2，赋值为1。

表3–1　　　　　　　　多维相对贫困测量的维度及临界值

维度	指标	临界值
收入	人均收入	人均收入低于总体中位数的一半，赋值为1
教育	教育程度	劳动力平均受教育年限小于总体中位数的一半，赋值为1
	适龄儿童入学	有7—15岁儿童辍学，赋值为1
健康	医疗支出	人均医疗支出超出总体医疗支出的上四分位数一半，赋值为1
	医疗保险	有家庭成员没有参加任何医疗保险，赋值为1
	丧失劳动能力人数	有家庭劳动力丧失劳动能力，赋值为1
生活质量	做饭燃料	做饭燃料为天然气、通电、沼气等以外的非清洁能源，赋值为1
	饮用水	无深井水、自来水等清洁水源，赋值为1
	通电	村或社区没有通电，赋值为1
	住房类型	楼房、砖瓦房房屋面积低于房屋总面积一半，赋值为1
资产	金融资产	存款、股票等金融资产小于总体数据中位数的一半，赋值为1
	住房面积	人均住房面积小于总体人均住房面积中位数的一半，赋值为1
	耐用品	无以下耐用品中任何2项：家用汽车、摩托车、助力车、洗衣机、电冰箱（柜）、微波炉、彩色电视机、空调、热水器、消毒碗柜、洗碗机、排油烟机、固定电话、移动电话、计算机、摄像机、照相机、中高档乐器、健身器材、组合音响，赋值为1

三 多维相对贫困维度与指标的权重

（一）权重设定方法

学术界并未对多维相对贫困维度和指标权重设定方法达成共识，目前多维相对贫困维度和指标权重设定方法主要有等权重法（李飞，2012；王春超和叶琴，2014；王小林和 Sabina Alkire，2009；邹薇和方迎风，2011 等）、主成分分析法（张全红和周强，2015；张全红等，2012；张全红等，2014；许启发等，2014 等）以及熵值法（吴炯丽和宋建华，2015）。这三种方法各有优点，也存在差异。

1. 等权重法

等权重法指对各维度或指标赋予相同的权重，每个维度或指标所占的权重大小是一致的。等权重法又分为等维度权重法和等指标权重法，等维度权重法指先对每个维度赋予相同的权重，再将各维度的指标赋予相同的权重，而等指标权重法则是对每个指标赋予相同的权重。等权重法的优点是操作简单，但多维相对贫困指数对维度和指标权重的设定较敏感，每个维度或指标赋权的大小会在一定程度上影响多维相对贫困测度结果（陈辉和张全红，2016）。

2. 主成分分析法

主成分分析也叫作主分量分析，其思想主要是依靠降维的方法，将多个维度或指标转换为较少的综合指标，该综合指标便是主成分。主成分分析法的优点是每个成分都能反映原始维度或指标的主要信息，而且可以防止原始维度或指标所包含信息的重复。主成分分析法可以使复杂的维度或指标赋权问题简单化，能够将多维度或多指标引进并归结为较少的主成分，利用该方法得到赋权结果更加科学和合理。

3. 熵值法

熵值法是由信息论概念演化出的一种数学方法，可以用来判断维度或指标的离散程度、复杂性和无序程度。维度或指标的不确定性越小，其离散程度越大，熵值便越小，对应的权重越大。该方法的优点是计算出的结果增强了多维度或多指标综合评价的客观性、实用性和真实性。

（二）权重划分结果

综上所述，多维相对贫困维度和指标权重的设定方法有等权重法和非等权重法。等权重法便于操作，非等权重法的主成分分析法能够克服维度或指标间的共线性，非等权重法的熵值法可以克服维度或指标间的离散程度的影响。但是，本书选取的多维相对贫困指标间共线性较小，表3-2为2018年多维相对贫困各指标间的相关系数，从表3-2中结果可以看出，各指标的相关性均小于0.3，不适宜用主成分分析法确定权重；同时，由于各指标都为0和1的二值变量，也不适宜用熵值法测算指标间的权重。因此，本书借鉴大多数学者研究多维相对贫困时采用的等权重法，而等权重法包括等维度权重法和等指标权重法。相比等维度权重法，等指标权重法赋予每个指标相同的权重，会导致维度所占权重的差异，而按等权重法的思想，每个维度所占权重应该一致，所以等指标权重法通常用于每个维度只存在一个指标的情况。若多维相对贫困指标体系任一维度的指标超过一个，则应选用等维度权重法，在每个维度赋予相同权重的前提下，每个维度所包含的指标再进行等权重设置。

表3-2　　　　　　2018年多维相对贫困各指标间的相关系数

指标	人均收入	受教育程度	适龄儿童入学	医疗支出	医疗保险	劳动能力	做饭燃料	饮用水	通电	住房类型	金融资产	住房面积	耐用品
受教育程度	0.05												
适龄儿童入学	0.03	0.06											
医疗支出	-0.01	0.03	0.01										
医疗保险	-0.01	0.07	0.02	0.00									
劳动能力	0.06	0.07	0.02	0.04	0.02								

续表

指标	人均收入	受教育程度	适龄儿童入学	医疗支出	医疗保险	劳动能力	做饭燃料	饮用水	通电	住房类型	金融资产	住房面积	耐用品
做饭燃料	0.18	0.12	0.03	-0.02	-0.03	0.07							
饮用水	0.07	0.02	-0.01	-0.01	-0.01	0.02	0.18						
通电	0.02	-0.01	0.00	-0.01	-0.01	0.02	0.00						
住房类型	0.07	-0.01	-0.01	-0.03	0.00	0.04	0.1	0.03	0.00				
金融资产	0.08	0.04	0.01	0.02	0.01	0.04	0.11	0.05	-0.01	0.03			
住房面积	0.06	0.07	0.06	0.01	0.02	0.06	0.08	0.04	-0.01	0.09	0.05		
耐用品	0.21	-0.04	0.01	-0.04	0.01	0.04	0.24	0.05	0.02	0.08	0.08	0.06	

鉴于此，本书选取等维度权重法，对每一维度赋予相同的权重，然后各维度内的指标再均分相应权重。目前多维相对贫困等维度权重法大多将维度的权重值总和设为1，每个维度的权重为维度总数的倒数，这种做法最后测算的k值介于0—1，此时的k值仅为多维相对贫困剥夺份额加总后判断的临界值，相比等指标权重法，该k值并无实际含义。因此，本书试图对每个维度赋予相同权重，并赋值为1，不同维度下的指标再均分该维度相应的权重，这样处理结果刚好处于0到维度数最大值的区间内，此时的k值既是一个处于0到维度间的临界值，也是观测样本多维相对贫困实际被剥夺值，与k值进行比较后的多维相对贫困剥夺值也更能反映样本的多维相对贫困状况，这是因为多维相对贫困剥夺值由各维度的指标加权求和后所得，并且这种权重设置方法更有利于实证分析部分因变量的赋值。

此外，本书利用等维度权重法，对每个维度赋予权重为1，每个维度下的指标再均分相应维度的权重，权重设定如表3-3所示，其中收入、教育、健康、资产、生活质量的维度各为1。收入维度下仅有人均收入指标，因此人均收入指标权重为1；教育维度的教育程度、适龄儿童入学指标的权重分别为1/2；健康维度的医疗支出、医疗保险和丧失劳动能力人数指标的权重分别为1/3；资产维度的金融资产、住房面积和耐用品指标的权重分别为1/3；生产质量的做饭燃料、通电、饮用水和住房类型指标的权重分别为 1/4。

表 3-3　　　　　　　　多维相对贫困各指标的权重

维度	指标	权重
收入	人均收入	1
教育	教育程度	1/2
	适龄儿童入学	1/2
健康	医疗支出	1/3
	医疗保险	1/3
	丧失劳动能力人数	1/3
生活质量	做饭燃料	1/4
	通电	1/4
	饮用水	1/4
	住房类型	1/4
资产	金融资产	1/3
	住房面积	1/3
	耐用品	1/3

第二节　农村家庭多维相对贫困测度结果

一　农村家庭多维指标相对贫困发生率

表 3-4 为 2010—2018 年全国农村家庭各指标相对贫困发生率。总体来看，全国农村家庭各指标相对贫困发生率较高的为做饭燃料、医疗支出、医疗保险、做饭燃料和耐用品，这几个指标的相对贫困发生率均超过了 25%，其中做饭燃料的平均相对贫困发生率达到了 57.29%，接近 60%，这表明农村家庭在清洁能源利用方面处于极高的相对贫困状态。耐用品的平均相对贫困发生率也较高，达到了 47.88%，接近 50%。人均收入、住房类型和住房面积三个指标的平

均相对贫困发生率介于 10%—30%，不过这三个指标处于逐年降低的趋势。丧失劳动能力人数和饮用水两个指标的平均相对贫困发生率较低，均低于 10%。5 年间各指标平均相对贫困发生率最低的是适龄儿童入学和通电，分别为 1.25% 和 0.24%，说明农村地区的义务教育普及程度和电力基础设施建设水平较高，极少农村家庭处于适龄儿童入学和通电两个指标的相对贫困。从全国农村家庭各指标相对贫困发生率的变化来看，2010—2018 年全国农村地区家庭各指标的相对贫困发生率总体上呈下降趋势，其中教育程度、适龄儿童入学和通电等指标的相对贫困发生率下降程度明显，也有部分指标的相对贫困发生率反弹，甚至呈增长的趋势，如饮用水指标，其相对贫困发生率越来越高。

表 3-4　　全国农村家庭各指标相对贫困发生率　　单位：%

维度	指标	2010 年	2012 年	2014 年	2016 年	2018 年	均值
收入	人均收入	23.79	21.22	20.87	18.57	16.85	20.26
教育	教育程度	29.56	25.94	20.99	19.51	17.54	22.71
教育	适龄儿童入学	2.50	1.89	1.32	0.40	0.12	1.25
健康	医疗支出	28.42	30.87	28.13	24.55	22.41	26.88
健康	医疗保险	32.44	39.06	28.35	20.74	21.68	28.45
健康	丧失劳动能力人数	8.47	11.93	5.43	2.45	2.35	6.13
生活质量	做饭燃料	70.21	57.34	56.48	52.18	50.24	57.29
生活质量	饮用水	6.51	6.17	11.33	8.67	8.56	8.25
生活质量	通电	0.68	0.22	0.24	0.04	0.04	0.24
生活质量	住房类型	13.91	15.13	10.99	5.74	5.99	10.35
资产	金融资产	21.90	34.24	20.92	22.35	22.16	24.31
资产	住房面积	26.91	23.35	23.28	21.67	21.86	23.41
资产	耐用品	57.52	52.57	40.14	45.27	43.88	47.88

表 3-5 为 2010—2018 年 5 个年份东部地区农村家庭各指标相对贫困发生率，各指标相对贫困发生率存在较大差异。东部地区农村

家庭各指标相对贫困发生率较高的有做饭燃料和耐用品，这 2 个指标的相对贫困发生率均超过了 30%，分别为 53.38% 和 44.40%，其中，2010 年做饭燃料和耐用品的相对贫困发生率均超过了 50%，这表明东部地区农村家庭在这 2 个指标上处于极高的相对贫困状态。人均收入、教育程度、医疗支出、医疗保险、金融资产和住房面积 6 个指标的平均相对贫困发生率介于 10%—30%，其中 2012 年医疗支出、医疗保险和金融资产的相对贫困发生率超过了 30%，2012 年、2014 年、2016 年和 2018 年这 3 个指标的相对贫困发生率呈逐年降低的趋势，分别降至 2018 年的 20.64%、19.80% 和 20.87%。丧失劳动能力人数、饮用水、住房类型几个指标的平均相对贫困发生率较低，均低于 10%。5 年间各指标平均相对贫困发生率较低的是适龄儿童入学和通电，分别为 1.15% 和 0.23%，这说明东部地区的义务教育普及程度和电力基础设施建设水平较高，极少农村家庭处于适龄儿童入学和通电两个指标的相对贫困。从东部地区农村家庭各指标相对贫困发生率的变化来看，2010—2018 年东部地区农村地区家庭各指标的相对贫困发生率总体上呈下降趋势，其中教育程度、适龄儿童入学、丧失劳动能力人数、金融资产等指标的相对贫困发生率下降程度明显，也有部分指标的相对贫困发生率反弹，甚至呈增长的趋势，如饮用水指标表现为先下降后上升再下降的趋势，2010 年相对贫困发生率为 6.11%，2012 年下降至 5.70% 后，2014 年上升至 10.25%，2016 年和 2018 年则逐年下降，下降到 2018 年的 7.98%。

表 3—5　　　　东部地区农村家庭各指标相对贫困发生率　　　　单位：%

维度	指标	2010 年	2012 年	2014 年	2016 年	2018 年	均值
收入	人均收入	21.51	19.20	19.31	17.12	15.70	18.57
教育	教育程度	27.92	24.19	19.45	18.10	16.15	21.16
	适龄儿童入学	2.33	1.74	1.21	0.38	0.11	1.15

续表

维度	指标	2010 年	2012 年	2014 年	2016 年	2018 年	均值
健康	医疗支出	26.76	28.21	25.47	23.32	20.64	24.88
	医疗保险	29.37	35.57	26.50	19.64	19.80	26.18
	丧失劳动能力人数	7.81	11.10	5.02	2.32	2.17	5.68
生活质量	做饭燃料	66.06	54.04	51.48	47.80	47.54	53.38
	饮用水	6.11	5.70	10.25	8.21	7.98	7.65
	通电	0.64	0.21	0.22	0.04	0.04	0.23
	住房类型	13.03	13.81	10.39	5.30	5.64	9.63
资产	金融资产	19.77	31.91	19.78	20.84	20.87	22.63
	住房面积	24.62	22.05	21.07	20.36	20.18	21.66
	耐用品	53.05	48.51	37.69	41.53	41.22	44.40

表 3-6 为中部地区农村家庭各指标相对贫困发生率。总体来看，各指标相对贫困发生率差异性较大。

表 3-6　　　　中部地区农村家庭各指标相对贫困发生率　　　单位:%

维度	指标	2010 年	2012 年	2014 年	2016 年	2018 年	均值
收入	人均收入	23.56	21.84	20.89	19.03	16.76	20.42
教育	教育程度	29.51	26.55	21.24	19.69	17.65	22.93
	适龄儿童入学	2.50	1.91	1.34	0.40	0.12	1.25
健康	医疗支出	29.16	30.31	27.80	25.23	22.01	26.90
	医疗保险	32.68	39.24	29.03	20.76	22.05	28.75
	丧失劳动能力人数	8.69	12.20	5.41	2.50	2.40	6.24
生活质量	做饭燃料	69.67	56.62	57.20	51.77	51.09	57.27
	饮用水	6.60	6.31	11.19	8.50	8.42	8.20
	通电	0.69	0.22	0.24	0.04	0.04	0.25
	住房类型	14.05	15.25	11.06	5.67	5.95	10.40
资产	金融资产	22.18	33.93	21.24	22.28	22.67	24.46
	住房面积	26.98	23.98	23.39	21.37	22.38	23.62
	耐用品	56.38	52.79	40.89	45.19	43.99	47.85

中部地区农村家庭各指标相对贫困发生率较高的有做饭燃料和耐用品，这2个指标的相对贫困发生率均超过了30%，分别为57.27%和47.85%，其中2010年做饭燃料相对贫困发生率达到了69.67%，这表明农村家庭在生活做饭燃料方面处于极高的相对贫困状态。人均收入、教育程度、医疗支出、医疗保险、金融资产和住房面积6个指标的平均相对贫困发生率介于10%—30%，其中2010年教育程度和医疗支出的相对贫困发生率接近30%，2012年、2014年、2016年和2018年这2个指标的相对贫困发生率呈逐年降低的趋势，分别降至2018年的17.65%和22.01%。适龄儿童入学、丧失劳动能力人数、饮用水、住房类型几个指标的平均相对贫困发生率较低，均低于10%，5年间各指标平均相对贫困发生率较低的是适龄儿童入学和通电，分别为1.25%和0.25%，这说明中部地区的义务教育普及程度和电力基础设施建设水平较高，极少家庭处于适龄儿童入学和通电两个指标的相对贫困。从中部地区农村家庭各指标相对贫困发生率的变化来看，2010—2018年中部地区农村家庭各指标的相对贫困发生率总体上呈下降趋势，其中教育程度、适龄儿童入学、丧失劳动能力人数、通电和住房类型等指标的相对贫困发生率下降程度明显，也有部分指标的相对贫困发生率出现反弹，甚至呈不降反增的趋势，如饮用水指标，其相对贫困发生率总体表现出先上升后下降的趋势。

表3-7为西部地区农村家庭各指标相对贫困发生率，各指标相对贫困发生率存在较大差异。

表3-7　　　西部地区农村家庭各指标相对贫困发生率　　　单位:%

维度	指标	2010年	2012年	2014年	2016年	2018年	均值
收入	人均收入	33.39	27.41	22.18	18.70	17.23	23.78
教育	教育程度	30.34	19.39	20.95	18.47	17.31	21.29
	适龄儿童入学	4.53	3.65	2.25	0.40	0.12	2.19

续表

维度	指标	2010年	2012年	2014年	2016年	2018年	均值
健康	医疗支出	27.83	31.56	29.84	26.15	22.93	27.66
	医疗保险	37.88	40.52	32.30	20.77	21.49	30.59
	丧失劳动能力人数	10.27	15.04	7.72	3.26	2.31	7.72
生活质量	做饭燃料	86.70	72.24	71.98	70.70	51.58	70.64
	饮用水	15.50	14.67	22.95	16.45	8.42	15.60
	通电	0.86	0.34	0.28	0.06	0.04	0.32
	住房类型	26.10	25.57	17.67	9.06	5.88	16.86
资产	金融资产	22.48	36.79	12.00	24.80	22.73	23.76
	住房面积	19.41	18.67	17.76	15.63	21.47	18.59
	耐用品	62.48	57.98	44.82	49.60	43.29	51.63

西部地区农村家庭各指标相对贫困发生率较高的有医疗保险、做饭燃料和耐用品，这3个指标的相对贫困发生率均超过了30%，分别为30.59%、70.64%和51.63%，其中2010年做饭燃料相对贫困发生率达到了86.70%，这表明农村家庭在生活燃料方面处于极高的相对贫困状态。人均收入、教育程度、医疗支出、饮用水、住房类型、金融资产和住房面积等指标的平均相对贫困发生率介于10%—30%。5年间各指标平均相对贫困发生率较低的是适龄儿童入学和通电，分别为2.19%和0.32%，2018年分别为0.12%和0.04%，这说明西部地区农村地区的义务教育普及程度和电力基础设施建设水平较高。从西部地区农村家庭各指标相对贫困发生率的变化来看，2010—2018年西部地区农村家庭各指标的相对贫困发生率总体上呈下降趋势。

表3-8为东北地区农村家庭各指标相对贫困发生率。总体来看，东北地区农村家庭各指标相对贫困发生率较高的有做饭燃料和耐用品，这2个指标的相对贫困发生率均超过了30%，分别为62.62%和56.65%，其中2010年做饭燃料和耐用品的相对贫困发生率分别达到69.76%和67.45%，这表明东北地区农村家庭在这两个指标上处

于极高的相对贫困状态。人均收入、教育程度、医疗支出、医疗保险和金融资产 5 个指标的平均相对贫困发生率介于 10%—30%。

表 3-8　　　　东北地区农村家庭各指标相对贫困发生率　　　　单位:%

维度	指标	2010 年	2012 年	2014 年	2016 年	2018 年	均值
收入	人均收入	17.02	15.44	11.93	10.47	16.81	14.33
教育	教育程度	28.18	34.13	14.14	11.75	17.98	21.24
	适龄儿童入学	1.35	0.69	0.33	0.00	0.12	0.50
健康	医疗支出	31.29	32.81	30.36	26.65	22.40	28.70
	医疗保险	33.41	35.32	30.05	28.15	21.60	29.71
	丧失劳动能力人数	8.83	10.56	2.79	1.19	2.33	5.14
生活质量	做饭燃料	69.76	68.47	63.78	60.30	50.79	62.62
	饮用水	0.34	0.51	0.85	0.33	0.13	0.43
	通电	2.72	0.00	0.68	0.00	0.00	0.68
	住房类型	5.24	12.00	4.16	4.67	5.89	6.39
资产	金融资产	18.24	35.81	14.96	23.78	21.80	22.92
	住房面积	13.89	8.80	8.33	8.02	7.32	9.27
	耐用品	67.45	61.78	53.43	55.45	45.13	56.65

适龄儿童入学、丧失劳动能力人数、饮用水、通电、住房类型和住房面积几个指标的平均相对贫困发生率较低，均低于 10%，其中适龄儿童入学、饮用水和通电的平均相对贫困发生率低于 1%，分别为 0.50%、0.43% 和 0.68%，这说明东北地区农村的义务教育普及程度、饮用水和电力基础设施建设水平较高。从东北地区农村家庭各指标相对贫困发生率的变化来看，2010—2018 年东北地区农村地区家庭各指标的相对贫困发生率总体上呈下降趋势，其中教育程度、适龄儿童入学、丧失劳动能力人数、金融资产等指标的相对贫困发生率下降程度明显，也有部分指标的相对贫困发生率反弹，甚至呈增长的趋势。

二 农村家庭多维相对贫困指数分析

表 3-9 为 2010—2018 年全国农村家庭多维相对贫困指数测度结果。

表 3-9　　全国农村家庭多维相对贫困指数测度结果

k 值	年份	多维相对贫困数（户）	相对贫困剥夺总额	多维相对贫困发生率（%）	平均相对贫困剥夺份额	多维相对贫困指数
k=1	2010	4251	6108	90.87	0.29	0.26
	2012	4349	5682	92.97	0.26	0.24
	2014	3910	4200	83.58	0.21	0.18
	2016	3973	3656	84.93	0.18	0.16
	2018	3827	3389	81.81	0.18	0.14
k=2	2010	2719	4732	58.12	0.35	0.20
	2012	2309	4085	49.36	0.35	0.17
	2014	1552	2489	33.18	0.32	0.11
	2016	1301	2232	27.81	0.34	0.10
	2018	1081	1860	23.11	0.34	0.08
k=3	2010	869	2095	18.58	0.48	0.09
	2012	691	1736	14.77	0.50	0.07
	2014	290	643	6.20	0.44	0.03
	2016	246	555	5.26	0.45	0.02
	2018	219	498	4.68	0.45	0.02
k=4	2010	79	267	1.69	0.68	0.01
	2012	82	262	1.75	0.64	0.01
	2014	7	25	0.15	0.71	0.00
	2016	7	21	0.15	0.60	0.00
	2018	3	8	0.06	0.53	0.00
k=5	2010	0	0	0.00	0.00	0.00
	2012	0	0	0.00	0.00	0.00
	2014	0	0	0.00	0.00	0.00
	2016	0	0	0.00	0.00	0.00
	2018	0	0	0.00	0.00	0.00

当 k 取值不同时，全国农村家庭多维相对贫困指数测度结果存在差异。当 k=1 时，多维相对贫困指数介于 0.14—0.26，此时全国农村家庭多维相对贫困发生率水平较高，5 年的多维相对贫困发生率均超过了 80%，2010 年多维相对贫困发生率接近 100%，这表明全国大多数农村家庭在这 5 年间处于 1 个及以上维度的相对贫困状态，在收入、教育、健康、生活质量和资产 5 个维度上均处于相对贫困的农村家庭较少；当 k=2 时，多维相对贫困指数介于 0.08—0.20，此时全国农村家庭多维相对贫困发生率急剧减少，从 k=1 时的 80%以上减少到 k=2 时的 60%以下，2018 年全国农村家庭多维相对贫困发生率降低到 23.11%；当 k=3 时，全国农村家庭多维相对贫困发生率低于 20%；当 k=4 时，全国农村家庭多维相对贫困发生率降低到 2%以下，这表明，较少的农村家庭处于 4 个维度以上的相对贫困状态；当 k=5 时，全国农村家庭多维相对贫困指数和多维相对贫困发生率均为 0，即没有农村家庭处于 5 个维度的极端相对贫困状态。从不同的年份看，k 取不同值时，全国农村家庭多维相对贫困均呈现逐年下降的趋势，这反映出农村家庭多维相对贫困状况得到缓解和改善。

表 3-10 为 2010—2018 年东部地区农村家庭多维相对贫困指数测度结果。当 k 取值不同时，东部地区农村家庭多维相对贫困指数测度结果存在差异。当 k=1 时，多维相对贫困指数介于 0.03—0.06，此时东部地区农村家庭多维相对贫困发生率水平相对较低，5 年的多维相对贫困发生率均低于 30%，这表明东部地区较少农村家庭在这 5 年间处于 5 个维度的相对贫困状态；当 k=2 时，多维相对贫困指数介于 0.01—0.04，此时东部地区农村家庭多维相对贫困发生率减少，从 k=1 时的 20%以上减少到 k=2 时的 13%以下，2018 年东部地区农村家庭多维相对贫困发生率降低到 4.34%；当 k=3 时，东部地区农村家庭多维相对贫困发生率低于 4%；当 k=4 时，东部地区农村家庭多维相对贫困发生率降低到 0.3%以下，这表明，极少的农村家庭处于 4 个维度以上的相对贫困状态；当 k=5 时，东部地区农村

家庭多维相对贫困指数和多维相对贫困发生率均为0,即没有农村家庭处于5个维度的极端相对贫困状态。从不同的年份看,k取不同值时,东部地区农村家庭多维相对贫困均呈现逐年下降的趋势,这反映出东部地区农村家庭多维相对贫困状况得到缓解和改善。

表 3-10 东部地区农村家庭多维相对贫困指数测度结果

k 值	年份	多维相对贫困数(户)	相对贫困剥夺总额	多维相对贫困发生率(%)	平均相对贫困剥夺份额	多维相对贫困指数
k=1	2010	1099	1373	23.49	0.25	0.06
	2012	1150	1215	24.58	0.21	0.05
	2014	1036	860	22.15	0.17	0.04
	2016	971	792	20.76	0.16	0.03
	2018	998	708	21.33	0.14	0.03
k=2	2010	569	983	12.16	0.35	0.04
	2012	547	876	11.69	0.32	0.04
	2014	289	470	6.18	0.33	0.02
	2016	239	380	5.11	0.32	0.02
	2018	203	327	4.34	0.32	0.01
k=3	2010	154	362	3.29	0.47	0.02
	2012	126	317	2.69	0.50	0.01
	2014	37	78	0.79	0.42	0.00
	2016	32	76	0.68	0.48	0.00
	2018	28	71	0.60	0.51	0.00
k=4	2010	6	22	0.13	0.73	0.00
	2012	12	38	0.26	0.63	0.00
	2014	0	0	0.00	0.00	0.00
	2016	2	5	0.04	0.50	0.00
	2018	0	0	0.00	0.00	0.00
k=5	2010	0	0	0.00	0.00	0.00
	2012	0	0	0.00	0.00	0.00
	2014	0	0	0.00	0.00	0.00
	2016	0	0	0.00	0.00	0.00
	2018	0	0	0.00	0.00	0.00

表 3-11 为 2010—2018 年中部地区农村家庭多维相对贫困指数测度结果。当 k 取值不同时，中部地区农村家庭多维相对贫困指数测度结果存在差异。当 k=1 时，多维相对贫困指数介于 0.04—0.06，此时中部地区农村家庭多维相对贫困发生率水平较低，5 年的多维相对贫困发生率均低于 25%，这表明中部地区较少农村家庭在这 5 年间处于 5 个维度的相对贫困状态；当 k=2 时，多维相对贫困指数介于 0.02—0.04，此时中部地区农村家庭多维相对贫困发生率减少，从 k=1 时的 20%以上减少到 k=2 时的 15%以下，2018 年中部地区农村家庭多维相对贫困发生率降低到 6.28%；当 k=3 时，中部地区农村家庭多维相对贫困发生率低于 4%；当 k=4 时，中部地区农村家庭多维相对贫困发生率降低到 0.5%以下，这表明，较少的农村家庭处于 4 个维度以上的相对贫困状态；当 k=5 时，中部地区农村家庭多维相对贫困指数和多维相对贫困发生率均为 0，即没有农村家庭处于 5 个维度的极端相对贫困状态。从不同的年份看，k 取不同值时，中部地区农村家庭多维相对贫困均呈现逐年下降的趋势，这反映出中部地区农村家庭多维相对贫困状况得到缓解和改善。

表 3-11 　　中部地区农村家庭多维相对贫困指数测度结果

k 值	年份	多维相对贫困数（户）	相对贫困剥夺总额	多维相对贫困发生率（%）	平均相对贫困剥夺份额	多维相对贫困指数
k=1	2010	1097	1419	23.45	0.26	0.06
	2012	1000	1294	21.38	0.26	0.06
	2014	947	866	20.24	0.18	0.04
	2016	974	851	20.82	0.17	0.04
	2018	952	820	20.35	0.17	0.04
k=2	2010	624	1043	13.34	0.33	0.04
	2012	529	961	11.31	0.36	0.04
	2014	336	541	7.18	0.32	0.02
	2016	333	540	7.12	0.32	0.02
	2018	294	493	6.28	0.34	0.02

续表

k 值	年份	多维相对贫困数（户）	相对贫困剥夺总额	多维相对贫困发生率（%）	平均相对贫困剥夺份额	多维相对贫困指数
k = 3	2010	174	418	3.72	0.48	0.02
	2012	151	384	3.23	0.51	0.02
	2014	53	121	1.13	0.46	0.01
	2016	54	125	1.15	0.46	0.01
	2018	55	132	1.18	0.48	0.01
k = 4	2010	17	56	0.36	0.66	0.00
	2012	10	34	0.21	0.68	0.00
	2014	2	6	0.04	0.60	0.00
	2016	0	0	0.00	0.00	0.00
	2018	0	0	0.00	0.00	0.00
k = 5	2010	0	0	0.00	0.00	0.00
	2012	0	0	0.00	0.00	0.00
	2014	0	0	0.00	0.00	0.00
	2016	0	0	0.00	0.00	0.00
	2018	0	0	0.00	0.00	0.00

表 3-12 为 2010—2018 年西部地区农村家庭多维相对贫困指数测度结果。当 k 取值不同时，西部地区农村家庭多维相对贫困指数测度结果存在差异。当 k = 1 时，多维相对贫困指数介于 0.06—0.11，此时西部地区农村家庭多维相对贫困发生率水平较高，5 年的多维相对贫困发生率均超过了 30%，均处于极高的水平，这表明西部地区较多农村家庭在这 5 年间处于 1 个及以上维度的相对贫困状态；当 k = 2 时，多维相对贫困指数介于 0.04—0.09，此时西部地区农村家庭多维相对贫困发生率减少，从 k = 1 时的 30% 以上减少到 k = 2 时的 25% 以下，2018 年西部地区农村家庭多维相对贫困发生率降低到 11.44%；当 k = 3 时，西部地区农村家庭多维相对贫困发生率低于 10%；当 k = 4 时，西部地区农村家庭多维相对贫困发生率降低到 2% 以下，这表明，西部地区较少的农村家庭处于 4 个维度以上

的相对贫困状态；当 k=5 时，西部地区农村家庭多维相对贫困指数和多维相对贫困发生率均为 0，即没有农村家庭处于 5 个维度的极端相对贫困状态。从不同的年份看，k 取不同值时，西部地区农村家庭多维相对贫困均呈现逐年下降的趋势，这反映出西部地区农村家庭多维相对贫困状况得到缓解和改善。

表 3-12　　西部地区农村家庭多维相对贫困指数测度结果

k 值	年份	多维相对贫困数（户）	相对贫困剥夺总额	多维相对贫困发生率（%）	平均相对贫困剥夺份额	多维相对贫困指数
k=1	2010	1668	2535	35.66	0.30	0.11
	2012	1514	2201	32.36	0.29	0.09
	2014	1490	1820	31.85	0.24	0.08
	2016	1491	1578	31.87	0.21	0.07
	2018	1488	1335	31.81	0.18	0.06
k=2	2010	1145	2165	24.48	0.38	0.09
	2012	1058	2064	22.62	0.39	0.09
	2014	764	1242	16.33	0.33	0.05
	2016	606	1003	12.95	0.33	0.04
	2018	535	854	11.44	0.32	0.04
k=3	2010	436	1114	9.32	0.51	0.05
	2012	369	973	7.89	0.53	0.04
	2014	182	412	3.89	0.45	0.02
	2016	142	324	3.04	0.46	0.01
	2018	104	253	2.22	0.49	0.01
k=4	2010	49	163	1.05	0.67	0.01
	2012	47	155	1.00	0.66	0.01
	2014	6	18	0.13	0.60	0.00
	2016	5	14	0.11	0.56	0.00
	2018	4	12	0.09	0.60	0.00
k=5	2010	0	0	0.00	0.00	0.00
	2012	0	0	0.00	0.00	0.00
	2014	0	0	0.00	0.00	0.00
	2016	0	0	0.00	0.00	0.00
	2018	0	0	0.00	0.00	0.00

表 3-13 为 2010—2018 年东北地区农村家庭多维相对贫困指数测度结果。当 k 取值不同时，东北地区农村家庭多维相对贫困指数测度结果存在差异。当 k=1 时，多维相对贫困指数介于 0.02—0.03，此时东北地区农村家庭多维相对贫困发生率水平较高，5 年的多维相对贫困发生率均超过了 10%，处于极高的水平，这表明东北地区较少农村家庭在这 5 年间处于 1 个及以上维度的相对贫困状态；当 k=2 时，多维相对贫困指数均较低，此时东北地区农村家庭多维相对贫困发生率减少，从 k=1 时的 10% 以上减少到 k=2 时的 7% 以下，2018 年东北地区农村家庭多维相对贫困发生率降低到 2.61%；当 k=3 时，东北地区农村家庭多维相对贫困发生率低于 2%；当 k=4 时，东北地区农村家庭多维相对贫困发生率降低到 0.2% 以下，这表明，较少的农村家庭处于 4 个维度以上的相对贫困状态；当 k=5 时，东北地区农村家庭多维相对贫困指数和多维相对贫困发生率均为 0，即没有农村家庭处于 5 个维度的极端相对贫困状态。从不同的年份看，k 取不同值时，东北地区农村家庭多维相对贫困均呈现逐年下降的趋势，这反映出东北地区农村家庭多维相对贫困状况得到缓解和改善。

表 3-13　东北地区农村家庭多维相对贫困指数测度结果

k 值	年份	多维相对贫困数（户）	相对贫困剥夺总额	多维相对贫困发生率（%）	平均相对贫困剥夺份额	多维相对贫困指数
k=1	2010	502	640	10.73	0.26	0.03
	2012	527	595	11.27	0.23	0.03
	2014	473	441	10.11	0.19	0.02
	2016	519	442	11.09	0.17	0.02
	2018	530	399	11.33	0.15	0.02
k=2	2010	298	483	6.37	0.32	0.02
	2012	273	430	5.84	0.32	0.02
	2014	155	228	3.31	0.29	0.01
	2016	134	204	2.86	0.3	0.01
	2018	122	190	2.61	0.31	0.01

续表

k 值	年份	多维相对贫困数（户）	相对贫困剥夺总额	多维相对贫困发生率（%）	平均相对贫困剥夺份额	多维相对贫困指数
k=3	2010	78	190	1.67	0.49	0.01
	2012	60	145	1.28	0.48	0.01
	2014	12	28	0.26	0.47	0.00
	2016	19	42	0.41	0.44	0.00
	2018	28	63	0.60	0.45	0.00
k=4	2010	7	23	0.15	0.66	0.00
	2012	8	23	0.17	0.58	0.00
	2014	0	0	0.00	0.00	0.00
	2016	0	0	0.00	0.00	0.00
	2018	0	0	0.00	0.00	0.00
k=5	2010	0	0	0.00	0.00	0.00
	2012	0	0	0.00	0.00	0.00
	2014	0	0	0.00	0.00	0.00
	2016	0	0	0.00	0.00	0.00
	2018	0	0	0.00	0.00	0.00

三 农村家庭多维相对贫困指标贡献率

在农村家庭多维相对贫困测量结果的基础上，对多维相对贫困指标进行了分解。① 表3-14和表3-15为k=2和k=3时全国农村家庭多维相对贫困指标贡献率，可以看出，各多维相对贫困指标对多维相对贫困指数的贡献率存在较大差异，当k=2和k=3时，同一多维相对贫困指标对多维相对贫困指数的贡献率基本一致。

表3-14　　全国农村家庭多维相对贫困指标贡献率（k=2）　　单位：%

指标＼年份	2010	2012	2014	2016	2018	均值
人均收入	21.37	19.44	26.59	28.76	31.80	25.59
教育程度	19.36	13.90	10.65	9.26	7.91	12.22

---

① 多维贫困指标的分解方法见式（3-8）。

续表

指标＼年份	2010	2012	2014	2016	2018	均值
适龄儿童入学	1.03	0.93	0.94	0.39	0.16	0.69
医疗支出	5.67	6.47	7.80	6.91	6.17	6.60
医疗保险	7.25	8.50	7.83	6.22	4.65	6.89
丧失劳动能力人数	2.45	3.46	2.10	1.18	0.66	1.97
做饭燃料	10.97	9.37	10.49	11.26	11.32	10.68
饮用水	1.29	1.21	2.73	2.31	1.92	1.89
通电	0.12	0.05	0.05	0.01	0.00	0.05
住房类型	2.45	3.19	2.83	1.73	1.06	2.25
金融资产	4.38	8.84	3.19	6.88	15.10	7.68
住房面积	4.18	3.91	4.76	4.26	4.05	4.23
耐用品	19.48	20.73	20.04	20.83	15.20	19.26

收入指标贡献率最高，当 $k=2$ 和 $k=3$ 时，均值分别达到 25.59% 和 36.69%，教育程度和耐用品指标对多维相对贫困指数的贡献率也较高，医疗支出、医疗保险、做饭燃料、金融资产等指标对多维相对贫困指数的贡献率介于 5%—10%，适龄儿童入学、丧失劳动能力人数、饮用水、通电、住房类型和住房面积指标对多维相对贫困指标的贡献率较低，当 $k=2$ 和 $k=3$ 时，这些指标的贡献率均低于 5%，尤其是通电指标，其对多维相对贫困指数的贡献率接近于 0，反映了农村地区生活基础设施比较完善。

表 3-15　全国农村家庭多维相对贫困指标贡献率（$k=3$）　　单位:%

指标＼年份	2010	2012	2014	2016	2018	均值
人均收入	34.37	32.06	35.32	38.01	43.68	36.69
教育程度	16.83	12.59	9.69	8.86	8.31	11.26
适龄儿童入学	1.40	1.25	2.18	0.47	0.10	1.08
医疗支出	5.37	5.44	6.69	5.74	5.01	5.65
医疗保险	6.74	7.22	7.45	5.00	3.31	5.94
丧失劳动能力人数	3.04	3.69	2.16	1.54	1.16	2.32

续表

年份 指标	2010	2012	2014	2016	2018	均值
做饭燃料	8.97	8.21	9.32	9.33	9.44	9.05
饮用水	1.12	1.21	2.61	2.40	2.31	1.93
通电	0.15	0.06	0.07	0.00	0.00	0.06
住房类型	2.50	3.07	3.40	2.18	1.37	2.50
金融资产	2.62	8.43	2.43	6.14	15.46	7.02
住房面积	4.48	4.05	5.44	5.29	5.10	4.87
耐用品	12.41	12.72	13.24	15.04	4.75	11.63

表3-16 为 $k=2$ 和 $k=3$ 时东部地区农村家庭多维相对贫困指标贡献率，可以看出，各多维相对贫困指标对多维相对贫困指数的贡献率存在较大差异，当 $k=2$ 和 $k=3$ 时，同一多维相对贫困指标对多维相对贫困指数的贡献率基本一致。收入指标贡献率最高，当 $k=2$ 和 $k=3$ 时，均值分别达到 27.50% 和 35.72%，教育程度和耐用品指标对多维相对贫困指数的贡献率也较高，当 $k=2$ 和 $k=3$ 时，分别超过了 10%，医疗支出、医疗保险、做饭燃料、金融资产和住房面积等指标对多维相对贫困指数的贡献率介于 5%—10%，适龄儿童入学、丧失劳动能力人数、饮用水、通电、住房类型和住房面积指标对多维相对贫困指标的贡献率较低，当 $k=2$ 和 $k=3$ 时，这些指标的贡献率均低于 5%，尤其是适龄儿童入学、住房类型和通电指标，其对多维相对贫困指数的贡献率不足 1%，反映了东部地区农村公共服务和基础设施比较完善。

表3-16 东部地区农村家庭多维相对贫困指标贡献率 单位:%

k值 维度	k=2						k=3					
	2010年	2012年	2014年	2016年	2018年	均值	2010年	2012年	2014年	2016年	2018年	均值
人均收入	22.53	20.73	31.98	30.65	31.61	27.50	37.64	31.26	38.93	35.79	34.99	35.72
教育程度	19.10	15.83	10.30	7.59	5.38	11.64	17.38	15.12	8.06	7.80	7.32	11.14

续表

k值 维度	k=2						k=3					
	2010年	2012年	2014年	2016年	2018年	均值	2010年	2012年	2014年	2016年	2018年	均值
适龄儿童入学	0.83	0.44	0.74	0.75	0.78	0.71	0.86	0.59	2.14	0.58	0.16	0.87
医疗支出	6.46	7.57	7.11	7.92	8.66	7.54	4.95	5.27	6.84	7.31	8.26	6.53
医疗保险	7.12	9.21	8.22	6.52	5.18	7.25	6.18	7.90	7.68	5.94	4.68	6.48
丧失劳动能力人数	2.51	3.33	1.83	1.33	0.95	1.99	3.37	4.63	0.72	1.15	1.92	2.36
做饭燃料	10.07	7.78	9.85	7.26	5.27	8.05	8.43	7.35	9.25	8.14	7.16	8.07
饮用水	0.13	0.22	1.20	1.15	1.03	0.75	0.12	0.15	1.92	1.74	1.71	1.13
通电	0.05	0.08	0.05	0.07	0.06	0.06	0.15	0.00	0.00	0.00	0.00	0.06
住房类型	0.35	1.00	1.42	0.10	0.01	0.58	0.18	1.12	2.96	0.00	0.00	0.85
金融资产	5.39	9.59	2.39	9.58	8.64	7.12	3.17	9.83	2.17	9.60	6.36	6.23
住房面积	3.77	3.63	4.50	5.09	4.23	3.84	3.89	4.98	6.61	9.02	5.67	
耐用品	21.69	20.59	20.76	22.59	27.33	22.59	13.75	12.74	14.35	15.34	18.42	14.92

在农村家庭多维相对贫困测量结果的基础上，按照式（3-8）对多维相对贫困指标进行了分解。表3-17为k=2和k=3时中部地区农村家庭多维相对贫困指标贡献率，可以看出，各多维相对贫困指标对多维相对贫困指数的贡献率存在较大差异，当k=2和k=3时，同一多维相对贫困指标对多维相对贫困指数的贡献率基本一致。收入指标贡献率最高，当k=2和k=3时，均值分别达到27.80%和36.92%，医疗支出、医疗保险、做饭燃料和住房面积等指标对多维相对贫困指数的贡献率介于5%—10%，教育程度和耐用品指标对多维相对贫困指数的贡献率也较高，当k=2和k=3时，分别超过了10%，适龄儿童入学、丧失劳动能力人数、饮用水、通电、住房类型和金融资产指标对多维相对贫困指标的贡献率较低，当k=2和k=3时，这些指标的贡献率均低于5%，尤其是饮用水和通电指标，其对多维相对贫困指数的贡献率不足1%。

表 3-17　　　　　中部地区农村家庭多维相对贫困指标贡献率　　　　单位：%

k 值 维度	k = 2 2010年	2012年	2014年	2016年	2018年	均值	k = 3 2010年	2012年	2014年	2016年	2018年	均值
人均收入	20.57	20.97	27.10	31.70	38.65	27.80	34.25	34.39	34.32	38.91	42.71	36.92
教育程度	19.57	15.07	13.13	8.67	5.72	12.43	17.68	12.69	11.45	10.30	8.97	12.22
适龄儿童入学	0.56	0.77	1.02	0.40	0.17	0.58	0.51	1.29	2.48	0.68	0.19	1.03
医疗支出	6.55	5.93	7.92	6.88	5.92	6.64	6.24	5.05	7.75	5.88	4.37	5.86
医疗保险	7.42	8.38	7.79	4.46	2.57	6.12	6.58	5.79	8.12	4.33	2.43	5.45
丧失劳动能力人数	2.46	3.20	2.21	0.98	0.45	1.86	3.39	3.46	1.40	0.69	0.34	1.86
做饭燃料	11.62	8.80	11.12	10.23	9.63	10.28	8.58	7.77	9.26	9.25	9.23	8.82
饮用水	0.67	0.58	1.15	1.56	2.06	1.20	0.59	0.78	1.08	1.21	1.41	1.01
通电	0.02	0.00	0.04	0.00	0.00	0.01	0.00	0.00	0.00	0.00	0.00	0.00
住房类型	2.80	3.42	2.82	2.54	2.30	2.78	2.53	3.03	3.92	3.53	3.14	3.23
金融资产	4.01	9.28	3.29	6.83	7.42	6.17	2.77	8.93	1.92	6.34	1.20	4.23
住房面积	4.83	3.84	4.56	4.08	3.65	4.19	5.02	4.02	5.42	5.50	5.85	5.16
耐用品	18.92	19.76	17.85	21.67	21.46	19.93	11.86	12.80	12.88	13.38	20.16	14.22

在农村家庭多维相对贫困测量结果的基础上，按照式（3-8）对多维相对贫困指标进行了分解。表 3-18 为 k = 2 和 k = 3 时西部地区农村家庭多维相对贫困指标贡献率，可以看出，各多维相对贫困指标对多维相对贫困指数的贡献率存在较大差异，当 k = 2 和 k = 3 时，同一多维相对贫困指标对多维相对贫困指数的贡献率基本一致。收入指标贡献率最高，当 k = 2 和 k = 3 时，均值分别达到 24.66% 和 34.38%，医疗支出、医疗保险、做饭燃料、金融资产等指标对多维相对贫困指数的贡献率介于 5%—10%，教育程度和耐用品指标对多维相对贫困指数的贡献率也较高，当 k = 2 和 k = 3 时，分别超过了 10%，适龄儿童入学、丧失劳动能力人数、饮用水、通电、住房类型和住房面积指标对多维相对贫困指标的贡献率较低，当 k = 2 和 k = 3 时，这些指标的贡献率均低于 5%，尤其是通电指标，其对多维相对贫困指数的贡献率接近于 0，反映了西部地区农村生活基础设施

比较完善。

表 3-18　　西部地区农村家庭多维相对贫困指标贡献率　　单位:%

k 值 维度	2010 年	2012 年	2014 年	2016 年	2018 年	均值	2010 年	2012 年	2014 年	2016 年	2018 年	均值
	\multicolumn{6}{c}{k = 2}	\multicolumn{6}{c}{k = 3}
人均收入	22.23	20.05	25.07	26.79	29.16	24.66	32.61	30.60	34.19	39.23	35.29	34.38
教育程度	18.76	12.30	10.34	9.90	8.63	11.99	16.44	11.32	9.19	8.70	7.98	10.73
适龄儿童入学	1.48	1.28	1.25	0.30	0.08	0.88	1.96	1.63	2.23	0.40	0.08	1.26
医疗支出	4.87	5.67	7.27	6.43	5.56	5.96	4.51	4.91	6.28	5.41	4.52	5.13
医疗保险	6.89	8.05	7.79	5.93	4.26	6.58	6.73	7.90	7.36	5.00	3.34	6.07
丧失劳动能力人数	2.17	3.35	2.32	1.27	0.65	1.95	2.89	3.78	2.72	1.91	1.31	2.52
做饭燃料	11.29	10.46	10.96	12.00	11.73	11.29	9.14	8.65	9.33	9.83	9.55	9.30
饮用水	2.36	2.29	4.41	3.48	2.63	3.03	1.76	1.87	3.36	3.33	3.41	2.75
通电	0.12	0.06	0.05	0.00	0.00	0.05	0.18	0.07	0.11	0.00	0.00	0.07
住房类型	3.90	4.11	3.45	2.11	1.27	2.97	3.49	3.88	3.32	2.20	1.54	2.89
金融资产	3.77	7.79	2.98	5.94	7.40	5.58	2.60	7.51	2.69	5.28	7.24	5.06
住房面积	3.92	4.10	5.07	5.02	5.12	4.65	4.55	4.39	5.98	5.09	4.64	4.93
耐用品	18.24	20.49	19.04	20.83	23.51	20.42	13.14	13.49	13.24	13.62	21.10	14.92

在农村家庭多维相对贫困测量结果的基础上，按照式（3-8）对多维相对贫困指标进行了分解。表 3-19 为 k = 2 和 k = 3 时东北地区农村家庭多维相对贫困指标贡献率，可以看出，各多维相对贫困指标对多维相对贫困指数的贡献率存在较大差异，当 k = 2 和 k = 3 时，同一多维相对贫困指标对多维相对贫困指数的贡献率基本一致。收入指标贡献率最高，当 k = 2 和 k = 3 时，均值分别达到 21.67% 和 35.17%，医疗支出、医疗保险、做饭燃料、金融资产等指标对多维相对贫困指数的贡献率介于 5%—10%，耐用品指标对多维相对贫困指数的贡献率也较高，当 k = 2 和 k = 3 时，分别超过了 10%，均值分别为 22.07% 和 16.70%，适龄儿童入学、丧失劳动能力人数、饮用水、通电、住房类型和住房面积指标对多维相对贫困指标的贡献率

较低,当 k = 2 和 k = 3 时,这些指标的贡献率均低于 5%,尤其是饮用水和通电指标,其对多维相对贫困指数的贡献率接近于 0,反映了东北地区农村生活基础设施比较完善。

表 3-19　　　　东北地区农村家庭多维相对贫困指标贡献率　　　单位:%

维度\k值	k=2 2010年	2012年	2014年	2016年	2018年	均值	k=3 2010年	2012年	2014年	2016年	2018年	均值
人均收入	18.14	16.87	23.90	24.35	25.08	21.67	33.43	28.73	38.47	41.42	33.80	35.17
教育程度	21.31	18.19	13.09	10.46	8.02	14.21	16.66	14.65	12.39	10.90	8.98	12.72
适龄儿童入学	0.61	0.29	0.38	0.00	0.00	0.26	0.71	0.00	1.53	0.00	0.00	0.45
医疗支出	7.86	8.62	7.71	9.40	10.63	8.84	8.23	8.55	9.22	7.95	6.48	8.09
医疗保险	8.20	7.33	9.60	7.44	6.11	7.74	7.58	6.59	8.31	5.07	3.04	6.12
丧失劳动能力人数	2.84	3.16	1.48	0.66	0.30	1.69	2.80	3.59	0.00	2.15	0.00	1.71
做饭燃料	11.15	11.45	12.86	12.78	12.14	12.08	9.35	8.84	10.41	8.88	8.04	9.10
饮用水	0.05	0.09	0.20	0.10	0.05	0.10	0.00	0.00	0.00	0.00	0.00	0.00
通电	0.37	0.00	0.09	0.00	0.00	0.10	0.50	0.00	0.00	0.00	0.00	0.10
住房类型	0.81	1.99	0.94	1.18	1.39	1.26	0.00	1.93	2.39	1.05	0.47	1.26
金融资产	3.88	8.95	4.28	7.71	7.46	6.46	2.15	10.63	2.10	6.46	7.06	5.68
住房面积	3.40	2.57	3.23	3.88	4.62	3.54	3.17	2.53	2.08	2.90	3.86	2.91
耐用品	21.38	20.49	22.24	22.04	24.20	22.07	14.94	13.96	13.10	13.22	28.27	16.70

第三节　农村家庭与城镇家庭多维相对贫困对比

一　农村家庭与城镇家庭多维相对贫困发生率对比

表 3-20 为农村家庭与城镇家庭多维相对贫困发生率对比情况,限于篇幅,仅对比了 2010 年、2012 年、2014 年、2016 年和 2018 年全国地区、东部地区、中部地区、西部地区和东北地区农村家庭和城镇家庭的均值。从对比结果可以看出,全国地区、东部地区、中

部地区、西部地区和东北地区农村家庭与城镇家庭多维相对贫困发生率存在明显的差异。

表3-20　　农村家庭与城镇家庭多维相对贫困发生率对比（均值）　　单位:%

维度	指标	全国 农村	全国 城镇	东部 农村	东部 城镇	中部 农村	中部 城镇	西部 农村	西部 城镇	东北 农村	东北 城镇
收入	人均收入	23.81	9.94	17.76	8.55	17.31	8.77	25.91	11.34	15.8	6.41
教育	教育程度	33.08	16.15	24.79	13.25	27.83	16.8	37.18	25.44	25.1	13.21
教育	适龄儿童入学	1.69	1.00	1.21	0.77	1.16	0.74	3.43	0.98	0.79	0.93
健康	医疗支出	35.70	29.06	30.88	29.7	31.75	34.37	36.77	34.69	30.4	28.51
健康	医疗保险	38.49	34.95	28.83	32.34	32.06	46.7	38.24	32.77	29.12	53.07
健康	丧失劳动能力人数	7.42	4.54	7.75	4.32	6.32	3.63	10.77	3.74	7.57	3.42
生活质量	做饭燃料	72.97	20.77	42.21	16.04	57.51	33.74	84.34	31.83	82.1	25.28
生活质量	饮用水	7.70	1.15	3.1	2.23	5.89	2.07	22.9	1.92	0.46	1.05
生活质量	通电	0.41	0.21	0.18	0.29	0.08	0.27	0.46	0.20	1.08	0.16
生活质量	住房类型	16.13	4.76	3.03	4.19	15.84	3.02	22.76	8.15	8.02	3.37
资产	金融资产	28.36	23.03	29.45	15.20	20.98	24.28	24.64	22.55	24.30	25.63
资产	住房面积	16.43	11.36	13.68	13.63	14.26	6.66	21.86	10.21	9.26	9.56
资产	耐用品	60.32	10.2	54.46	35.26	49.99	37.38	56.63	49.12	60.42	64.57

从全国地区农村家庭和城镇家庭多维相对贫困发生率对比来看，全国地区农村家庭所有指标的多维相对贫困发生率均大于城镇家庭相应指标的多维相对贫困发生率。其中，人均收入、教育程度、做饭燃料、饮用水、住房类型和耐用品指标的相对贫困发生率相差较大，全国农村家庭的这些指标多维相对贫困发生率比城镇家庭多维相对贫困发生率高2倍以上，饮用水和耐用品尤其明显，分别为6.70倍和5.91倍，即相比于全国城镇家庭，全国农村家庭的饮用水和耐用品两个指标的相对贫困发生率较为严重。

从东部地区农村家庭和城镇家庭多维相对贫困发生率对比来看，东部地区农村家庭的人均收入、教育程度、适龄儿童入学、医疗支出、医疗保险、丧失劳动能力人数、做饭燃料、饮用水、金融资产、住房面积、耐用品 11 个指标，其多维相对贫困发生率均大于城镇家庭相应指标的多维相对贫困发生率。其中，人均收入、做饭燃料两个指标的相对贫困发生率相差较大，分别为 2.08 倍和 2.63 倍，即相比于东部地区的城镇家庭，东部地区农村家庭的人均收入和做饭燃料两个指标的相对贫困发生率较为严重。然而，东部地区城镇家庭的医疗保险、通电和住房类型的相对贫困发生率大于农村家庭的相对贫困发生率。

从中部地区农村家庭和城镇家庭多维相对贫困发生率对比来看，中部地区农村家庭的人均收入、教育程度、适龄儿童入学、丧失劳动能力人数、做饭燃料、饮用水、住房类型、住房面积和耐用品 9 个指标，其多维相对贫困发生率均大于城镇家庭相应指标的多维相对贫困发生率。其中，饮用水、住房类型和住房面积指标的相对贫困发生率相差较大，中部地区农村家庭的这些指标多维相对贫困发生率比城镇家庭多维相对贫困发生率高 2 倍以上，住房类型更是达到了 5.25 倍，即相比于中部地区的城镇家庭，中部地区农村家庭的住房类型多维相对贫困发生率较为严重。然而，中部地区城镇家庭的医疗支出、医疗保险、通电和金融资产的相对贫困发生率大于农村家庭的相对贫困发生率。

从西部地区农村家庭和城镇家庭多维相对贫困发生率对比来看，西部地区农村家庭所有指标的多维相对贫困发生率均大于城镇家庭相应指标的多维相对贫困发生率。其中，人均收入、适龄儿童入学、丧失劳动能力人数、做饭燃料、饮用水、通电和住房类型和住房面积指标的相对贫困发生率相差较大，西部地区农村家庭的这些指标多维相对贫困发生率比城镇家庭多维相对贫困发生率高 2 倍以上，饮用水指标更是高达 11.93 倍，即相比于西部地区的城镇家庭，西部地区农村家庭的饮用水多维相对贫困发生率较为严重。

从东北地区农村家庭和城镇家庭多维相对贫困发生率对比来看，东北地区农村家庭的人均收入、教育程度、医疗支出、丧失劳动能力人数、做饭燃料、通电和住房类型7个指标,其多维相对贫困发生率均大于城镇家庭相应指标的多维相对贫困发生率,其中,人均收入、丧失劳动能力人数、做饭燃料、通电和住房类型指标的相对贫困发生率相差较大,东北地区农村家庭的这些指标多维相对贫困发生率比城镇家庭多维相对贫困发生率高2倍以上,通电指标尤其显明,达6.75倍,即相比于东北地区的城镇家庭,东北地区农村家庭的通电相对贫困发生率较为严重。然而,东北地区城镇家庭的适龄儿童入学、医疗保险、饮用水、金融资产、住房面积和耐用品的相对贫困发生率大于农村家庭的相对贫困发生率。

二 农村家庭与城镇家庭多维相对贫困指数对比

(一) 全国农村家庭与城镇家庭多维相对贫困指数对比

表3-21为全国农村家庭与城镇家庭多维相对贫困指数测量结果的对比,限于篇幅,本书仅对比了2010年、2012年、2014年、2016年和2018年全国农村家庭与城镇家庭多维相对贫困指数测量结果的均值。从表3-21可以看出,除了当k=5时全国农村家庭与城镇家庭多维相对贫困发生率、平均相对贫困剥夺份额和多维相对贫困指数均为0外,当k=1—4时,全国农村家庭的多维相对贫困发生率、平均相对贫困剥夺份额和多维相对贫困指数均大于全国城镇家庭。这表明,全国农村家庭多维相对贫困程度比城镇家庭多维相对贫困程度严重。

表3-21　全国农村家庭与城镇家庭多维相对贫困指数对比(均值)　　单位:%

k值	多维相对贫困发生率		平均相对贫困剥夺份额		多维相对贫困指数	
	农村	城镇	农村	城镇	农村	城镇
k=1	90.22	79.56	18.24	12.38	17.72	10.65
k=2	42.62	18.22	27.92	25.80	12.46	4.73
k=3	11.47	2.78	39.04	38.12	4.66	1.15

续表

k 值	多维相对贫困发生率 农村	多维相对贫困发生率 城镇	平均相对贫困剥夺份额 农村	平均相对贫困剥夺份额 城镇	多维相对贫困指数 农村	多维相对贫困指数 城镇
k = 4	0.94	0.14	0.51	39.70	0.53	0.08
k = 5	0.00	0.00	0.00	0.00	0.00	0.00

（二）东部地区农村家庭与城镇家庭多维相对贫困指数对比

表3-22为东部地区农村家庭与城镇家庭多维相对贫困指数测量结果的对比，限于篇幅，本书仅对比了2010年、2012年、2014年、2016年和2018年东部地区农村家庭与城镇家庭多维相对贫困指数测量结果的均值。从表3-22可以看出，除了当k=5时东部地区农村家庭与城镇家庭多维相对贫困发生率、平均相对贫困剥夺份额和多维相对贫困指数均为0外，当k=1—4时，东部地区农村家庭的多维相对贫困发生率、平均相对贫困剥夺份额和多维相对贫困指数均大于城镇家庭。这表明，东部地区农村家庭多维相对贫困程度比城镇家庭多维相对贫困程度严重。

表3-22　东部地区农村家庭与城镇家庭多维相对贫困指数对比（均值）　单位:%

k 值	多维相对贫困发生率 农村	多维相对贫困发生率 城镇	平均相对贫困剥夺份额 农村	平均相对贫困剥夺份额 城镇	多维相对贫困指数 农村	多维相对贫困指数 城镇
k = 1	87.32	76.88	16.26	11.69	14.39	9.38
k = 2	32.75	16.12	26.82	24.29	9.10	3.96
k = 3	6.85	2.04	38.38	38.53	2.78	0.77
k = 4	0.42	0.03	0.23	13.13	0.23	0.02
k = 5	0.00	0.00	0.00	0.00	0.00	0.00

（三）中部地区农村家庭与城镇家庭多维相对贫困指数对比

表3-23为中部地区农村家庭与城镇家庭多维相对贫困指数测量结果的对比，限于篇幅，本书仅对比了2010年、2012年、2014年、2016年和2018年中部地区农村家庭与城镇家庭多维相对贫困指数测量结果的均值。从表3-23可以看出，除了当k=5时中部地区农村

家庭与城镇家庭多维相对贫困发生率、平均相对贫困剥夺份额和多维相对贫困指数均为 0 外,当 k = 1—4 时,中部地区农村家庭的多维相对贫困发生率、平均相对贫困剥夺份额和多维相对贫困指数均大于城镇家庭。这表明,中部地区农村家庭多维相对贫困程度比城镇家庭多维相对贫困程度严重。

表 3-23 中部地区农村家庭与城镇家庭多维相对贫困指数对比(均值)　　单位:%

k 值	多维相对贫困发生率		平均相对贫困剥夺份额		多维相对贫困指数	
	农村	城镇	农村	城镇	农村	城镇
k = 1	89.57	79.20	17.26	12.70	16.36	10.56
k = 2	39.51	18.83	26.66	25.99	11.31	4.87
k = 3	9.66	3.00	40.07	38.42	3.86	1.22
k = 4	0.66	0.18	0.35	38.35	0.34	0.10
k = 5	0.00	0.00	0.00	0.00	0.00	0.00

(四)西部地区农村家庭与城镇家庭多维相对贫困指数对比

表 3-24 为西部地区农村家庭与城镇家庭多维相对贫困指数测量结果的对比,限于篇幅,本书仅对比了 2010 年、2012 年、2014 年、2016 年和 2018 年西部地区农村家庭与城镇家庭多维相对贫困指数测量结果的均值。从表 3-24 可以看出,除了当 k = 5 时西部地区农村家庭与城镇家庭多维相对贫困发生率、平均相对贫困剥夺份额和多维相对贫困指数均为 0 外,当 k = 1—4 时,西部地区农村家庭的多维相对贫困发生率、平均相对贫困剥夺份额和多维相对贫困指数均大于城镇家庭。这表明,西部地区农村家庭多维相对贫困程度比城镇家庭多维相对贫困程度严重。

表 3-24 西部地区农村家庭与城镇家庭多维相对贫困指数对比(均值)　　单位:%

k 值	多维相对贫困发生率		平均相对贫困剥夺份额		多维相对贫困指数	
	农村	城镇	农村	城镇	农村	城镇
k = 1	95.64	84.22	21.55	14.03	20.95	11.52
k = 2	54.98	21.90	29.28	26.45	16.39	6.01

续表

k 值	多维相对贫困发生率		平均相对贫困剥夺份额		多维相对贫困指数	
	农村	城镇	农村	城镇	农村	城镇
k = 3	16.78	4.49	40.30	39.88	7.13	1.83
k = 4	1.64	0.29	0.90	39.70	0.91	0.15
k = 5	0.00	0.00	0.00	0.00	0.00	0.00

（五）东北地区农村家庭与城镇家庭多维相对贫困指数对比

表 3-25 为东北地区农村家庭与城镇家庭多维相对贫困指数测量结果的对比，限于篇幅，本书仅对比了 2010 年、2012 年、2014 年、2016 年和 2018 年东北地区农村家庭与城镇家庭多维相对贫困指数测量结果的均值。从表 3-25 可以看出，除了当 k = 5 时东北地区农村家庭与城镇家庭多维相对贫困发生率、平均相对贫困剥夺份额和多维相对贫困指数均为 0 外，当 k = 1—4 时，东北地区农村家庭的多维相对贫困发生率、平均相对贫困剥夺份额和多维相对贫困指数均大于城镇家庭。这表明，东北地区农村家庭多维相对贫困程度比城镇家庭多维相对贫困程度严重。

表 3-25　东北地区农村家庭与城镇家庭多维相对贫困指数对比（均值）　单位：%

k 值	多维相对贫困发生率		平均相对贫困剥夺份额		多维相对贫困指数	
	农村	城镇	农村	城镇	农村	城镇
k = 1	91.79	83.03	16.52	12.83	16.23	11.09
k = 2	38.05	18.41	26.40	26.10	10.40	5.07
k = 3	7.36	3.01	38.60	40.39	3.03	1.17
k = 4	0.64	0.21	0.35	38.61	0.34	0.11
k = 5	0.00	0.00	0.00	0.00	0.00	0.00

三　农村家庭与城镇家庭多维相对贫困指标贡献率对比

表 3-26 为 k = 2 时农村家庭与城镇家庭多维相对贫困指标贡献率的对比，限于篇幅，表中数据为 2010 年、2012 年、2014 年、

2016年和2018年农村家庭与城镇家庭多维相对贫困指标贡献率测量结果的均值。从表3-26可以看出，农村家庭与城镇家庭多维相对贫困指标贡献率存在相同和差异之处。

表3-26　农村家庭与城镇家庭多维相对贫困指标贡献率对比（k=2）　单位:%

指标	全国 农村	全国 城镇	东部 农村	东部 城镇	中部 农村	中部 城镇	西部 农村	西部 城镇	东北 农村	东北 城镇
人均收入	25.78	26.64	28.94	26.92	26.51	28.93	24.30	28.96	22.34	22.99
教育程度	14.55	14.01	13.86	14.99	15.03	13.63	13.65	15.50	15.85	12.81
适龄儿童入学	0.88	0.82	0.73	0.83	0.73	0.64	1.14	1.09	0.34	0.87
医疗支出	7.26	9.03	7.85	9.60	7.31	8.70	6.57	8.43	9.08	9.23
医疗保险	7.89	10.28	8.20	10.66	7.25	9.56	7.71	8.69	8.65	12.04
丧失劳动能力人数	2.34	2.32	2.38	2.25	2.37	2.33	2.49	1.93	2.12	2.67
做饭燃料	11.12	7.51	9.53	6.29	11.00	9.13	12.05	7.3	12.29	8.18
饮用水	1.99	0.40	0.72	0.65	1.02	0.52	3.25	0.15	0.11	0.11
通电	0.06	0.07	0.06	0.06	0.02	0.10	0.07	0.06	0.13	0.05
住房类型	2.63	1.20	0.75	0.80	3.04	1.16	3.58	2.15	1.33	1.00
金融资产	6.03	6.56	7.05	6.35	6.06	6.07	5.34	6.79	6.60	7.09
住房面积	4.41	4.89	4.14	5.91	4.50	3.87	4.70	3.93	3.54	5.66
耐用品	12.47	13.43	13.32	12.12	11.97	12.68	12.66	12.89	15.53	15.73

从全国来看，农村家庭与城镇家庭多维相对贫困指标贡献率最高的均为人均收入，分别为25.78%和26.64%，其次为教育程度，其对农村家庭与城镇家庭多维相对贫困的贡献率分别为14.55%和14.01%，适龄儿童入学、丧失劳动能力人数、通电、金融资产和耐用品对农村家庭和城镇家庭多维相对贫困的贡献率基本一致，医疗支出、医疗保险和住房面积对农村家庭多维相对贫困的贡献率，小于其对城镇家庭多维相对贫困的贡献率，而做饭燃料、饮用水和住房类型对农村家庭多维相对贫困的贡献率，则大于其对城镇家庭多

维相对贫困的贡献率，其中做饭燃料尤为明显，多出 3.61 个百分点。

从东部地区来看，农村家庭与城镇家庭多维相对贫困指标贡献率最高的均为人均收入，分别为 28.94% 和 26.92%，其次为教育程度，其对农村家庭与城镇家庭多维相对贫困的贡献率分别为 13.86% 和 14.99%，适龄儿童入学、丧失劳动能力人数、通电、住房类型对农村家庭和城镇家庭多维相对贫困的贡献率基本一致，医疗支出、医疗保险和住房面积对农村家庭多维相对贫困的贡献率，小于其对城镇家庭多维相对贫困的贡献率，而做饭燃料、金融资产、饮用水和耐用品对农村家庭多维相对贫困的贡献率，则大于其对城镇家庭多维相对贫困的贡献率。

从中部地区来看，农村家庭与城镇家庭多维相对贫困指标贡献率最高的均为人均收入，分别为 26.51% 和 28.93%，其次为教育程度，其对农村家庭与城镇家庭多维相对贫困的贡献率分别为 15.03% 和 13.63%，适龄儿童入学、丧失劳动能力人数、通电和金融资产对农村家庭和城镇家庭多维相对贫困的贡献率基本一致，医疗支出、医疗保险和耐用品对农村家庭多维相对贫困的贡献率，小于其对城镇家庭多维相对贫困的贡献率，而做饭燃料、饮用水、住房类型和住房面积对农村家庭多维相对贫困的贡献率，则大于其对城镇家庭多维相对贫困的贡献率。

从西部地区来看，农村家庭与城镇家庭多维相对贫困指标贡献率最高的均为人均收入，分别为 24.30% 和 28.96%，其次为教育程度，其对农村家庭与城镇家庭多维相对贫困的贡献率分别为 13.65% 和 15.50%，适龄儿童入学、通电、住房面积和耐用品对农村家庭和城镇家庭多维相对贫困的贡献率基本一致，医疗支出和医疗保险对农村家庭多维相对贫困的贡献率，小于其对城镇家庭多维相对贫困的贡献率，而丧失劳动能力人数、做饭燃料、饮用水、住房类型和金融资产对农村家庭多维相对贫困的贡献率，则大于其对城镇家庭多维相对贫困的贡献率。

从东北地区来看，农村家庭与城镇家庭多维相对贫困指标贡献率最高的均为人均收入，分别为22.34%和22.99%，教育程度和耐用品对农村家庭和城镇家庭的贡献率也较高，教育程度对农村家庭和城镇家庭多维相对贫困贡献率分别为15.85%和12.81%，耐用品对农村家庭和城镇家庭多维相对贫困贡献率分别为15.53%和15.73%。适龄儿童入学、医疗支出、丧失劳动能力人数、饮用水、通电和住房类型对农村家庭和城镇家庭多维相对贫困的贡献率基本一致，医疗保险、金融资产和住房面积对农村家庭多维相对贫困的贡献率，小于其对城镇家庭多维相对贫困的贡献率，而做饭燃料对农村家庭多维相对贫困的贡献率，则大于其对城镇家庭多维相对贫困的贡献率。

表3-27为k=3时农村家庭与城镇家庭多维相对贫困指标贡献率的对比，限于篇幅，表中数据为2010年、2012年、2014年、2016年和2018年农村家庭与城镇家庭多维相对贫困指标贡献率测量结果的均值。从表3-27可以看出，农村家庭与城镇家庭多维相对贫困指标贡献率存在相同和差异之处。

表3-27　　农村家庭与城镇家庭多维相对贫困指标贡献率对比（k=3）（均值）　　单位:%

指标	全国 农村	全国 城镇	东部 农村	东部 城镇	中部 农村	中部 城镇	西部 农村	西部 城镇	东北 农村	东北 城镇
人均收入	33.87	35.09	33.62	36.95	34.04	37.49	32.96	35.92	35.71	28.96
教育程度	12.07	13.32	11.17	14.76	12.38	11.08	11.30	14.50	13.36	12.16
适龄儿童入学	1.32	1.09	1.01	0.92	1.25	1.00	1.52	1.53	0.55	0.77
医疗支出	5.69	6.62	5.95	6.24	6.32	8.04	5.11	6.55	8.11	6.39
医疗保险	6.32	7.17	6.80	7.29	6.11	5.55	6.47	6.12	6.69	9.53
丧失劳动能力人数	2.45	2.65	2.40	1.84	2.24	3.43	2.82	2.22	2.07	4.01
做饭燃料	8.70	6.79	8.18	6.45	8.86	7.03	9.22	6.53	9.46	7.84
饮用水	1.82	0.40	0.94	0.50	0.87	0.67	2.54	0.21	0.00	0.12

续表

指标	全国 农村	全国 城镇	东部 农村	东部 城镇	中部 农村	中部 城镇	西部 农村	西部 城镇	东北 农村	东北 城镇
通电	0.07	0.09	0.07	0.00	0.00	0.32	0.09	0.06	0.11	0.00
住房类型	2.77	1.35	1.02	0.27	3.12	2.43	3.06	2.29	1.39	0.48
金融资产	4.84	5.51	6.00	5.15	4.79	4.24	4.27	6.49	5.29	6.10
住房面积	4.80	4.58	4.74	5.28	5.00	2.88	4.94	4.41	2.56	6.08
耐用品	10.43	10.29	11.55	9.16	10.40	11.04	10.34	9.11	11.16	12.05

注：表中所有数据为 2010 年、2012 年、2014 年、2016 年和 2018 年的均值。

从全国来看，农村家庭与城镇家庭多维相对贫困指标贡献率最高的均为人均收入，分别为 33.87% 和 35.09%，其次为教育程度，其对农村家庭与城镇家庭多维相对贫困的贡献率分别为 12.07% 和 13.32%，适龄儿童入学、丧失劳动能力人数、通电、金融资产、住房面积和耐用品对农村家庭和城镇家庭多维相对贫困的贡献率基本一致，医疗支出和医疗保险对农村家庭多维相对贫困的贡献率，小于其对城镇家庭多维相对贫困的贡献率，而做饭燃料、饮用水和住房类型对农村家庭多维相对贫困的贡献率，则大于其对城镇家庭多维相对贫困的贡献率，其中做饭燃料尤为明显，多出 1.91 个百分点。

从东部地区来看，农村家庭与城镇家庭多维相对贫困指标贡献率最高的均为人均收入，分别为 33.62% 和 36.95%，其次为教育程度，其对农村家庭与城镇家庭多维相对贫困的贡献率分别为 11.17% 和 14.76%，适龄儿童入学、医疗支出、通电、住房类型和住房面积对农村家庭和城镇家庭多维相对贫困的贡献率基本一致，医疗保险和住房面积对农村家庭多维相对贫困的贡献率，小于其对城镇家庭多维相对贫困的贡献率，而丧失劳动能力人数、做饭燃料、金融资产、饮用水和耐用品对农村家庭多维相对贫困的贡献率，则大于其对城镇家庭多维相对贫困的贡献率。

从中部地区来看，农村家庭与城镇家庭多维相对贫困指标贡献率最高的均为人均收入，分别为34.04%和37.49%，其次为教育程度，其对农村家庭与城镇家庭多维相对贫困的贡献率分别为12.38%和11.08%，适龄儿童入学和饮用水对农村家庭和城镇家庭多维相对贫困的贡献率基本一致，医疗支出、医疗保险、丧失劳动能力人数、通电和耐用品对农村家庭多维相对贫困的贡献率，小于其对城镇家庭多维相对贫困的贡献率，而做饭燃料、住房类型、金融资产和住房面积对农村家庭多维相对贫困的贡献率，则大于其对城镇家庭多维相对贫困的贡献率。

从西部地区来看，农村家庭与城镇家庭多维相对贫困指标贡献率最高的均为人均收入，分别为32.96%和35.92%，其次为教育程度，其对农村家庭与城镇家庭多维相对贫困的贡献率分别为11.30%和14.50%，适龄儿童入学、医疗保险、丧失劳动能力人数和通电对农村家庭和城镇家庭多维相对贫困的贡献率基本一致，医疗支出和金融资产对农村家庭多维相对贫困的贡献率，小于其对城镇家庭多维相对贫困的贡献率，而做饭燃料、饮用水、住房类型、住房面积和耐用品对农村家庭多维相对贫困的贡献率，则大于其对城镇家庭多维相对贫困的贡献率。

从东北地区来看，农村家庭与城镇家庭多维相对贫困指标贡献率最高的均为人均收入，分别为35.71%和28.96%，教育程度和耐用品对农村家庭和城镇家庭的贡献率也较高，教育程度对农村家庭和城镇家庭多维相对贫困贡献率分别为13.36%和12.16%，耐用品对农村家庭和城镇家庭多维相对贫困贡献率分别为11.16%和12.05%。适龄儿童入学、饮用水和通电对农村家庭和城镇家庭多维相对贫困的贡献率基本一致，医疗保险、丧失劳动能力人数、金融资产、住房面积和耐用品对农村家庭多维相对贫困的贡献率，小于其对城镇家庭多维相对贫困的贡献率，而医疗支出、做饭燃料和住房类型对农村家庭多维相对贫困的贡献率，则大于其对城镇家庭多维相对贫困的贡献率。

第四节 本章小结

本章构建了多维相对贫困测度的体系框架，包括方法、维度、指标和权重等。当前测量多维相对贫困的主流方法是 Alikre 和 Foster（2009）提出的"双临界法"，本书以该方法为基础，对照多维相对贫困指数，选取了收入、教育、健康、生活质量和资产 5 个维度及 13 个指标，采用等维度指标权重法，对多维相对贫困进行了测算，并测算了全国、东部地区、中部地区、西部地区和东北地区农村家庭多维相对贫困状况的差异。从不同地区的农村家庭多维相对贫困测度结果来看，无论是多维相对贫困发生率还是多维相对贫困指数，均呈现以下规律特征：东部地区农村家庭多维相对贫困状况最低，中部地区与东北地区农村家庭多维相对贫困状况接近，也接近于全国农村平均水平，西部地区农村家庭多维相对贫困状况最高。地区间农村家庭多维相对贫困状况的差异也反映出地区间发展水平的不均衡，缩小这种差异是亟须解决的问题。农村家庭多维相对贫困指标对多维相对贫困指数的贡献率也存在差异，农村家庭多维相对贫困指标对多维指数贡献率较高的除了收入和教育程度外，医疗保险和耐用品指标对多维相对贫困指数的贡献率也较高。从农村家庭和城镇家庭多维相对贫困测度结果对比分析和全国总体情况来看，农村家庭多维相对贫困状况比城镇严重，农村家庭多维相对贫困发生率高于城镇家庭多维相对贫困发生率，农村家庭多维相对贫困指数也高于城镇家庭多维相对贫困指数，东部地区、中部地区、西部地区和东北地区的城乡家庭多维相对贫困测量结果呈现相同的结果。

第四章

多维相对贫困视角下农村家庭生计特征分析

第一节 不同多维相对贫困程度农村家庭的生计资本

不同多维相对贫困程度的农村家庭,生计资本和生计策略也不尽相同。因此,有必要分析不同多维相对贫困程度农村家庭的生计资本和生计策略的差异,刻画不同多维相对贫困状态农村家庭的特征,从而为深入理解农村家庭多维相对贫困动态性的影响因素提供理论支持。

根据可持续生计理论,农村家庭的生计资本包括人力资本、物质资本、金融资本和社会资本。人力资本是农村家庭发展的重要资本,指农村家庭所拥有的可用于谋生或取得收入的知识、技能、劳动能力和健康状况,同时,考虑到数据的可获得性,本书以劳动力人数、劳动力占比、健康劳动力占比、接受培训劳动力占比和劳动力平均受教育年限来反映农村家庭的人力资本;物质资本指农村家庭维持其生产生活的生产资料或基础设施,本书以人均土地价值和人均生产性固定资产来反映物质资本；金融资本指农村家庭资本的积累以保证消费和生产的连续性，本书以农村家庭期末拥有的人均存款来反映金融资本；社会资本指农村家庭实现生计目标可利用的社会资源，本书以农村家庭人均转移性支出反映社会资本。

一 不同多维相对贫困程度农村家庭的人力资本状况

（一）全国不同多维相对贫困程度农村家庭的人力资本状况

表4-1为全国不同多维相对贫困程度农村家庭的人力资本状况，当 $k=5$ 时，没有农村家庭处于多维相对贫困状态，因此各生计资本指标的值为空值。从全国不同多维相对贫困程度农村家庭的人力资本状况可以看出，不同多维相对贫困程度的农村家庭，其人力资本状况表现出明显的差异。从总体来看，非多维相对贫困状态农村家庭比多维相对贫困状态的农村家庭拥有更好的人力资本，非多维相对贫困状态农村家庭的劳动力占比、健康劳动力占比、接受培训劳动力占比和劳动力平均受教育年限均大于多维相对贫困状态的农村家庭，而多维相对贫困状态农村家庭的劳动力人数大于非多维相对贫困状态农村家庭的劳动力人数，即多维相对贫困状态的农村家庭，其拥有更多的家庭劳动力。

表4-1　全国不同多维相对贫困程度农村家庭的人力资本状况

维度	相对贫困状态	劳动力人数（人）	劳动力占比（%）	健康劳动力占比（%）	接受培训劳动力占比（%）	劳动力平均受教育年限（年）
k=1	相对贫困	2.46	79.30	53.85	2.14	5.57
k=1	非相对贫困	2.30	77.08	66.55	4.50	7.87
k=2	相对贫困	2.67	76.53	61.72	1.46	4.32
k=2	非相对贫困	2.21	80.19	69.75	2.81	6.08
k=3	相对贫困	2.98	73.43	63.32	0.86	3.32
k=3	非相对贫困	2.36	78.96	75.26	2.54	5.68
k=4	相对贫困	4.27	64.30	55.24	0	4.16
k=4	非相对贫困	2.46	76.90	64.84	2.34	5.61

续表

维度	相对贫困状态	劳动力人数（人）	劳动力占比（%）	健康劳动力占比（%）	接受培训劳动力占比（%）	劳动力平均受教育年限（年）
k=5	相对贫困	—	—	—	—	—
	非相对贫困	2.45	78.05	64.43	2.41	5.78

注："—"表示为空值。

不同多维相对贫困状态的农村家庭，其同一生计资本指标的 k 值取值不同时，同一生计资本指标也表现出明显的规律特征。对多维相对贫困状态的农村家庭而言，劳动力人数随着多维相对贫困 k 值的增加而增加；劳动力占比和接受培训劳动力占比随着多维相对贫困 k 值的增加而减少；健康劳动力占比随着多维相对贫困 k 值的增加呈现先增加后减少的趋势，当 k=3 时，多维相对贫困状态农村家庭的健康劳动力占比最高；劳动力平均受教育年限随 k 值的增加呈现先减少后增加的趋势，当 k=3 时，多维相对贫困状态农村家庭的劳动力平均受教育年限最小，仅为 3.32 年。值得注意的是，当 k=4 时，处于多维相对贫困状态农村家庭的接受培训劳动力占比为 0，这表明处于高维度多维相对贫困状态的农村家庭劳动力缺少劳动力职业技能培训。对处于非多维相对贫困状况的农村家庭而言，劳动力人数随着多维相对贫困 k 值的增加而增加；劳动力占比和健康劳动力占比随着多维相对贫困 k 值的增加呈现先增加后减少的趋势，当 k=3 时，非多维相对贫困状态农村家庭的健康劳动力占比最高；接受培训劳动力占比和劳动力平均受教育年限随着多维相对贫困 k 值的增加而减少。

（二）东部地区不同多维相对贫困程度农村家庭的人力资本状况

东部地区不同多维相对贫困程度的农村家庭，其人力资本状况表现出明显的差异特征。表 4-2 为东部地区不同多维相对贫困程度农村家庭的人力资本状况。当 k=5 时，没有农村家庭处于多维相对贫困状态，因此各生计资本指标的值为空值。从总体来看，东部地区非多维相对贫困状态农村家庭比多维相对贫困状态的农村家庭拥有更好的人力资本，非多维相对贫困状态农村家庭的劳动力占比、健康劳动力占比、接受培训劳动力占比和劳动力平均受教育年限均大于多维相对贫困状态的农村家庭，而东部地区多维相对贫困状态农村家庭的劳动力人数大于非多维相对贫困状态农村家庭的劳动力人数，即东部地区处于多维相对贫困状态的农村家庭，其拥有的劳动力人数更多。

表4-2 东部地区不同多维相对贫困程度农村家庭的人力资本状况

维度	相对贫困状态	劳动力人数（人）	劳动力占比（%）	健康劳动力占比（%）	接受培训劳动力占比（%）	劳动力平均受教育年限（年）
k=1	相对贫困	2.29	80.32	57.56	2.52	5.93
k=1	非相对贫困	2.24	80.08	65.14	2.81	7.89
k=2	相对贫困	2.55	80.72	61.82	1.48	4.57
k=2	非相对贫困	2.28	82.94	74.04	2.75	6.67
k=3	相对贫困	2.60	76.90	64.31	2.54	2.88
k=3	非相对贫困	2.27	80.74	82.36	2.55	6.39
k=4	相对贫困	3.89	73.27	42.74	0.00	7.24
k=4	非相对贫困	2.31	82.66	65.23	2.54	6.04
k=5	相对贫困	—	—	—	—	—
k=5	非相对贫困	2.29	81.96	65.66	2.53	6.24

注："—"表示为空值。

从同一生计资本指标来看，当k取不同值时，同一生计资本指标也表现出明显的规律特征。对处于非多维相对贫困状况的东部地区农村家庭而言，劳动力人数随着多维相对贫困k值的增加而变化不大，当k=4时，劳动力人数最多，为2.31；劳动力占比随着多维相对贫困k值的增加呈现上下波动的趋势，当k=2时，劳动力占比最高，为82.94%；健康劳动力占比随着多维相对贫困k值的增加呈现先增加后减少的趋势，当k=3时，非多维相对贫困状态农村家庭的健康劳动力占比最高；接受培训劳动力占比和劳动力平均受教育年限随着多维相对贫困k值的增加而减少。对东部地区多维相对贫困状态的农村家庭而言,其劳动力人数随着多维相对贫困 k 值的增加而增加;劳动力占比和健康劳动力占比随着多维相对贫困 k 值的增加呈现先增加后减少的趋势,当 k=2 时,东部地区处于多维相对贫困状态农村家庭的劳动力占比最高,当 k=3 时,东部地区处于多维相对贫困状态农村家庭的健康劳动力占比最高;劳动力平均受教育年限随 k 值的增加呈现先减少后增加的趋势,k=3 时多维相对贫困状态农村家庭的劳动力平均受教育年限最小,仅为 2.88 年。值得注意的是,接受培训劳动力占比随着多维相对贫困 k 值的增加呈现上下波动的趋势,当 k=4 时,处于多维相对贫困状态农村家庭的接受培训劳动力占比为 0,这表明了处于高维度多维相对贫困状态的农村家庭劳动力职业技能培训的缺失。

(三)中部地区不同多维相对贫困程度农村家庭的人力资本状况

表 4-3 为中部地区不同多维相对贫困程度农村家庭的人力资本状况,当 k=4 和 k=5 时,中部地区没有农村家庭处于多维相对贫困状态,因此各生计资本指标的值为空值。从中部地区不同多维相对贫困程度农村家庭的人力资本状况可以看出,不同多维相对贫困程度的农村家庭,其人力资本状况表现出明显的差异。从总体来看,中部地区非多维相对贫困状态农村家庭比多维相对贫困状态的农村家庭拥有更好的人力资本,非多维相对贫困状态农村家庭的健康劳动力占比、接受培训劳动力占比和劳动力平均受教育年限均大于多维相对贫困状态的农村家庭,而多维相对贫困状态农村家庭的劳动力人数大于非多维相对贫困状态农村家庭的劳动力人数,即多维相对贫困状态的中部地区农村家庭,其拥有更多的家庭劳动力。

表 4-3　中部地区不同多维相对贫困程度农村家庭的人力资本状况

维度	相对贫困状态	劳动力人数（人）	劳动力占比（%）	健康劳动力占比（%）	接受培训劳动力占比（%）	劳动力平均受教育年限（年）
k=1	相对贫困	2.46	77.85	22.60	1.69	5.92
	非相对贫困	2.21	74.46	36.30	6.25	7.96

续表

维度	相对贫困状态	劳动力人数（人）	劳动力占比（%）	健康劳动力占比（%）	接受培训劳动力占比（%）	劳动力平均受教育年限（年）
k=2	相对贫困	2.76	77.84	31.65	1.07	5.06
	非相对贫困	2.33	77.31	42.03	2.74	6.48
k=3	相对贫困	3.00	73.89	34.18	0.00	4.02
	非相对贫困	2.41	77.52	46.92	2.42	6.28
k=4	相对贫困	—	—	—	—	—
	非相对贫困	2.45	77.65	34.64	2.24	6.14
k=5	相对贫困	—	—	—	—	—
	非相对贫困	2.36	74.83	34.55	2.30	6.15

注："—"表示为空值。

中部地区不同多维相对贫困状态的农村家庭，其同一生计资本指标的 k 值取值不同时，同一生计资本指标也表现出明显的规律特征。对多维相对贫困状态的农村家庭而言，劳动力人数、健康劳动力占比随着多维相对贫困 k 值的增加而增加；劳动力占比、接受培训劳动力占比和劳动力平均受教育年限随着多维相对贫困 k 值的增加而减少。值得注意的是，当 k=3 时，中部地区处于多维相对贫困状态农村家庭的接受培训劳动力占比为 0，这表明处于高维度多维相对贫困状态的农村家庭劳动力缺少劳动力职业技能培训。对处于非多维相对贫困状态的中部地区农村家庭而言，劳动力人数随着多维相对贫困 k 值的增加而增加；劳动力占比和健康劳动力占比随着多维相对贫困 k 值的增加呈现先增加后减少的趋势，当 k=3 时，多维相对贫困状态农村家庭的健康劳动力占比最高；接受培训劳动力占比和劳动力平均受教育年限随着多维相对贫困 k 值的增加而减少。

（四）西部地区不同多维相对贫困程度农村家庭的人力资本状况

西部地区不同多维相对贫困程度的农村家庭，其人力资本状况表现出明显的差异特征。表 4-4 为西部地区不同多维相对贫困程度农村家庭的人力资本状况。当 k=5 时，没有农村家庭处于多维相对贫困状态，因此各生计资本指标的值为空值。从总体来看，非多维相对贫困状态农村家庭比多维相对贫困状态的农村家庭拥有更好的人力资本，非多维相对贫困状态农村家庭的劳动力占比、健康劳动力占比、接受培训劳动力占比和劳动力平均受教育年限均大于多维相对贫困状态的农村家庭，而多维相对贫困状态农村家庭的劳动力人数大于非多维相对贫困状态农村家庭的劳动力人数，即多维相对贫困状态的农村家庭，其拥有的劳动力人数更多。

表 4-4　西部地区不同多维相对贫困程度农村家庭的人力资本状况

维度	相对贫困状态	劳动力人数（人）	劳动力占比（%）	健康劳动力占比（%）	接受培训劳动力占比（%）	劳动力平均受教育年限（年）
k = 1	相对贫困	2.52	74.52	55.25	2.48	4.58
	非相对贫困	2.22	74.77	64.26	5.07	6.74
k = 2	相对贫困	2.86	71.42	62.22	1.82	3.79
	非相对贫困	2.31	75.33	65.77	3.15	5.33
k = 3	相对贫困	3.07	72.56	62.99	0.90	3.14
	非相对贫困	2.49	74.41	70.49	2.80	4.81
k = 4	相对贫困	4.58	62.30	62.27	0.00	3.07
	非相对贫困	2.49	73.26	63.29	2.65	4.64
k = 5	相对贫困	—	—	—	—	—
	非相对贫困	2.50	76.02	63.57	2.71	4.72

注："—"表示为空值。

从同一生计资本指标来看，当 k 取不同值时，西部地区农村家庭的同一生计资本指标也表现出明显的规律特征。对处于非多维相对贫困状态的农村家庭而言，劳动力人数随着多维相对贫困 k 值的增加而增加；劳动力占比和健康劳动力占比随着多维相对贫困 k 值的增加呈现先增加后减少的趋势，当 k = 3 时，非多维相对贫困状态农村家庭的健康劳动力占比最高；接受培训劳动力占比和劳动力平均受教育年限随着多维相对贫困 k 值的增加而减少。对多维相对贫困状态的农村家庭而言,劳动力人数随着多维相对贫困 k 值的增加而增加;劳动力占比随着多维相对贫困 k 值的增加呈现上下波动的趋势;健康劳动力占比随着多维相对贫困 k 值的增加呈现先增加后减少的趋势;接受培训劳动力占比和劳动力平均受教育年限随着多维相对贫困 k 值的增加而减少。值得注意的是,当 k=4 时,处于多维相对贫困状态农村家庭接受培训劳动力占比为 0,这表明处于高维度多维相对贫困状态的农村家庭劳动力职业技能培训的缺失。

(五)东北地区不同多维相对贫困程度农村家庭的人力资本状况

表 4-5 为东北地区不同多维相对贫困程度农村家庭的人力资本状况,当 k=4 和 k=5 时,没有农村家庭处于多维相对贫困状态,因此各生计资本指标的值为空值。从东北地区不同多维相对贫困程度农村家庭的人力资本状况可以看出,不同多维相对贫困程度的农村家庭,其人力资本状况表现出明显的差异。从总体来看,非多维相对贫困状态农村家庭比多维相对贫困状态的农村家庭拥有更好的人力资本,非多维相对贫困状态农村家庭的劳动力占比、健康劳动力占比、接受培训劳动力占比和劳动力平均受教育年限均大于多维相对贫困状态的农村家庭,而多维相对贫困状态农村家庭的劳动力人数大于非多维相对贫困状态农村家庭的劳动力人数,即多维相对贫困状态的农村家庭,其拥有的劳动力人数更多。

表 4-5　东北地区不同多维相对贫困程度农村家庭的人力资本状况

维度	相对贫困状态	劳动力人数(人)	劳动力占比(%)	健康劳动力占比(%)	接受培训劳动力占比(%)	劳动力平均受教育年限(年)
k=1	相对贫困	2.28	85.24	50.87	1.27	6.39
k=1	非相对贫困	2.16	88.67	66.28	5.67	7.06
k=2	相对贫困	2.86	85.12	61.18	0.97	5.28
k=2	非相对贫困	2.10	84.28	72.29	1.77	6.93
k=3	相对贫困	2.99	83.75	62.70	0.00	4.39
k=3	非相对贫困	2.33	88.64	96.28	1.59	6.64

续表

维度	相对贫困状态	劳动力人数（人）	劳动力占比（%）	健康劳动力占比（%）	接受培训劳动力占比（%）	劳动力平均受教育年限（年）
k = 4	相对贫困	—	—	—	—	—
	非相对贫困	2.36	88.84	92.18	1.52	6.56
k = 5	相对贫困	—	—	—	—	—
	非相对贫困	2.36	87.30	93.87	1.57	6.34

注："—"表示为空值。

不同多维相对贫困状态的东北地区农村家庭，其同一生计资本指标的 k 值取值不同时，同一生计资本指标也表现出明显的规律特征。对多维相对贫困状态的东北地区农村家庭而言，劳动力人数和健康劳动力占比随着多维相对贫困 k 值的增加而增加；劳动力占比、接受培训劳动力占比和劳动力平均受教育年限随着多维相对贫困 k 值的增加而减少。值得注意的是，当 k = 4 时，处于多维相对贫困状态农村家庭的接受培训劳动力占比为 0，这表明处于高维度多维相对贫困状态的农村家庭劳动力缺少劳动力职业技能培训。对处于非多维相对贫困状况的农村家庭而言，劳动力人数和劳动力占比随着多维相对贫困 k 值的增加呈先减少后增加的趋势；健康劳动力占比随着多维相对贫困 k 值的增加呈先增加后减少的趋势，当 k = 3 时，非多维相对贫困状况农村家庭的健康劳动力占比最高，为 96.28%；接受培训劳动力占比和劳动力平均受教育年限随着多维相对贫困 k 值的增加而减少。

二 不同多维相对贫困程度农村家庭的其他生计资本状况

（一）全国不同多维相对贫困程度农村家庭的其他生计资本状况

表 4-6 为全国不同多维相对贫困程度农村家庭贫困的其他生计资本状况，当 k = 1 时，处于多维相对贫困状态的全国农村家庭的人均土地价值、人均金融资产、人均生产性固定资产和人均转移性支出分别为 319.48 元、6246.90 元、10209.94 元和 5398.94 元，处于

非多维相对贫困状态的农村家庭的生计资本指标值分别多出77.80%、235.25%、30.55%和206.50%；当k=2时，处于多维相对贫困状态的全国农村家庭的人均土地价值、人均金融资产、人均生产性固定资产和人均转移性支出分别为152.04元、2214.28元、8202.48元和2483.13元，处于非多维相对贫困状态的农村家庭的生计资本指标值分别多出175.32%、340.70%、42.53%和239.77%；当k=3时，处于多维相对贫困状态的全国农村家庭的人均土地价值、人均金融资产、人均生产性固定资产和人均转移性支出分别为55.63元、797.99元、6866.03元和788.32元，处于非多维相对贫困状态的农村家庭的生计资本指标值分别多出539.71%、886.84%、58.92%和775.53%；当k=4时，处于多维相对贫困状态的全国农村家庭的人均土地价值、人均金融资产、人均生产性固定资产和人均转移性支出分别为2.35元、455.41元、3957.44元和392.21元，处于非多维相对贫困状态的农村家庭的生计资本指标值分别为338.11元、7638.34元、10553.44元和6625.67元；当k=5时，没有农村家庭处于多维相对贫困状态，因此各生计资本指标的值为空值。

表4-6　全国不同多维相对贫困程度农村家庭的其他生计资本状况　　单位：元

维度	相对贫困状态	人均土地价值	人均金融资产	人均生产性固定资产	人均转移性支出
k=1	相对贫困	319.48	6246.90	10209.94	5398.94
	非相对贫困	568.04	20942.90	13329.56	16547.82
k=2	相对贫困	152.04	2214.28	8202.48	2483.13
	非相对贫困	418.59	9758.24	11690.90	8436.92
k=3	相对贫困	55.63	797.99	6866.03	788.32
	非相对贫困	355.87	7874.86	10911.44	6901.94
k=4	相对贫困	2.35	455.41	3957.44	392.21
	非相对贫困	338.11	7638.34	10553.44	6625.67
k=5	相对贫困	—	—	—	—
	非相对贫困	338.32	7644.18	10376.76	6411.17

注："—"表示为空值。

从全国不同多维相对贫困程度农村家庭的人力资本状况可以看出，不同多维相对贫困程度的农村家庭，其他生计资本状况表现出明显的差异。从总体来看，非多维相对贫困状态农村家庭比多维相对贫困状态的农村家庭拥有更好的生计资本，非多维相对贫困状态农村家庭的人均土地价值、人均金融资产、人均生产性固定资产和人均转移性支出均大于多维相对贫困状态的农村家庭。不同多维相对贫困状态的农村家庭，其同一生计资本指标的 k 值取值不同时，同一生计资本指标也表现出明显的规律特征。对处于多维相对贫困状态的农村家庭而言，人均土地价值、人均金融资产、人均生产性固定资产和人均转移性支出分别随着多维相对贫困 k 值的增加而减少；对处于多维相对贫困状态的农村家庭而言，人均土地价值、人均金融资产、人均生产性固定资产和人均转移性支出也分别随着多维相对贫困 k 值的增加而减少。

（二）东部地区不同多维相对贫困程度农村家庭的其他生计资本状况

表 4-7 为东部地区不同多维相对贫困程度农村家庭的其他生计资本状况，当 k=1 时，处于多维相对贫困状态的东部地区农村家庭的人均土地价值、人均金融资产、人均生产性固定资产和人均转移性支出分别为 350.53 元、9026.01 元、8483.37 元和 7162.54 元，处于非多维相对贫困状态的东部地区农村家庭的生计资本指标值分别多出 34.51%、251.44%、19.51% 和 162.35%；当 k=2 时，处于多维相对贫困状态的东部地区农村家庭的人均土地价值、人均金融资产、人均生产性固定资产和人均转移性支出分别为 339.80 元、2546.42 元、6963.82 元和 3152.82 元，处于非多维相对贫困状态的东部地区农村家庭的生计资本指标值分别多出 10.55%、501.28%、32.78% 和 229.55%；当 k=3 时，处于多维相对贫困状态的东部地区农村家庭的人均土地价值、人均金融资产、人均生产性固定资产和人均转移性支出分别为 43.59 元、695.16 元、6750.22 元和 755.02 元，处于非多维相对贫困状态的东部地区农村家庭的生计资本指标

值分别多出 776.30%、1723.65%、32.50% 和 1124.27%；当 k = 4 时，处于多维相对贫困状态的东部地区农村家庭的人均土地价值、人均金融资产、人均生产性固定资产和人均转移性支出分别为 8.11 元、166.49 元、3311.25 元和 215.61 元，处于非多维相对贫困状态的东部地区农村家庭的生计资本指标值分别为 380.27 元、12230.78 元、8729.51 元和 9026.84 元；当 k = 5 时，东部地区没有农村家庭处于多维相对贫困状态，因此各生计资本指标的值为空值。

表 4-7　　　　东部地区不同多维相对贫困程度农村
家庭的其他生计资本状况　　　　　单位：元

维度	相对贫困状态	人均土地价值	人均金融资产	人均生产性固定资产	人均转移性支出
k = 1	相对贫困	350.53	9026.01	8483.37	7162.54
k = 1	非相对贫困	471.50	31720.95	10138.16	18790.62
k = 2	相对贫困	339.80	2546.42	6963.82	3152.82
k = 2	非相对贫困	375.64	15311.04	9246.61	10390.10
k = 3	相对贫困	43.59	695.16	6750.22	755.02
k = 3	非相对贫困	381.98	12677.27	8944.12	9243.46
k = 4	相对贫困	8.11	166.49	3311.25	215.61
k = 4	非相对贫困	380.27	12230.78	8729.51	9026.84
k = 5	相对贫困	—	—	—	—
k = 5	非相对贫困	374.44	12115.18	8676.29	9030.44

注："—"表示为空值。

从东部地区不同多维相对贫困程度农村家庭的人力资本状况可以看出，不同多维相对贫困程度的东部地区农村家庭，其他生计资本状况表现出明显的差异。从总体来看，非多维相对贫困状态东部地区农村家庭比多维相对贫困状态的农村家庭拥有更好的生计资本，非多维相对贫困状态东部地区农村家庭的人均土地价值、人均金融资产、人均生产性固定资产和人均转移性支出均大于多维相对贫困状态的东部地区农村家庭。不同多维相对贫困状态的东部地区农村家庭，其同一生计资本指标的 k 值取值不同时，同一生计资本指标也表现出明显的规律特征。对处于多维相对贫困状态的东部地区农村家庭而言，人均土地价值、人均金融资产、人均生产性固定资产和人均转移性支出均随着多维相对贫困 k 值的增加而减少；对处于多维相对贫困状态的东部地区农村家庭而言，人均土地价值、人均金融资产、人均生产性固定资产和人均转移性支出也分别随着多维相对贫困 k 值的增加而减少。

（三）中部地区不同多维相对贫困程度农村家庭的其他生计资本状况

表 4-8 为中部地区不同多维相对贫困程度农村家庭贫困的其他生计资本状况，当 k=1 时，处于多维相对贫困状态的中部地区农村家庭的人均土地价值、人均金融资产、人均生产性固定资产和人均转移性支出分别为 354.52 元、6033.68 元、10295.16 元和 5512.17 元，处于非多维相对贫困状态的中部地区农村家庭的生计资本指标值分别多出 39.02%、121.45%、38.24% 和 209.19%；当 k=2 时，处于多维相对贫困状态的中部地区农村家庭的人均土地价值、人均金融资产、人均生产性固定资产和人均转移性支出分别为 136.73 元、2517.96 元、7760.19 元和 2710.81 元，处于非多维相对贫困状态的中部地区农村家庭的生计资本指标值分别多出 250.05%、246.26%、54.29% 和 217.32%；当 k=3 时，处于多维相对贫困状态的中部地区农村家庭的人均土地价值、人均金融资产、人均生产性固定资产和人均转移性支出分别为 117.53 元、817.32 元、4965.52 元和 703.87 元，处于非多维相对贫困状态的中部地区农村家庭的生计资本指标值分别多出 232.26%、787.85%、122.62% 和 906.09%；当 k=4 和 k=5 时，中部地区没有农村家庭处于多维相对贫困状态，因此各生计资本指标的值为空值。

表 4-8　　　　中部地区不同多维相对贫困程度农村家庭的
其他生计资本状况　　　　　　　　　单位：元

维度	相对贫困状态	人均土地价值	人均金融资产	人均生产性固定资产	人均转移性支出
k=1	相对贫困	354.52	6033.68	10295.16	5512.17
	非相对贫困	492.86	13361.45	14232.42	17043.18
k=2	相对贫困	136.73	2517.96	7760.19	2710.81
	非相对贫困	478.63	8718.72	11973.01	8602.01
k=3	相对贫困	117.53	817.32	4965.52	703.87
	非相对贫困	390.50	7256.61	11054.27	7081.58
k=4	相对贫困	—	—	—	—
	非相对贫困	376.15	6900.66	10678.82	6908.38
k=5	相对贫困	—	—	—	—
	非相对贫困	372.92	7132.60	10552.90	6768.40

注："—"表示为空值。

从中部地区不同多维相对贫困程度农村家庭的人力资本状况可以看出，不同多维相对贫困程度的中部地区农村家庭，其他生计资本状况表现出明显的差异。从总体来看，非多维相对贫困状态中部地区农村家庭比多维相对贫困状态的农村家庭拥有更好的生计资本，非多维相对贫困状态中部地区农村家庭的人均土地价值、人均金融资产、人均生产性固定资产和人均转移性支出均大于多维相对贫困状态的中部地区农村家庭。不同多维相对贫困状态的中部地区农村家庭，其同一生计资本指标的 k 值取值不同时，同一生计资本指标也表现出明显的规律特征。对处于多维相对贫困状态的中部地区农村家庭而言，人均土地价值、人均金融资产、人均生产性固定资产和人均转移性支出均随着多维相对贫困 k 值的增加而减少；对处于多维相对贫困状态的中部地区农村家庭而言，人均土地价值、人均金融资产、人均生产性固定资产和人均转移性支出也分别随着多维相对贫困 k 值的增加而减少。

（四）西部地区不同多维相对贫困程度农村家庭的其他生计资本状况

表 4-9 为西部地区不同多维相对贫困程度农村家庭贫困的其他生计资本状况，当 k=1 时，处于多维相对贫困状态的西部地区农村家庭的人均土地价值、人均金融资产、人均生产性固定资产和人均转移性支出分别为 243.08 元、4829.52 元、10137.55 元和 4669.83 元，处于非多维相对贫困状态的西部地区农村家庭的生计资本指标值比处于多维相对贫困状态的农村家庭分别多出 272.56%、135.06%、48.87% 和 194.13%；当 k=2 时，处于多维相对贫困状态的西部地区农村家庭的人均土地价值、人均金融资产、人均生产性固定资产和人均转移性支出分别为 96.84 元、1733.18 元、7909.15 元和 2231.49 元，处于非多维相对贫困状态的西部地区农村家庭的生计资本指标值比处于多维相对贫困状态的农村家庭分别多出 307.88%、322.95%、51.74% 和 210.20%；当 k=3 时，处于多维相对贫困状态的西部地区农村家庭的人均土地价值、人均金融资产、人均生产性固定资产和人均转移性支出分别为 31.53 元、749.91 元、7296.61 元和 779.56 元，处于非多维相对贫困状态的西部地区农村家庭的生计资本指标值比处于多维相对贫困状态的农村家庭分别多出 859.34%、661.09%、42.13% 和 609.74%；当 k=4 时，处于多维相对贫困状态的西部地区农村家庭的人均土地价值、人均金融资产、人均生产性固定资产和人均转移性支出分别为 0 元、582.12 元、4383.86 元和 457.31 元，处于非多维相对贫困状态的西部地区农村家庭的生计资本指标值分别为 274.90 元、5178.91 元、10009.35 元和 5056.79 元；当 k=5 时，西部地区没有农村家庭处于多维相对贫困状态，因此各生计资本指标的值为空值。

表 4-9　　　西部地区不同多维相对贫困程度农村家庭的
其他生计资本状况　　　　　　　　　　　　　单位：元

维度	相对贫困状态	人均土地价值	人均金融资产	人均生产性固定资产	人均转移性支出
k=1	相对贫困	243.08	4829.52	10137.55	4669.83
k=1	非相对贫困	905.63	11352.48	15091.59	13735.41
k=2	相对贫困	96.84	1733.18	7909.15	2231.49
k=2	非相对贫困	394.99	7330.41	12000.98	6922.18
k=3	相对贫困	31.53	749.91	7296.61	779.56
k=3	非相对贫困	302.48	5707.52	10370.45	5532.83
k=4	相对贫困	0.00	582.12	4383.86	457.31
k=4	非相对贫困	274.90	5178.91	10009.35	5056.79
k=5	相对贫困	—	—	—	—
k=5	非相对贫困	276.41	5055.52	10213.75	5080.89

注："—"表示为空值。

从西部地区不同多维相对贫困程度农村家庭的人力资本状况可以看出，不同多维相对贫困程度的西部地区农村家庭，其他生计资本状况表现出明显的差异。从总体来看，非多维相对贫困状态西部地区农村家庭比多维相对贫困状态的农村家庭拥有更好的生计资本，非多维相对贫困状态西部地区农村家庭的人均土地价值、人均金融资产、人均生产性固定资产和人均转移性支出均大于多维相对贫困状态的西部地区农村家庭。不同多维相对贫困状态的西部地区农村家庭，其同一生计资本指标的 k 值取值不同时，同一生计资本指标也表现出明显的规律特征。对处于多维相对贫困状态的西部地区农村家庭而言，人均土地价值、人均金融资产、人均生产性固定资产和人均转移性支出均随着多维相对贫困 k 值的增加而减少；对处于多维相对贫困状态的西部地区农村家庭而言，人均土地价值、人均金融资产、人均生产性固定资产和人均转移性支出也分别随着多维相对贫困 k 值的增加而减少。

（五）东北地区不同多维相对贫困程度农村家庭的其他生计资本状况

表4-10为东北地区不同多维相对贫困程度农村家庭贫困的其他生计资本状况，当k=1时，处于多维相对贫困状态的东北地区农村家庭的人均土地价值、人均金融资产、人均生产性固定资产和人均转移性支出分别为340.95元、5908.82元、14664.06元和3949.94元，处于非多维相对贫困状态的东北地区农村家庭的生计资本指标值分别多出110.54%、152.85%、34.07%和154.29%；当k=2时，处于多维相对贫困状态的东北地区农村家庭的人均土地价值、人均金融资产、人均生产性固定资产和人均转移性支出分别为120.26元、3176.94元、11902.06元和1740.78元，处于非多维相对贫困状态的东北地区农村家庭的生计资本指标值分别多出272.04%、130.18%、36.37%和201.61%；当k=3时，处于多维相对贫困状态的东北地区农村家庭的人均土地价值、人均金融资产、人均生产性固定资产和人均转移性支出分别为91.86元、1230.87元、9782.71元和1489.08元，处于非多维相对贫困状态的东北地区农村家庭的生计资本指标值分别多出303.29%、429.59%、55.60%和212.49%；当k=4和k=5时，东北地区没有农村家庭处于多维相对贫困状态，因此各生计资本指标的值为空值。

表4-10　东北地区不同多维相对贫困程度农村家庭的其他生计资本状况　　单位：元

维度	相对贫困状态	人均土地价值	人均金融资产	人均生产性固定资产	人均转移性支出
k=1	相对贫困	340.95	5908.82	14664.06	3949.94
	非相对贫困	717.84	14940.68	19659.51	10044.3
k=2	相对贫困	120.26	3176.94	11902.06	1740.78
	非相对贫困	447.42	7312.65	16231.33	5250.45
k=3	相对贫困	91.86	1230.87	9782.71	1489.08
	非相对贫困	370.46	6518.51	15222.33	4653.19

续表

维度	相对贫困状态	人均土地价值	人均金融资产	人均生产性固定资产	人均转移性支出
k=4	相对贫困	—	—	—	—
	非相对贫困	370.4	6467.88	15307.5	4333.96
k=5	相对贫困	—	—	—	—
	非相对贫困	369.07	6289.88	14839.02	4458.02

注："—"表示为空值。

从东北地区不同多维相对贫困程度农村家庭的人力资本状况可以看出，不同多维相对贫困程度的东北地区农村家庭，其他生计资本状况表现出明显的差异。从总体来看，非多维相对贫困状态东北地区农村家庭比多维相对贫困状态的农村家庭拥有更好的生计资本，非多维相对贫困状态东北地区农村家庭的人均土地价值、人均金融资产、人均生产性固定资产和人均转移性支出均大于多维相对贫困状态的东北地区农村家庭。不同多维相对贫困状态的东北地区农村家庭，其同一生计资本指标的 k 值取值不同时，同一生计资本指标也表现出明显的规律特征。对处于多维相对贫困状态的东北地区农村家庭而言，人均土地价值、人均金融资产、人均生产性固定资产和人均转移性支出均随着多维相对贫困 k 值的增加而减少；对处于多维相对贫困状态的东北地区农村家庭而言，人均土地价值、人均金融资产、人均生产性固定资产和人均转移性支出也分别随着多维相对贫困 k 值的增加而减少。

第二节　不同多维相对贫困程度农村家庭的生计策略

不同多维相对贫困程度的农村家庭，其生计策略可能存在差异。因此，有必要分析不同多维相对贫困程度农村家庭的生计策略差异，刻画不同多维相对贫困状态农村家庭生计策略的特征。生计策略是指农村家庭为了实现生计目标而采取的生计活动的组合，按照生计策略衡量指标的不同，农村家庭生计策略可以划分成多种生计策略类型（Scoones，1998），鉴于CFPS数据的限制[1]，本书以农村家庭劳动力配置来反映农村家庭的生计策略[2]，根据劳动力配置在农业和非农生产活动数量的不同，将农村家庭生计策略划分为纯农业生产型、农业生产为主型、非农生产为主型和纯非农生产型。

一　全国不同多维相对贫困程度农村家庭的生计策略

表4-11为全国不同多维相对贫困程度农村家庭的生计策略状况，当k=1时，处于多维相对贫困状态的农村家庭，其生计策略占比最高的是纯农业生产，其占比为42.28%，处于非多维相对贫困状态的农村家庭，其生计策略占比最高的是纯非农生产，占样本总数的3.33%；当k=2时，处于多维相对贫困状态的农村家庭，其生计策略占比最高的是纯农业生产，其占比为16.12%，处于非多维相对贫困状态的农村家庭，其生计策略占比最高的也是纯农业生产，占样本总数的30.27%；当k=3时，处于多维相对贫困状态和非多维相对贫困状态的农村家庭，其生计策略占比最高的均为纯农业生产，分别占样本总数的3.19%和42.90%；当k=4时，处于多维相对贫困状态的农村家庭样本数较少，其生计策略没有代表性，处于非多维相对贫困状态的农村家庭，其生计策略占比最高的是纯农业生产，占45.85%；当k=5时，全国没有农村家庭处于多维相对贫困状态，因此各生计资本指标的值为空值，处于非多维相对贫困状态的农村家庭，其生计策略占比最高的是纯农业生产，占45.85%。

---

[1] 也有文献以收入种类来划分生计策略类型，但大多数文献以劳动力配置来划分生计策略类型，因此，本书选择劳动力配置划分生计策略类型。

[2] 以劳动力配置划分生计策略类型主要有两种方法：一是劳动力在农业生产和非农生产的时间配置，二是劳动力农业生产和非农生产的职业划分，根据数据的指标，本书选择了第二种生计策略划分方法。

表 4-11　　全国不同多维相对贫困程度农村家庭的生计策略

维度	相对贫困状态	纯农业生产 户数（户）	纯农业生产 占比（%）	农业生产为主 户数（户）	农业生产为主 占比（%）	非农生产为主 户数（户）	非农生产为主 占比（%）	纯非农生产 户数（户）	纯非农生产 占比（%）
k=1	相对贫困	1978	42.28	523	11.18	872	18.64	551	11.78
k=1	非相对贫困	141	3.01	45	0.96	128	2.74	156	3.33
k=2	相对贫困	754	16.12	244	5.22	245	5.24	107	2.29
k=2	非相对贫困	1416	30.27	328	7.01	759	16.22	623	13.32
k=3	相对贫困	149	3.19	52	1.11	38	0.81	7	0.15
k=3	非相对贫困	2007	42.90	525	11.22	953	20.37	705	15.07
k=4	相对贫困	2	0.04	2	0.04	3	0.06	—	—
k=4	非相对贫困	2145	45.85	579	12.38	1024	21.89	708	15.13
k=5	相对贫困	—	—	—	—	—	—	—	—
k=5	非相对贫困	2145	45.85	568	12.14	995	21.27	702	15.01

注："—"表示为空值；由于有部分家庭不从事生产活动，因此各生计策略占比的总和不为100%。

从全国不同多维相对贫困程度农村家庭的生计策略状况可以看出，不同多维相对贫困程度的农村家庭，其生计策略状况主要表现为以纯农业生产为主。从总体来看，当 k 值不同时，处于多维相对贫困状态的农村家庭，生计策略为纯农业生产和农业生产为主的比例，均大于处于非多维相对贫困状态的农村家庭，生计策略为以非农生产为主和纯非农生产的比例，均小于处于非多维相对贫困状态的农村家庭。也就是说，对于不同的 k 值，处于多维相对贫困状态的农村家庭，其生计策略主要为以纯农业生产和农业生产为主两种类型，处于非多维相对贫困状态的农村家庭，虽然其生计策略仍主要为纯农业生产和农业生产为主两种类型，但其生计策略为以非农生产为主和纯非农生产所占的比例，比处于多维相对贫困状态的农村家庭高。

二 东部地区不同多维相对贫困程度农村家庭的生计策略

表 4-12 为东部地区不同多维相对贫困程度农村家庭的生计策略状况,当 k=1 时,处于多维相对贫困状态的东部地区农村家庭,其生计策略占比最高的是纯农业生产,其占比为 8.57%,处于非多维相对贫困状态的东部地区农村家庭,其生计策略占比最高的是纯非农生产,占样本总数的 1.65%;当 k=2 时,处于多维相对贫困状态的东部地区农村家庭,其生计策略占比最高的是纯农业生产,其占比为 2.29%,处于非多维相对贫困状态的东部地区农村家庭,其生计策略占比最高的也是纯农业生产,占样本总数的 7.08%,以非农生产为主和纯非农生产两种类型生计策略的比例也较高,分别为 5.37% 和 5.73%;当 k=3 时,处于多维相对贫困状态和非多维相对贫困状态的东部地区农村家庭,其生计策略占比最高的均为纯农业生产,分别占样本总数的 0.21% 和 9.32%;当 k=4 时,东部地区没有处于多维相对贫困状态的东部地区农村家庭,处于非多维相对贫困状态的东部地区农村家庭,其生计策略占比最高的是纯农业生产,占比为 9.32%;k=5 时,东部地区没有农村家庭处于多维相对贫困状态,处于非多维相对贫困状态的东部地区农村家庭,其生计策略占比最高的也是纯农业生产,占比为 9.51%。

表 4-12　东部地区不同多维相对贫困程度农村家庭的生计策略

维度	相对贫困状态	纯农业生产 户数(户)	占比(%)	农业生产为主 户数(户)	占比(%)	非农生产为主 户数(户)	占比(%)	纯非农生产 户数(户)	占比(%)
k=1	相对贫困	401	8.57	94	2.01	254	5.43	236	5.04
	非相对贫困	49	1.05	16	0.34	53	1.13	77	1.65
k=2	相对贫困	107	2.29	30	0.64	55	1.18	42	0.90
	非相对贫困	331	7.08	80	1.71	251	5.37	268	5.73

续表

维度	相对贫困状态	纯农业生产 户数（户）	纯农业生产 占比（%）	农业生产为主 户数（户）	农业生产为主 占比（%）	非农生产为主 户数（户）	非农生产为主 占比（%）	纯非农生产 户数（户）	纯非农生产 占比（%）
k=3	相对贫困	10	0.21	5	0.11	9	0.19	3	0.06
	非相对贫困	436	9.32	106	2.27	299	6.39	310	6.63
k=4	相对贫困	—	—	—	—	—	—	—	—
	非相对贫困	436	9.32	111	2.37	307	6.56	305	6.52
k=5	相对贫困	—	—	—	—	—	—	—	—
	非相对贫困	445	9.51	110	2.35	308	6.58	307	6.56

注："—"表示为空值；由于有部分家庭不从事生产活动，因此各生计策略占比的总和不为100%。

从东部不同多维相对贫困程度农村家庭的生计策略状况可以看出，不同多维相对贫困程度的农村家庭，其生计策略状况主要表现为以纯农业生产为主。从总体来看，当k值不同时，处于多维相对贫困状态的东部地区农村家庭，生计策略为纯农业生产和农业生产为主的比例，均大于处于非多维相对贫困状态的东部地区农村家庭，生计策略为以非农生产为主和纯非农生产的比例，均小于处于非多维相对贫困状态的东部地区农村家庭。也就是说，对于不同的k值，处于多维相对贫困状态的东部地区农村家庭，其生计策略主要为以纯农业生产和农业生产为主两种类型，处于非多维相对贫困状态的东部地区农村家庭，虽然其生计策略仍主要为纯农业生产和农业生产为主两种类型，但其生计策略为以非农生产为主和纯非农生产所占的比例，比处于多维相对贫困状态的东部地区农村家庭高。

三　中部地区不同多维相对贫困程度农村家庭的生计策略

表4-13为中部地区不同多维相对贫困程度农村家庭的生计策略状况，当k=1时，处于多维相对贫困状态的中部地区农村家庭，其生计策略占比最高的是纯农业生产，其占比为9.30%，处于非多维

相对贫困状态的中部地区农村家庭，其生计策略占比最高的是纯非农生产，占样本总数的1.11%；当k=2时，处于多维相对贫困状态的中部地区农村家庭，其生计策略占比最高的是纯农业生产，其占比为3.36%，处于非多维相对贫困状态的中部地区农村家庭，其生计策略占比最高的也是纯农业生产，占样本总数的7.05%；当k=3时，处于多维相对贫困状态和非多维相对贫困状态的中部地区农村家庭，其生计策略占比最高的均为纯农业生产，分别占样本总数的0.64%和9.51%；当k=4和k=5时，中部地区均没有处于多维相对贫困状态的农村家庭，处于非多维相对贫困状态的中部地区农村家庭，其生计策略占比最高的是纯农业生产，所占比例分别为9.98%、10.26%。

表4-13　中部地区不同多维相对贫困程度农村家庭的生计策略

维度	相对贫困状态	纯农业生产 户数（户）	纯农业生产 占比（%）	农业生产为主 户数（户）	农业生产为主 占比（%）	非农生产为主 户数（户）	非农生产为主 占比（%）	纯非农生产 户数（户）	纯非农生产 占比（%）
k=1	相对贫困	435	9.30	133	2.84	264	5.64	108	2.31
k=1	非相对贫困	44	0.94	12	0.26	41	0.88	52	1.11
k=2	相对贫困	157	3.36	60	1.28	74	1.58	18	0.38
k=2	非相对贫困	330	7.05	81	1.73	228	4.87	144	3.08
k=3	相对贫困	30	0.64	16	0.34	8	0.17	1	0.02
k=3	非相对贫困	445	9.51	126	2.69	302	6.46	159	3.40
k=4	相对贫困	—	—	—	—	—	—	—	—
k=4	非相对贫困	467	9.98	146	3.12	301	6.43	162	3.46
k=5	相对贫困	—	—	—	—	—	—	—	—
k=5	非相对贫困	480	10.26	146	3.12	307	6.56	158	3.38

注："—"表示为空值；由于有部分家庭不从事生产活动，因此各生计策略占比的总和不为100%。

从中部不同多维相对贫困程度农村家庭的生计策略状况可以看出，不同多维相对贫困程度的农村家庭，其生计策略状况主要表现为以纯农业生产为主。从总体来看,当 k 值不同时,处于多维相对贫困状态的中部地区农村家庭,生计策略为纯农业生产和农业生产为主的比例,均大于处于非多维相对贫困状态的中部地区农村家庭,生计策略为以非农生产为主和纯非农生产的比例,均小于处于非多维相对贫困状态的中部地区农村家庭。也就是说,对于不同的 k 值,处于多维相对贫困状态的中部地区农村家庭,其生计策略主要为以纯农业生产和农业生产为主两种类型,处于非多维相对贫困状态的中部地区农村家庭,虽然其生计策略仍主要为纯农业生产和农业生产为主两种类型,但其生计策略为以非农生产为主和纯非农生产所占的比例,比处于多维相对贫困状态的中部地区农村家庭高。

四 西部地区不同多维相对贫困程度农村家庭的生计策略

表 4-14 为西部地区不同多维相对贫困程度农村家庭的生计策略状况,当 k=1 时,处于多维相对贫困状态的西部地区农村家庭,其生计策略占比最高的是纯农业生产,其占比为 19.28%,处于非多维相对贫困状态的西部地区农村家庭,其生计策略占比最高的也是纯农业生产,占样本总数的 0.75%;当 k=2 时,处于多维相对贫困状态的西部地区农村家庭,其生计策略占比最高的是纯农业生产,占比为 8.40%,处于非多维相对贫困状态的西部地区农村家庭,其生计策略占比最高的也是纯农业生产,占样本总数的 11.50%;当 k=3 时,处于多维相对贫困状态和非多维相对贫困状态的西部地区农村家庭,其生计策略占比最高的均为纯农业生产,分别占样本总数的 2.16% 和 17.72%;当 k=4 时,处于多维相对贫困状态的西部地区农村家庭样本数较少,其生计策略没有代表性,处于非多维相对贫困状态的西部地区农村家庭,其生计策略占比最高的是纯农业生产,占比为 20.22%;当 k=5 时,西部地区没有农村家庭处于多维相对贫困状态,因此各生计资本指标的值为空值,处于非多维相对贫困状态的西部地区农村家庭,其生计策略占比最高的是纯农业生产,占比为 20.52%。

表 4-14　西部地区不同多维相对贫困程度农村家庭的生计策略

维度	相对贫困状态	纯农业生产 户数(户)	占比(%)	农业生产为主 户数(户)	占比(%)	非农生产为主 户数(户)	占比(%)	纯非农生产 户数(户)	占比(%)
$k=1$	相对贫困	902	19.28	254	5.43	259	5.54	149	3.19
	非相对贫困	35	0.75	13	0.28	21	0.45	21	0.45
$k=2$	相对贫困	393	8.40	126	2.69	90	1.92	31	0.66
	非相对贫困	538	11.50	134	2.86	198	4.23	144	3.08
$k=3$	相对贫困	101	2.16	30	0.64	17	0.36	1	0.02
	非相对贫困	829	17.72	227	4.85	274	5.86	171	3.66
$k=4$	相对贫困	2	0.04	2	0.04	1	0.02	—	—
	非相对贫困	946	20.22	259	5.54	282	6.03	170	3.63
$k=5$	相对贫困	—	—	—	—	—	—	—	—
	非相对贫困	960	20.52	269	5.75	288	6.16	173	3.70

注："—"表示为空值；由于有部分家庭不从事生产活动，因此各生计策略占比的总和不为100%。

从西部不同多维相对贫困程度农村家庭的生计策略状况可以看出，不同多维相对贫困程度的农村家庭，其生计策略状况主要表现为以纯农业生产为主。从总体来看，当 k 值不同时，处于多维相对贫困状态的西部地区农村家庭，生计策略为纯农业生产和农业生产为主的比例，均大于处于非多维相对贫困状态的西部地区农村家庭，生计策略为以非农生产为主和纯非农生产的比例，均小于处于非多维相对贫困状态的西部地区农村家庭。也就是说，对于不同的 k 值，处于多维相对贫困状态的西部地区农村家庭，其生计策略主要为以纯农业生产和农业生产为主两种类型，处于非多维相对贫困状态的西部地区农村家庭，虽然其生计策略仍主要为纯农业生产和农业生产为主两种类型，但其生计策略为以非农生产为主和纯非农生产所占的比例，比处于多维相对贫困状态的西部地区农村家庭高。

五 东北地区不同多维相对贫困程度农村家庭的生计策略

表4-15为东北地区不同多维相对贫困程度农村家庭的生计策略状况，当k=1时，处于多维相对贫困状态的东北地区农村家庭，其生计策略占比最高的是纯农业生产，其占比为5.56%，处于非多维相对贫困状态的东北地区农村家庭，其生计策略占比最高的也是纯农业生产，占样本总数的0.30%；当k=2时，处于多维相对贫困状态的东北地区农村家庭，其生计策略占比最高的是纯农业生产，占比为1.54%，处于非多维相对贫困状态的东北地区农村家庭，其生计策略占比最高的也是纯农业生产，占样本总数的4.47%；当k=3时，处于多维相对贫困状态和非多维相对贫困状态的东北地区农村家庭，其生计策略占比最高的均为纯农业生产，分别占样本总数的0.24%和5.84%；当k=4和k=5时，东北地区均没有处于多维相对贫困状态的农村家庭，处于非多维相对贫困状态的东北地区农村家庭，其生计策略占比最高的是纯农业生产，所占比例分别为5.94%、6.05%。

表4-15 东北地区不同多维相对贫困程度农村家庭的生计策略

维度	相对贫困状态	纯农业生产 户数（户）	纯农业生产 占比（%）	农业生产为主 户数（户）	农业生产为主 占比（%）	非农生产为主 户数（户）	非农生产为主 占比（%）	纯非农生产 户数（户）	纯非农生产 占比（%）
k=1	相对贫困	260	5.56	56	1.20	99	2.12	61	1.30
	非相对贫困	14	0.30	5	0.11	11	0.24	10	0.21
k=2	相对贫困	72	1.54	21	0.45	24	0.51	13	0.28
	非相对贫困	209	4.47	40	0.86	85	1.82	58	1.24
k=3	相对贫困	11	0.24	1	0.02	4	0.09	2	0.04
	非相对贫困	273	5.84	60	1.28	104	2.22	70	1.50
k=4	相对贫困	—	—	—	—	—	—	—	—
	非相对贫困	278	5.94	58	1.24	107	2.29	74	1.58

续表

维度	相对贫困状态	纯农业生产		农业生产为主		非农生产为主		纯非农生产	
		户数（户）	占比（%）	户数（户）	占比（%）	户数（户）	占比（%）	户数（户）	占比（%）
k=5	相对贫困	—	—	—	—	—	—	—	—
	非相对贫困	283	6.05	63	1.35	112	2.39	72	1.54

注："—"表示为空值；由于有部分家庭不从事生产活动，因此各生计策略占比的总和不为100%。

从东北不同多维相对贫困程度农村家庭的生计策略状况可以看出，不同多维相对贫困程度的农村家庭，其生计策略状况主要表现为以纯农业生产为主。从总体来看，当 k 值不同时，处于多维相对贫困状态的东北地区农村家庭，生计策略为纯农业生产和农业生产为主的比例，均大于处于非多维相对贫困状态的东北地区农村家庭，生计策略为以非农生产为主和纯非农生产的比例，均小于处于非多维相对贫困状态的东北地区农村家庭。也就是说，对于不同的 k 值，处于多维相对贫困状态的东北地区农村家庭，其生计策略主要为以纯农业生产和农业生产为主两种类型，处于非多维相对贫困状态的东北地区农村家庭，虽然其生计策略仍主要为纯农业生产和农业生产为主两种类型，但其生计策略为以非农生产为主和纯非农生产所占的比例，比处于多维相对贫困状态的东北地区农村家庭高。

第三节　本章小结

本章根据可持续生计理论，将农村家庭的生计资本划分为人力资本、物质资本、金融资本和社会资本，分别用不同的指标反映了各类生计资本。从不同多维相对贫困状态农村家庭的人力资本状况及其他资本可以看出，其同一生计资本指标在多维相对贫困 k 值取值不同时，表现出明显的规律特征，并且这种特征表现出明显的地区差异，全国、东部地区、中部地区、西部地区和东北地区农村家庭的生计资本状况有着不同的规律特征。

同时，本章将农村家庭生计策略划分为纯农业生产型、农业生产为主型、非农生产为主型和纯非农生产型，比较了不同多维相对贫困状态农村家庭生计策略的差异。从不同多维相对贫困程度农村家庭的生计策略状况可以看出，不同多维相对贫困程度的农村家庭，其生计策略状况主要表现为以纯农业生产为主。从总体来看，处于多维相对贫困状态的农村家庭，其生计策略主要为以纯农业生产和农业生产为主两种类型，处于非多维相对贫困状态的农村家庭，虽然其生计策略仍主要为纯农业生产和农业生产为主两种类型，但其生计策略为以非农生产为主和纯非农生产所占的比例，比处于多维相对贫困状态的农村家庭高。全国、东部地区、中部地区、西部地区和东北地区农村家庭均表现出了以上特征。

第 五 章

农村家庭多维相对贫困动态性测度

第一节 多维相对贫困动态性测度方法

一 经典的绝对贫困动态性测度方法

（一）Rodgers 的分解方法

在研究美国贫困问题时，Rodgers（1993）提出了一种与已往研究不同、基于永久性收入来度量持久贫困的方法。假设有 n 个个体，经历了 T 时期，y_t 为各期的实际收入，y_t^* 为各期的永久性收入，z 为贫困标准。定义 T 年的总贫困 $A_P(T)$ 为 T 年内的加权平均贫困值：

$$A_P(T) = \sum_{t=1}^{T} w_t p_t \qquad (5-1)$$

其中，$\sum_{t=1}^{T} w_t = 1$，如果每年人数不变，则 $w_t = 1/T$（$t=1$，2，…，T），P 是可分解加总的贫困指数（Additively-decomposable Poverty Index）。

在 T 时期内，永久性收入 y_t^* 等于最大可持续的年消费水平，它可以测量 T 年内的真实收入来获得。假设储蓄利率和贷款利率相同，大于零，且在 T 时期内不变。那么 T 年内的持久贫困 $C_P(T)$ 可以定义为：
$$C_{P(T)} = P(y_{t1}^*, y_{t2}^*, \cdots, y_{tn}^*) \quad (5-2)$$

与 $A_P(T)$ 不同，$C_P(T)$ 假设收入在各年之间可以转移，以平衡收入消费比率。

那么，暂时贫困就等于总贫困减去持久贫困的剩余部分：
$$T_P(T) = A_P(T) - C_P(T) \quad (5-3)$$

在具体计算中，可以采用 FGT 指数（Foster, el al., 1984）来衡量贫困，n 个个体中，有 m 人处于贫困状态。

$$FGT = (1/n) \sum_{i=1}^{m} (1 - y_i/z)^2 \quad (5-4)$$

将 FGT 指数代入公式，可以求出 $A_{FGT}(T)$ 和 $C_{FGT}(T)$：

$$A_{FGT}(T) = (1/nT) \sum_{t=1}^{T} \sum_{i=1}^{m_t} (1 - y_{it}/z)^2 \quad (5-5)$$

$$C_{FGT}(T) = (1/n) \sum_{i=1}^{m_y} (1 - y_{Ti}^*/z)^2 \quad (5-6)$$

其中，m_t 和 m_y 分别表示 $y_{it} < z$ 的人数和 $y_{Ti}^* < z$ 的人数；并且，$y_{i-1} \leq y_i$ ($i = 1, 2, \cdots, n$)，$y_{T,i-1}^* \leq y_{T,i}^*$ ($i = 1, 2, \cdots, n$)。

（二）Rodgers 的相对贫困分解方法

在研究澳大利亚家庭持久贫困在生命周期的差异性时，Rodgers（2009）采用相对贫困标准，以是否贫困或是否处于持久贫困为指标进行分解。不同于以往研究，将收入中位数的一定比例（如50%）作为贫困标准，将永久性收入的一定比例（如50%）作为持久贫困标准。

仍然假设有 n 个个体，经历了 T 时期，y_t 为各期的实际收入，y_t^* 为各期的永久性收入。如果第 i 个个体在 t 期内收入低于贫困标准，则 $p_{it} = 1$，否则，$p_{it} = 0$。那么，在 t 时期内 n 个个体的贫困率 H_t：

$$H_t = \frac{1}{n} \sum_{i=1}^{n} P_{it} \quad (5-7)$$

第 i 个个体的年平均贫困 a_i：

$$a_i = \frac{1}{T} \sum_{t=1}^{T} P_{it} \qquad (5-8)$$

在 n 个样本 T 期的平衡面板数据里，年均贫困指数 A：

$$A = \frac{1}{T} \sum_{t=1}^{T} H_t = \frac{1}{n} \sum_{i=1}^{n} a_i = \frac{1}{Tn} \sum_{t=1}^{T} \sum_{t=1}^{T} P_{it} \qquad (5-9)$$

年均贫困指数 A 是可以分解为持久贫困和暂时贫困的。

如果 i 个人是持久贫困的，则 $c_i = 1$，否则，$c_i = 0$。所有人的持久贫困 C 则为持久贫困人口的比例，即：

$$C = \frac{1}{n} \sum_{i=1}^{n} c_i \qquad (5-10)$$

第 i 个人的年均贫困 a_i 与持久贫困 c_i 的差为 d_i，如果 T 期内 $d_i > 0$，则是持久贫困；$d_i < 0$，则是在部分期间内暂时退出贫困。如果 $d_i = 0$，则第 i 个人总是贫困或总是不贫困。

对于所有的人而言，

$$D = \frac{1}{n} \sum_{i=1}^{n} d_i = \frac{1}{n} \sum_{i=1}^{n} a_i - \frac{1}{n} \sum_{i=1}^{n} c_i = A - C \qquad (5-11)$$

如果 $D>0$，表示在总人口暂时贫困的比例；$D<0$，表示总人口中持久贫困的比例。

（三）Jalan 和 Ravallion 的分解方法

Jalan 和 Ravallion（1998）基于永久性收入假设，把收入和消费分为固定的和变动的组分。将暂时贫困 TP_{it} 定义为消费的跨期变动导致的贫困，持久贫困 CP_{it} 定义为平均消费持续低迷所导致的贫困。总贫困 P_{it} 等于暂时贫困 CP_{it} 和持久贫困 TP_{it} 之和，其中总贫困和持久贫困可以直接计算。那么，暂时贫困（TP_{it}）则可以用以下公式表达：

$$TP_i = P(y_{i1}, y_{i2}, \cdots, y_{iD}) - P(\bar{y}_i, \bar{y}_i, \cdots, \bar{y}_i) = P_{it} - CP_{it}$$

$$(5-12)$$

其中，总贫困和持久贫困采用 FGT 中的 SPG（$\alpha=2$）指标来度量。分解的思路是对同一个样本在不同时期的贫困进行纵向加总。假设一个家庭或者个人在 T 时期内的收入流或者消费流为 y_{i1}，y_{i2}，…，y_{it}，则在 T 时期内的总表示为：

$$P(y_{it}) = 1/T \sum_{t=1}^{T} \left(1 - \frac{y_{it}}{z}\right)^2 \quad 如果 y_{it} < z \quad (5-13)$$
$$= 0 \quad 如果 y_{it} \geq z$$

T 时期内的收入或消费 y_{it} 可以分为永久性 $\bar{y}_{it}$ 和随机 $\hat{y}_{it}$ 两部分，代入式（5-13），并展开公式，得到：

$$P_{it} = 1/T \sum_{t=1}^{T} \left(1 - \frac{\bar{y}_{it}}{z}\right)^2 - 2\left(1 - \frac{\bar{y}_{it}}{z}\right)\frac{\hat{y}_{it}}{z} + \left(\frac{\hat{y}_{it}}{z}\right)^2 \quad (5-14)$$

由于 $\sum_{t=1}^{T} \frac{\hat{y}_{it}}{z} = 0$，则公式简化为：

$$P_{it} = \left(1 - \frac{\bar{y}_{it}}{z}\right)^2 + 1/T \sum_{t=1}^{T} \left(\frac{\hat{y}_{it}}{z}\right)^2 = CP_{it} + TP_{it} \quad (5-15)$$

但是，他们的分解方法仍有两个主要的不足：第一，它违背 Sen（1976）提出的贫困加总核心公理。即在度量某个群体的总贫困时，非贫困个体的福利水平应该不会对总贫困产生影响。然后，该方法在加总持久贫困时，考虑了非贫困时期的消费水平（章元等，2013）。第二，对一个家庭或个人所经历贫困的时间长度并不敏感（Foster，2007）。

（四）章元等的分解方法

第二章介绍了 Jalan 和 Ravallion 方法及其缺点。章元等（2012）对贫困分解方法进行了改进（以下简称章元方法），提出对不同个人在某年的贫困进行横向加总。新的贫困分解公式为：

$$P = 1/T \sum_{T=1}^{T=t} \left(1 - \frac{Y_t}{Z}\right)^\alpha \quad (5-16)$$

式（5-16）进一步可分解为：

$$P = 0 + 1/T \sum_{T=1}^{T=t} \left(\frac{Y_t}{Z}\right) \quad if \quad n = 1 \quad (5-17)$$

$$= n/T\left(1 - \frac{\overline{Y}}{Z}\right)^2 + 1/T\sum_{T=1}^{T=t}\left(\frac{\hat{Y}_t}{Z}\right) \text{ if } n > 1 \quad (5-18)$$

式（5-3）中，n 为在观察的 T 年中，收入低于贫困标准的年数，即农村家庭经历的贫困年数，$n \leqslant T$，$n>1$。式（5-18）中等式右边的第一部分为持久贫困，它表示生活在贫困标准以下的那些年份里永久性收入低于贫困标准的程度。等式右边第二部分为暂时贫困，它是根据处于贫困标准以下年份里收入水平的波动性决定的贫困。

式（5-17）表示的是：如果贫困年数 n 等于 1 年时，持久贫困等于 0，只有暂时贫困，即将只经历 1 年贫困的情况视为暂时贫困。此时，总贫困等于暂时贫困。

章元（2012）指出，修改后的方法，有以下几个优点：①满足 Sen（1976）提出"核心公理"（focus axiom）。要求对于某个群体总贫困的度量结果只与那些贫困人口的福利水平有关。②满足 Sen（1976）提出的"单调性公理"（monotonicity axiom）。要求保持其他因素不变的情况下，处于贫困标准以下的收入水平的下降必须使总贫困上升。③满足 Sen（1976）提出的"弱传递性公理"（weak transfer axiom），它要求总贫困的度量结果要对贫困家庭之间的收入分配具有敏感性。④满足 Foster 和 Shorrocks（1991）提出的"子样本一致性"（subgroup consistent）公理。如果样本中某家庭或某个人的贫困上升了，在其他条件不变的情况下，那么加总后的贫困也必须上升。⑤修正后的方法，加总的贫困表示一个家庭或个人过去一段时间内实际经历的贫困。但是，吴海涛等（2013）指出，该分解方法测度的持久贫困对时间长度也不具有很强的敏感性。

二　多维相对贫困动态性测度方法

进一步地，本书采用 Ravallion 和 Morduch 关于绝对贫困动态性的定义，将相对贫困动态性划分为从不相对贫困、暂时相对贫困和慢性相对贫困。根据列表法划分多维相对贫困动态类型，先确定农村家庭每年所处的多维相对贫困状态,再根据农村家庭经历多维相对贫困的年数来确定其多维动态相对贫困类型。

在农村家庭多维相对贫困测算的基础上,根据农村家庭在调查区间内所处贫困的年限,可以将农村家庭的相对贫困状态划分为从不相对贫困、暂时相对贫困和慢性相对贫困三种类型。具体划分方法如下:

$$P_k^i = \begin{cases} 0, & \text{if} \quad Y_k^i = 0 \\ 1, & \text{if} \quad 0 < Y_k^i \leq T' \\ 2, & \text{if} \quad T' < Y_k^i \leq T \end{cases} \quad (5-19)$$

其中,P_k^i 表示第 i 个农村家庭在 T 时期内的总体多维相对贫困动态性,Y_k^i 为第 i 个农村家庭在 T 时期内的相对贫困年份,T' 为判断暂时相对贫困和慢性相对贫困的临界值。当第 i 个农村家庭在 T 时期内的多维相对贫困年份为 0 时,其相对贫困状态为从不相对贫困;当第 i 个农村家庭在 T 时期内的多维相对贫困年份介于 0 和 T' 之间时,其相对贫困状态为暂时相对贫困;当第 i 个农村家庭在 T 时期内的多维相对贫困年份大于 T' 时,其相对贫困状态为慢性相对贫困。

第二节 农村家庭多维相对贫困动态性测度结果

一 全国农村家庭多维相对贫困动态性测度结果

表 5-1 为全国农村家庭多维相对贫困动态性测度结果。当 k=1 时,从不相对贫困的家庭有 13 户,占 0.28%,暂时相对贫困的家庭有 280 户,占 5.99%,慢性相对贫困的家庭有 4457 户,占 95.28%。这表明,全国绝大多数农村家庭都经历了 1 维的暂时相对贫困,这是由 k=1 时极高的相对贫困发生率导致的。当 k=2 时,从不相对贫困的家庭有 1076 户,占 23.00%,暂时相对贫困的家庭有 2194 户,

占 46.90%，慢性相对贫困的家庭有 1567 户，占 33.50%，暂时相对贫困大于慢性相对贫困农村家庭数量；当 k=3 时，从不相对贫困的家庭数量有 3295 户，占 70.44%，暂时相对贫困的家庭数量有 1428 户，占 30.53%，慢性相对贫困的家庭数量有 142 户，占 3.04%，暂时相对贫困家庭数量远多于慢性相对贫困家庭数量；当 k=4 时，从不相对贫困的家庭数量有 4544 户，占 97.14%，暂时相对贫困的家庭数量有 168 户，占 3.59%，仅有 1 户家庭处于慢性相对贫困状态；当 k=5 时，没有经历暂时相对贫困和慢性相对贫困的家庭，这是因为当 k=5 时多维相对贫困发生率为 0。由此可见，当 k=1 时，全国农村家庭多维相对贫困动态性以慢性相对贫困为主；当 k=2 和 k=3 时，全国农村家庭多维相对贫困动态性以暂时相对贫困为主；当 k=4 和 k=5 时，全国农村家庭多维相对贫困动态性以从不相对贫困为主，尤其是当 k=5 时，没有家庭处于多维相对贫困状态。

表 5-1　　全国农村家庭多维相对贫困动态性测度结果

k 值	从不相对贫困		暂时相对贫困		慢性相对贫困	
	户数（户）	比例（%）	户数（户）	比例（%）	户数（户）	比例（%）
1	13	0.28	280	5.99	4457	95.28
2	1076	23.00	2194	46.90	1567	33.50
3	3295	70.44	1428	30.53	142	3.04
4	4544	97.14	168	3.59	1	0.02
5	4793	102.46	0	0.00	0	0.00

二　东部地区农村家庭多维相对贫困动态性测度结果

表 5-2 为东部地区农村家庭多维相对贫困动态性测度结果。当 k=1 时，从不相对贫困的家庭有 6 户，占 0.13%，暂时相对贫困的家庭有 128 户，占 2.74%，慢性相对贫困的家庭有 1132 户，占 24.20%。这表明，东部地区绝大多数农村家庭都经历了 1 维的暂时相对贫困，这是由 k=1 时极高的相对贫困发生率导致的。当 k=2 时，从不相对贫困的家庭有 409 户，占 8.74%，暂时相对贫困的家庭有 618 户，占 13.21%，慢性相对贫困的家庭有 250 户，占 5.34%，暂

时相对贫困大于慢性相对贫困农村家庭数量；当 k=3 时，从不相对贫困的家庭数量有 1020 户，占 21.80%，暂时相对贫困的家庭数量有 264 户，占 5.64%，慢性相对贫困的家庭数量有 13 户，占 0.28%，暂时相对贫困家庭数量远远多于慢性相对贫困家庭数量；当 k=4 时，从不相对贫困的家庭数量有 1266 户，占 27.06%，暂时相对贫困的家庭数量有 21 户，占 0.45%，没有家庭处于慢性相对贫困状态；当 k=5 时，没有经历暂时相对贫困和慢性相对贫困的家庭，这是因为当 k=5 时多维相对贫困发生率为 0。由此可见，当 k=1 时，东部地区农村家庭多维相对贫困动态性以慢性相对贫困为主；当 k=2 和 k=3 时，东部地区农村家庭多维相对贫困动态性以暂时相对贫困为主；当 k=4 和 k=5 时，东部地区农村家庭多维相对贫困动态性以从不相对贫困为主，尤其是当 k=5 时，没有家庭处于多维相对贫困状态。

表 5-2　　东部地区农村家庭多维相对贫困动态性测度结果

k 值	从不相对贫困 户数（户）	比例（%）	暂时相对贫困 户数（户）	比例（%）	慢性相对贫困 户数（户）	比例（%）
1	6	0.13	128	2.74	1132	24.20
2	409	8.74	618	13.21	250	5.34
3	1020	21.80	264	5.64	13	0.28
4	1266	27.06	21	0.45	0	0.00
5	1273	27.21	0	0.00	0	0.00

三　中部地区农村家庭多维相对贫困动态性测度结果

表 5-3 为中部地区农村家庭多维相对贫困动态性测度结果。当 k=1 时，从不相对贫困的家庭有 6 户，占 0.13%，暂时相对贫困的家庭有 84 户，占 1.80%，慢性相对贫困的家庭有 1123 户，占 24.01%。这表明，中部地区绝大多数农村家庭都经历了 1 维的暂时相对贫困，这是由 k=1 时极高的相对贫困发生率导致的。当 k=2 时，从不相对贫困的家庭有 295 户，占 6.31%，暂时相对贫困的家

庭有 546 户，占 11.67%，慢性相对贫困的家庭有 335 户，占 7.16%，暂时相对贫困大于慢性相对贫困农村家庭数量；当 k=3 时，从不相对贫困的家庭数量有 855 户，占 18.28%，暂时相对贫困的家庭数量有 298 户，占 6.37%，慢性相对贫困的家庭数量有 32 户，占 0.68%，暂时相对贫困家庭数量远多于慢性相对贫困家庭数量；当 k=4 时，从不相对贫困的家庭数量有 1173 户，占 25.07%，暂时相对贫困的家庭数量有 29 户，占 0.62%，没有家庭处于慢性相对贫困状态；当 k=5 时，没有经历暂时相对贫困和慢性相对贫困的家庭，这是因为当 k=5 时多维相对贫困发生率为 0。由此可见，当 k=1 时，中部地区农村家庭多维相对贫困动态性以慢性相对贫困为主；当 k=2 和 k=3 时，中部地区农村家庭多维相对贫困动态性以暂时相对贫困为主；当 k=4 和 k=5 时，中部地区农村家庭多维相对贫困动态性以从不相对贫困为主，尤其是当 k=5 时，没有家庭处于多维相对贫困状态。

表 5-3　中部地区农村家庭多维相对贫困动态性测度结果

k 值	从不相对贫困		暂时相对贫困		慢性相对贫困	
	户数（户）	比例（%）	户数（户）	比例（%）	户数（户）	比例（%）
1	6	0.13	84	1.80	1123	24.01
2	295	6.31	546	11.67	335	7.16
3	855	18.28	298	6.37	32	0.68
4	1173	25.07	29	0.62	0	0.00
5	1174	25.10	0	0.00	0	0.00

四　西部地区农村家庭多维相对贫困动态性测度结果

表 5-4 为西部地区农村家庭多维相对贫困动态性测度结果。当 k=1 时，从不相对贫困的家庭有 1 户，占 0.02%，暂时相对贫困的家庭有 45 户，占 0.96%，慢性相对贫困的家庭有 1690 户，占 36.13%。这表明，西部地区绝大多数农村家庭都经历了 1 维的暂时相对贫困，这是由于 k=1 时极高的相对贫困发生率导致的。当 k=2 时，从不相对贫困的家庭有 189 户，占 4.04%，暂时相对贫困的家

庭有 725 户，占 15.50%，慢性相对贫困的家庭有 817 户，占 17.46%，暂时相对贫困大于慢性相对贫困农村家庭数量；当 k=3 时，从不相对贫困的家庭数量有 941 户，占 20.12%，暂时相对贫困的家庭数量有 708 户，占 15.13%，慢性相对贫困的家庭数量有 94 户，占 2.01%，暂时相对贫困家庭数量远多于慢性相对贫困家庭数量；当 k=4 时，从不相对贫困的家庭数量有 1588 户，占 33.95%，暂时相对贫困的家庭数量有 104 户，占 2.22%，仅有 1 户家庭处于慢性相对贫困状态；当 k=5 时，没有经历暂时相对贫困和慢性相对贫困的家庭，这是因为当 k=5 时多维相对贫困发生率为 0。由此可见，当 k=1 时，西部地区农村家庭多维相对贫困动态性以慢性相对贫困为主；当 k=2 和 k=3 时，西部地区农村家庭多维相对贫困动态性以暂时相对贫困为主；当 k=4 和 k=5 时，西部地区农村家庭多维相对贫困动态性以从不相对贫困为主，尤其是当 k=5 时，没有家庭处于多维相对贫困状态。

表 5-4　西部地区农村家庭多维相对贫困动态性测度结果

k 值	从不相对贫困 户数（户）	比例（%）	暂时相对贫困 户数（户）	比例（%）	慢性相对贫困 户数（户）	比例（%）
1	1	0.02	45	0.96	1690	36.13
2	189	4.04	725	15.50	817	17.46
3	941	20.12	708	15.13	94	2.01
4	1588	33.95	104	2.22	1	0.02
5	1718	36.73	0	0.00	0	0.00

五　东北地区农村家庭多维相对贫困动态性测度结果

表 5-5 为东北地区农村家庭多维相对贫困动态性测度结果。当 k=1 时，没有家庭处于从不相对贫困状态，暂时相对贫困的家庭有 25 户，占 0.53%，慢性相对贫困的家庭有 557 户，占 11.91%。这表明，东北地区绝大多数农村家庭都经历了 1 维的暂时相对贫困，这是由 k=1 时极高的相对贫困发生率导致的。当 k=2 时，从不相对贫困的家庭有 155 户，占 3.31%，暂时相对贫困的家庭有 270 户，占

5.77%，慢性相对贫困的家庭有153户，占3.27%，暂时相对贫困大于慢性相对贫困农村家庭数量；当k=3时，从不相对贫困的家庭数量有453户，占9.68%，暂时相对贫困的家庭数量有139户，占2.97%，慢性相对贫困的家庭数量有3户，占0.06%，暂时相对贫困家庭数量远多于慢性相对贫困家庭数量；当k=4时，从不相对贫困的家庭数量有570户，占12.18%，暂时相对贫困的家庭数量有16户，占0.34%，没有家庭处于慢性相对贫困状态；当k=5时，没有经历暂时相对贫困和慢性相对贫困的家庭，这是因为当k=5时多维相对贫困发生率为0。由此可见，当k=1时，东北地区农村家庭多维相对贫困动态性以慢性相对贫困为主；当k=2和k=3时，东北地区农村家庭多维相对贫困动态性以暂时相对贫困为主；当k=4和k=5时，东北地区农村家庭多维相对贫困动态性以从不相对贫困为主，尤其是当k=5时，没有家庭处于多维相对贫困状态。

表5-5　　　　东北地区农村家庭多维相对贫困动态性测度结果

k值	从不相对贫困		暂时相对贫困		慢性相对贫困	
	户数（户）	比例（%）	户数（户）	比例（%）	户数（户）	比例（%）
1	0	0.00	25	0.53	557	11.91
2	155	3.31	270	5.77	153	3.27
3	453	9.68	139	2.97	3	0.06
4	570	12.18	16	0.34	0	0.00
5	576	12.31	0	0.00	0	0.00

第三节　农村家庭与城镇家庭多维相对贫困动态性对比分析

一　从不相对贫困状态农村家庭与城镇家庭的对比分析

表5-6为农村家庭与城镇家庭处于从不相对贫困状态的比例[①]，

---

① 不同地区城镇家庭多维贫困动态性测量结果见附表16至附表20。

可以看出，农村家庭和城镇家庭处于从不相对贫困状态的比例有明显的差异。

表 5-6　　农村家庭与城镇家庭处于从不相对贫困状态的比例　　单位:%

k 值	全国 农村	全国 城镇	东部 农村	东部 城镇	中部 农村	中部 城镇	西部 农村	西部 城镇	东北 农村	东北 城镇
1	0.26	1.24	0.45	1.24	0.49	1.79	0.06	0.67	0.00	1.05
2	21.64	56.17	31.30	60.16	25.09	55.34	11.25	48.27	26.75	55.70
3	66.19	88.55	78.29	90.75	71.34	88.02	52.69	85.43	74.11	90.60
4	94.96	96.53	98.01	97.45	96.06	96.44	93.80	96.23	95.41	99.10
5	100.00	100.00	100.00	100.00	100.00	100.00	100.00	100.00	100.00	100.00

注：表中数据均为百分比数值。

从全国来看，当 k=1 时，全国农村家庭和城镇家庭处于从不相对贫困状态比例的差异不大，农村家庭处于从不相对贫困状态的比例为 0.26%，城镇家庭处于从不相对贫困状态的比例为 1.24%。当 k=2 和 k=3 时，全国农村家庭和城镇家庭处于从不相对贫困状态比例的差异较大。当 k=2 时，农村家庭处于从不相对贫困状态的比例为 21.64%，城镇家庭处于从不相对贫困状态的比例比农村家庭高 34.53 个百分点；当 k=3 时，农村家庭处于从不相对贫困状态的比例为 66.19%，城镇家庭处于从不相对贫困状态的比例比农村家庭高 22.36 个百分点，达 88.55%。当 k=4 时，农村家庭与城镇家庭处于从不相对贫困状态的比例相差不大，均超过了 94%，农村家庭处于从不相对贫困状态的比例略低于城镇家庭。当 k=5 时，农村家庭和城镇家庭均处于从不相对贫困状态。

从东部地区来看，当 k=1 时，东部地区农村家庭和城镇家庭处于从不相对贫困状态比例的差异不大，农村家庭处于从不相对贫困状态的比例为 0.45%，城镇家庭处于从不相对贫困状态的比例为 1.24%。当 k=2 和 k=3 时，东部地区农村家庭和城镇家庭处于从不相对贫困状态比例的差异较大。当 k=2 时，东部地区农村家庭处于从不相对贫困状态的比例为 31.30%，东部地区城镇家庭处于从不相对贫困状态的比例比农村家庭高 28.86 个百分点；当 k=3 时，东部地区农村家庭处于从不相对贫困状态的比例为 78.29%，东部地区城镇家庭处于从不相对贫困状态的比例比农村家庭高 12.46 个百分点，达 90.75%。当 k=4 时，东部地区农村家庭与城镇家庭处于从不相对贫困状态的比例相差不大，均接近 100%，东部地区农村家庭处于从不相对贫困状态的比例略高于城镇家庭。当 k=5 时，东部地区农村家庭和城镇家庭均处于从不相对贫困状态。

从中部地区来看，当 k=1 时，中部地区农村家庭和城镇家庭处于从不相对贫困状态比例的差异不大，农村家庭处于从不相对贫困状态的比例为 0.49%，城镇家庭处于从不相对贫困状态的比例为 1.79%。当 k=2 和 k=3 时，中部地区农村家庭和城镇家庭处于从不相对贫困状态比例的差异较大。当 k=2 时，中部地区农村家庭处于从不相对贫困状态的比例为 25.09%，中部地区城镇家庭处于从不相对贫困状态的比例比农村家庭高 30.25 个百分点；当 k=3 时，中部地区农村家庭处于从不相对贫困状态的比例为 71.34%，中部地区城镇家庭处于从不相对贫困状态的比例比农村家庭高 16.68 个百分点，达 88.02%。当 k=4 时，中部地区农村家庭与城镇家庭处于从不相对贫困状态的比例相差不大，均超过了 96%，中部地区农村家庭处于从不相对贫困状态的比例略低于城镇家庭。当 k=5 时，中部地区农村家庭和城镇家庭均处于从不相对贫困状态。

从西部地区来看，当 k=1 时，西部地区农村家庭和城镇家庭处于从不相对贫困状态比例的差异不大，农村家庭处于从不相对贫困状态的比例为 0.06%，城镇家庭处于从不相对贫困状态的比例为 0.67%。当 k=2 和 k=3 时，西部地区农村家庭和城镇家庭处于从不相对贫困状态比例的差异较大。当 k=2 时，西部地区农村家庭处于从不相对贫困状态的比例为 11.25%，西部地区城镇家庭处于从不相对贫困状态的比例比农村家庭高 37.02 个百分点；当 k=3 时，西部地区农村家庭处于从不相对贫困状态的比例为 52.69%，西部地区城镇家庭处于从不相对贫困状态的比例比农村家庭高 32.74 个百分点，达 85.43%。当 k=4 时，西部地区农村家庭与城镇家庭处于从不相对贫困状态的比例相差不大，均超过了 93%，西部地区农村家庭处于从不相对贫困状态的比例略低于城镇家庭。当 k=5 时，西部地区农村家庭和城镇家庭均处于从不相对贫困状态。

从东北地区来看，当 k=1 时，东北地区农村家庭处于从不相对贫困状态的比例为 0，即东北地区没有农村家庭处于从不相对贫困状态，城镇家庭处于从不相对贫困状态的比例为 1.05%。当 k=2 和 k=3 时，东北地区农村家庭和城镇家庭处于从不相对贫困状态比例的差异较大。当 k=2 时，东北地区农村家庭处于从不相对贫困状态的比例为 26.75%，东北地区城镇家庭处于从不相对贫困状态的比例比农村家庭高 28.95 个百分点；当 k=3 时，东北地区农村家庭处于从不相对贫困状态的比例为 74.11%，东北地区城镇家庭处于从不相对贫困状态的比例比农村家庭高 16.49 个百分点，达 90.60%。当 k=4 时，东北地区农村家庭与城镇家庭处于从不相对贫困状态的比例相差不大，均超过了 95%，东北地区农村家庭处于从不相对贫困状态的比例略低于城镇家庭。当 k=5 时，东北地区农村家庭和城镇家庭均处于从不相对贫困状态。

二　暂时相对贫困状态农村家庭与城镇家庭的对比分析

表 5-7 为农村家庭与城镇家庭处于暂时相对贫困状态的比例，可以看出，农村家庭和城镇家庭处于暂时相对贫困状态的比例有明显的差异。

表 5-7　农村家庭与城镇家庭处于暂时相对贫困状态的比例　　单位：%

k 值	全国 农村	全国 城镇	东部 农村	东部 城镇	中部 农村	中部 城镇	西部 农村	西部 城镇	东北 农村	东北 城镇
1	5.74	17.89	9.78	22.11	6.97	18.78	2.49	14.08	4.09	11.99
2	44.18	34.51	48.28	32.65	44.80	34.24	40.67	40.58	46.05	34.42
3	28.87	8.88	20.19	6.85	23.81	9.39	40.67	13.23	22.85	8.99

续表

k 值	全国 农村	全国 城镇	东部 农村	东部 城镇	中部 农村	中部 城镇	西部 农村	西部 城镇	东北 农村	东北 城镇
4	3.44	0.49	1.67	0.12	2.39	0.64	5.87	1.16	2.65	0.59
5	100.00	100.00	100.00	100.00	100.00	100.00	100.00	100.00	100.00	100.00

注：表中数据均为百分比数值。

从全国农村家庭和城镇家庭处于暂时相对贫困状态的比例来看，当 $k=1$ 时，全国农村家庭处于暂时相对贫困状态的比例为 5.74%，城镇家庭处于暂时相对贫困状态的比例为 17.89%，比农村家庭处于暂时相对贫困状态的比例高 12.15 个百分点；当 $k=2$ 时，全国农村家庭处于暂时相对贫困状态的比例为 44.18%，城镇家庭处于暂时相对贫困状态的比例比农村家庭低 9.67 个百分点；当 $k=3$ 时，全国农村家庭处于暂时相对贫困状态的比例为 28.87%，城镇家庭处于暂时相对贫困状态的比例比农村家庭低 19.99 个百分点，仅为 8.88%；当 $k=4$ 时，农村家庭与城镇家庭处于暂时相对贫困状态的比例相差不大，均低于 4%，农村家庭处于暂时相对贫困状态的比例高于城镇家庭，分别为 3.44% 和 0.49%；当 $k=5$ 时，全国均无农村家庭和城镇家庭处于暂时相对贫困状态。

从东部地区农村家庭和城镇家庭处于暂时相对贫困状态的比例来看，当 $k=1$ 时，东部地区农村家庭处于暂时相对贫困状态的比例为 9.78%，东部地区城镇家庭处于暂时相对贫困状态的比例为 22.11%，比东部地区农村家庭处于暂时相对贫困状态的比例高 12.33 个百分点；当 $k=2$ 时，东部地区农村家庭处于暂时相对贫困状态的比例为 48.28%，东部地区城镇家庭处于暂时相对贫困状态的比例比农村家庭低 15.63 个百分点；当 $k=3$ 时，东部地区农村家庭处于暂时相对贫困状态的比例为 20.19%，东部地区城镇家庭处于暂时相对贫困状态的比例比农村家庭低 13.34 个百分点，仅为 6.85%；当 $k=4$ 时，东部地区农村家庭与城镇家庭处于暂时相对贫困状态的比例相差不大，均低于2%，东部地区农村家庭处于暂时相对贫困状态的比例高于城镇家庭，分别为1.67%和0.12%；当k=5时，东部地区均无农村家庭和城镇家庭处于暂时相对贫困状态。

从中部地区农村家庭和城镇家庭处于暂时相对贫困状态的比例来看，当k=1时，中部地区农村家庭处于暂时相对贫困状态的比例为6.97%，中部地区城镇家庭处于暂时相对贫困状态的比例为18.78%，比中部地区农村家庭处于暂时相对贫困状态的比例高11.81个百分点；当k=2时，中部地区农村家庭处于暂时相对贫困状态的比例为44.80%，中部地区城镇家庭处于暂时相对贫困状态的比例比农村家庭低10.56个百分点；当k=3时，中部地区农村家庭处于暂时相对贫困状态的比例为23.81%，中部地区城镇家庭处于暂时相对贫困状态的比例比农村家庭低14.42个百分点，仅为9.39%；当k=4时，中部地区农村家庭与城镇家庭处于暂时相对贫困状态的比例相差不大，均低于3%，中部地区农村家庭处于暂时相对贫困状态的比例高于城镇家庭，分别为2.39%和0.64%；当k=5时，中部地区均无农村家庭和城镇家庭处于暂时相对贫困状态。

从西部地区农村家庭和城镇家庭处于暂时相对贫困状态的比例来看，当k=1时，西部地区农村家庭处于暂时相对贫困状态的比例为2.49%，西部地区城镇家庭处于暂时相对贫困状态的比例为14.08%，比西部地区农村家庭处于暂时相对贫困状态的比例高11.59个百分点；当k=2时，西部地区农村家庭处于暂时相对贫困状态的比例为40.67%，西部地区城镇家庭处于暂时相对贫困状态的比例与农村家庭相近，为40.58%；当k=3时，西部地区农村家庭处于暂时相对贫困状态的比例为40.67%，西部地区城镇家庭处于暂时相对贫困状态的比例比农村家庭低27.44个百分点，仅为13.23%；当k=4时，西部地区农村家庭与城镇家庭处于暂时相对贫困状态的比例相差不大，西部地区农村家庭处于暂时相对贫困状态的比例高于城镇家庭，分别为5.87%和1.16%；当k=5时，西部地区均无农村家庭和城镇家庭处于暂时相对贫困状态。

从东北地区农村家庭和城镇家庭处于暂时相对贫困状态的比例来看,当 k=1 时,东北地区农村家庭处于暂时相对贫困状态的比例为 4.09%,东北地区城镇家庭处于暂时相对贫困状态的比例为 11.99%,比东北地区农村家庭处于暂时相对贫困状态的比例高 7.90 个百分点;当 k=2 时,东北地区农村家庭处于暂时相对贫困状态的比例为 46.05%,东北地区城镇家庭处于暂时相对贫困状态的比例比农村家庭低 11.63 个百分点;当 k=3 时,东北地区农村家庭处于暂时相对贫困状态的比例为 22.85%,东北地区城镇家庭处于暂时相对贫困状态的比例比农村家庭低 13.86 个百分点,仅为 8.99%;当 k=4 时,东北地区农村家庭与城镇家庭处于暂时相对贫困状态的比例相差不大,东北地区农村家庭处于暂时相对贫困状态的比例高于城镇家庭,分别为 2.65% 和 0.59%;当 k=5 时,东北地区均无农村家庭和城镇家庭处于暂时相对贫困状态。

三 慢性相对贫困状态农村家庭与城镇家庭的对比分析

表 5-8 为农村家庭与城镇家庭处于慢性相对贫困状态的比例,可以看出,农村家庭和城镇家庭处于慢性相对贫困状态的比例有明显的差异。

表 5-8　农村家庭与城镇家庭处于慢性相对贫困状态的比例　　　单位:%

k值	全国 农村	全国 城镇	东部 农村	东部 城镇	中部 农村	中部 城镇	西部 农村	西部 城镇	东北 农村	东北 城镇
1	93.73	78.24	88.52	75.72	92.17	78.13	97.38	84.74	94.47	86.69
2	31.82	8.13	18.84	6.13	28.62	9.89	47.03	9.83	25.27	8.62
3	2.85	0.28	0.98	0.00	2.62	0.21	5.26	1.00	0.49	0.35
4	0.02	0.00	0.00	0.00	0.00	0.00	0.06	0.00	0.00	0.00
5	100.00	100.00	100.00	100.00	100.00	100.00	100.00	100.00	100.00	100.00

注:表中数据均为百分比数值。

从全国农村家庭和城镇家庭处于慢性相对贫困状态的比例来看，当 k=1 时，全国农村家庭处于慢性相对贫困状态的比例为 93.73%，城镇家庭处于慢性相对贫困状态的比例为 78.24%，比农村家庭处于慢性相对贫困状态的比例低 15.49 个百分点；当 k=2 时，全国农村家庭处于慢性相对贫困状态的比例为 31.82%，城镇家庭处于慢性相对贫困状态的比例比农村家庭低 23.69 个百分点，仅为 8.13%；当 k=3 时，全国农村家庭处于慢性相对贫困状态的比例为 2.85%，城镇家庭处于慢性相对贫困状态的比例比农村家庭低，为 0.28%；当 k=4 时，农村家庭与城镇家庭处于慢性相对贫困状态的比例较小，分别为 0.02% 和 0，即没有城镇家庭处于慢性相对贫困状态；当 k=5 时，全国均无农村家庭和城镇家庭处于慢性相对贫困状态。

从东部地区农村家庭和城镇家庭处于慢性相对贫困状态的比例来看，当 k=1 时，东部地区农村家庭处于慢性相对贫困状态的比例为 88.52%，东部地区城镇家庭处于慢性相对贫困状态的比例为 75.72%，比农村家庭处于慢性相对贫困状态的比例低 12.80 个百分点；当 k=2 时，东部地区农村家庭处于慢性相对贫困状态的比例为 18.84%，东部地区城镇家庭处于慢性相对贫困状态的比例比农村家庭低 12.71 个百分点，仅为 6.13%；当 k=3 时，东部地区农村家庭处于慢性相对贫困状态的比例为 0.98%，而城镇家庭处于慢性相对贫困状态的比例为 0，即没有城镇家庭处于慢性相对贫困状态；当 k=4 时和 k=5 时，东部地区均无农村家庭和城镇家庭处于慢性相对贫困状态。

从中部地区农村家庭和城镇家庭处于慢性相对贫困状态的比例来看，当 k=1 时，中部地区农村家庭处于慢性相对贫困状态的比例为 92.17%，中部地区城镇家庭处于慢性相对贫困状态的比例为 78.13%，比农村家庭处于慢性相对贫困状态的比例低 14.04 个百分点；当 k=2 时，中部地区农村家庭处于慢性相对贫困状态的比例为 28.62%，中部地区城镇家庭处于慢性相对贫困状态的比例比农村家庭低 18.73 个百分点，仅为 9.89%；当 k=3 时，中部地区农村家庭处于慢性相对贫困状态的比例为 2.62%，而城镇家庭处于慢性相对贫困状态的比例为 0.21%；当 k=4 时和 k=5 时，中部地区均无农村家庭和城镇家庭处于慢性相对贫困状态。

从西部地区农村家庭和城镇家庭处于慢性相对贫困状态的比例来看，当 k=1 时，西部地区农村家庭处于慢性相对贫困状态的比例为 97.38%，西部地区城镇家庭处于慢性相对贫困状态的比例为 84.74%，比农村家庭处于慢性相对贫困状态的比例低 12.64 个百分点；当 k=2 时，西部地区农村家庭处于慢性相对贫困状态的比例为 47.03%，西部地区城镇家庭处于慢性相对贫困状态的比例比农村家庭低 37.2 个百分点，仅为 9.83%；当 k=3 时，西部地区农村家庭处于慢性相对贫困状态的比例为 5.26%，而城镇家庭处于慢性相对贫困状态的比例为 1.00%；当 k=4 时，西部地区农村家庭处于慢性相对贫困状态的比例为 0.06%，而城镇家庭处于慢性相对贫困状态的比例为 0，即没有城镇家庭处于慢性相对贫困状态；当 k=5 时，西部地区均无农村家庭和城镇家庭处于慢性相对贫困状态。

从东北地区农村家庭和城镇家庭处于慢性相对贫困状态的比例来看，当 k=1 时，东北地区农村家庭处于慢性相对贫困状态的比例为 94.47%，东北地区城镇家庭处于慢性相对贫困状态的比例为 86.69%，比农村家庭处于慢性相对贫困状态的比例低 7.78 个百分点；当 k=2 时，东北地区农村家庭处于慢性相对贫困状态的比例为 25.27%，东北地区城镇家庭处于慢性相对贫困状态的比例比农村家庭低 16.65 个百分点，仅为 8.62%；当 k=3 时，东北地区农村家庭处于慢性相对贫困状态的比例为 0.49%，而城镇家庭处于慢性相对贫困状态的比例为 0.35%；当 k=4 时和 k=5 时，东北地区均无农村家庭和城镇家庭处于慢性相对贫困状态。

第四节 本章小结

在多维相对贫困测度的基础上，本章利用相对贫困动态性测度方法，对农村家庭多维相对贫困动态性进行了测度。结果显示，当 k=1 时，农村家庭多维相对贫困动态性以慢性相对贫困为主；当 k=2—4 时，农村家庭多维相对贫困动态性以暂时相对贫困为主；当 k=5 时，没有农村家庭处于暂时相对贫困和慢性相对贫困状况，即没有家庭处于极端相对贫困状态。取学术界常用的多维相对贫困维度总数 1/3 以上时，从不同地区的农村家庭多维相对贫困测度结果来看，呈现以下特征：如果以全国平均水平为基准，东部地区农村家庭处于暂时相对贫困和慢性相对贫困的比例低于全国平均水平，中部地区与东北地区农村家庭多维相对贫困处于暂时相对贫困和慢性相对贫困的比例较为接近，也接近于全国平均水平，西部地区农村家庭处于暂时相对贫困和慢性相对贫困的比例高于全国平均水平。将农村家庭和城镇家庭多维相对贫困动态性测量结果对比和全国总体情况来看，农村家庭处于暂时相对贫困和慢性相对贫困的比例高于城镇家庭，东部地区、中部地区、西部地区和东北地区的农村家庭多维相对贫困动态性测度结果也呈现相同的规律，均是农村家庭处于暂时相对贫困和慢性相对贫困的比例高于城镇家庭。

第 六 章

不同多维相对贫困动态类型农村家庭的生计特征

第一节 不同多维相对贫困动态类型农村家庭的生计资本

不同多维相对贫困动态类型的农村家庭，其生计资本可能存在差异。因此，有必要分析不同多维相对贫困动态类型家庭的生计资本的差异，刻画不同多维相对贫困状态农村家庭的特征，从而为深入理解农村家庭多维相对贫困动态性的影响因素提供理论支持。

根据可持续生计理论，农村家庭的生计资本包括人力资本、物质资本、金融资本和社会资本。人力资本是农村家庭发展的重要资本，指农村家庭所拥有的可用于谋生或取得收入的知识、技能、劳动能力和健康状况，同时，考虑到数据的可获得性，本书以劳动力人数、劳动力占比、健康劳动力占比、接受培训劳动力占比和劳动力平均受教育年限来反映农村家庭的人力资本；物质资本指农村家庭维持其生产生活的生产资料或基础设施，本书以人均土地价值和人均生产性固定资产来反映物质资本；金融资本指农村家庭资本的积累以保证消费和生产的连续性，本书以农村家庭期末拥有的人均存款来反映金融资本；社会资本指农村家庭实现生计目标可利用的社会资源，本书以农村家庭人均转移性支出反映社会资本。

一 不同多维相对贫困动态类型农村家庭的人力资本状况

（一）全国不同多维相对贫困动态类型农村家庭的人力资本状况

表 6-1 为全国不同多维相对贫困动态类型农村家庭的人力资本状况，当 k=5 时，没有农村家庭处于暂时相对贫困和慢性相对贫困状态，因此各生计资本指标的值为空值。从全国不同多维相对贫困动态类型农村家庭的人力资本状况可以看出，不同多维相对贫困动态类型的农村家庭，其人力资本状况表现出明显的差异。从总体来看，处于从不相对贫困状态的农村家庭，其人力资本优于处于暂时相对贫困状态的农村家庭，处于暂时相对贫困状态的农村家庭，其人力资本优于处于慢性相对贫困状态的农村家庭。即处于从不相对贫困状态的农村家庭比处于暂时相对贫困状态的农村家庭拥有更好的人力资本，处于暂时相对贫困状态的农村家庭比处于慢性相对贫困的农村家庭拥有更好的人力资本。劳动力占比、健康劳动力占比、接受培训劳动力占比和劳动力平均受教育年限这几个生计指标均体现了这个特征，而农村家庭劳动力人数体现了相反的特征，处于慢性相对贫困状态的农村家庭拥有更多的家庭劳动力，处于从不相对贫困状态的农村家庭拥有的家庭劳动力最少。

表 6-1　全国不同多维相对贫困动态类型农村家庭的人力资本状况

维度	相对贫困类型	劳动力人数（人）	劳动力占比（%）	健康劳动力占比（%）	接受培训劳动力占比（%）	劳动力平均受教育年限（年）
k=1	从不相对贫困	2.02	81.48	46.15	5.35	10.27
	暂时相对贫困	2.31	80.70	36.10	2.71	8.51
	慢性相对贫困	2.47	76.03	22.10	2.24	5.37

续表

维度	相对贫困类型	劳动力人数（人）	劳动力占比（%）	健康劳动力占比（%）	接受培训劳动力占比（%）	劳动力平均受教育年限（年）
k=2	从不相对贫困	2.37	80.18	67.34	4.42	8.33
	暂时相对贫困	2.36	80.08	44.33	2.22	5.77
	慢性相对贫困	2.60	75.59	34.50	1.18	3.76
k=3	从不相对贫困	2.35	80.48	74.90	2.93	6.65
	暂时相对贫困	2.49	77.45	50.97	1.16	3.81
	慢性相对贫困	2.85	69.61	42.03	0.35	2.18
k=4	从不相对贫困	2.42	76.30	78.40	2.47	5.62
	暂时相对贫困	2.70	70.63	47.78	0.46	2.92
	慢性相对贫困	2.93	73.40	31.85	0.00	2.92
k=5	从不相对贫困	2.43	76.88	77.01	2.44	5.64
	暂时相对贫困	—	—	—	—	—
	慢性相对贫困	—	—	—	—	—

注："—"表示为空值。

处于不同多维相对贫困动态类型的农村家庭，其同一生计资本指标的 k 值取值不同时，同一生计资本指标也表现出明显的规律特征。对处于从不相对贫困状态的农村家庭而言，劳动力人数和健康劳动力占比随着多维相对贫困 k 值的增加而增加；劳动力占比、接受培训劳动力占比和劳动力平均受教育年限随着多维相对贫困 k 值的增加而减少。对处于暂时相对贫困状态的农村家庭而言，劳动力人数随着多维相对贫困 k 值的增加而增加；健康劳动力占比随着多维相对贫困 k 值的增加呈现先增加后减少的趋势，当 k=3 时，处于暂时相对贫困状态农村家庭的健康劳动力占比最高；劳动力占比、接受培训劳动力占比和劳动力平均受教育年限随着多维相对贫困 k 值的增加而减少。对处于慢性相对贫困状态的农村家庭而言，劳动力人数随着多维相对贫困 k 值的增加而增加；健康劳动力占比随着多维相对贫困 k 值的增加呈现先增加后减少的趋势，当 k=3 时，处于暂时相对贫困状态农村家庭的健康劳动力占比最高；劳动力占比和接受培训劳动力占比随着多维相对贫困 k 值的增加而减少,当 k= 4 时,处于慢性相对贫困状态的农村家庭,其接受培训劳动力占比为 0;劳动力平均受教育年限随着多维相对贫困 k 值的增加呈现先减少后增加的趋势,当 k=3 时,处于慢性相对贫困状态农村家庭的劳动力平均受教育年限最小。

(二)东部地区不同多维相对贫困动态类型农村家庭的人力资本状况

东部地区不同多维相对贫困动态类型的农村家庭,其人力资本状况表现出明显的差异特征。表 6-2 为东部地区不同多维相对贫困动态类型农村家庭的人力资本状况。当 k=4 时处于慢性相对贫困状态的农村家庭和当 k=5 时处于暂时相对贫困与慢性相对贫困的农村家庭数量为 0,因此,各生计资本指标的值为空值。从总体来看,处于从不相对贫困状态的农村家庭,其人力资本优于处于暂时相对贫困状态的农村家庭,处于暂时相对贫困状态的农村家庭,其人力资本优于处于慢性相对贫困状态的农村家庭。即从不相对贫困状态的农村家庭比暂时相对贫困状态的农村家庭拥有更好的人力资本,暂时相对贫困的农村家庭比慢性相对贫困的农村家庭拥有更好的人力资本。劳动力占比、健康劳动力占比、接受培训劳动力占比和劳动力平均受教育年限这几个生计指标均体现了这个特征,而农村家庭劳动力人数体现了相反的特征,处于慢性相对贫困和暂时相对贫困状态的农村家庭拥有更多的家庭劳动力,处于从不相对贫困状态的农村家庭拥有更少的家庭劳动力。

表 6-2 东部地区不同多维相对贫困动态类型农村家庭的人力资本状况

维度	相对贫困类型	劳动力人数(人)	劳动力占比(%)	健康劳动力占比(%)	接受培训劳动力占比(%)	劳动力平均受教育年限(年)
k=1	从不相对贫困	1.82	84.86	48.68	5.37	10.95
	暂时相对贫困	2.39	82.73	37.62	4.84	8.66
	慢性相对贫困	2.24	81.04	21.33	2.23	5.73

续表

维度	相对贫困类型	劳动力人数（人）	劳动力占比（%）	健康劳动力占比（%）	接受培训劳动力占比（%）	劳动力平均受教育年限（年）
k=2	从不相对贫困	2.36	81.76	68.43	4.45	8.18
	暂时相对贫困	2.27	78.57	50.23	1.90	5.71
	慢性相对贫困	2.22	82.02	36.08	0.90	3.75
k=3	从不相对贫困	2.37	79.71	75.69	3.03	6.82
	暂时相对贫困	2.28	82.16	67.07	0.88	4.07
	慢性相对贫困	2.15	75.26	45.74	0.75	1.76
k=4	从不相对贫困	2.30	79.80	79.48	2.59	6.33
	暂时相对贫困	2.77	77.37	57.53	0.43	2.96
	慢性相对贫困	—	—	—	—	—
k=5	从不相对贫困	2.27	81	80.45	2.52	6.22
	暂时相对贫困	—	—	—	—	—
	慢性相对贫困	—	—	—	—	—

注："—"表示为空值。

从同一生计资本指标来看，当k值取不同值时，同一生计资本指标也表现出明显的规律特征。对处于从不相对贫困状态的东部地区农村家庭而言，劳动力人数随着多维相对贫困k值的增加呈先增加后减少的趋势，k=2时劳动力人数最多；劳动力占比、接受培训劳动力占比和劳动力平均受教育年限随着多维相对贫困k值的增加而减少；健康劳动力占比随着多维相对贫困k值的增加而增加。对处于暂时相对贫困状态的东部地区农村家庭而言，劳动力人数、劳动力占比、接受培训劳动力占比和随着多维相对贫困k值的增加而减少；健康劳动力占比随着多维相对贫困k值的增加呈先增加后减少的趋势，当k=3时，健康劳动力占比的值最高。处于慢性相对贫困状态的农村家庭的劳动力人数、劳动力占比、接受培训劳动力占比和劳动力平均受教育年限均随着多维相对贫困k值的增加而减少；健康劳动力占比随着多维相对贫困k值的增加而增加。

(三) 中部地区不同多维相对贫困动态类型农村家庭的人力资本状况

表 6-3 为中部地区不同多维相对贫困动态类型农村家庭的人力资本状况。当 k=4 时处于慢性相对贫困状态的农村家庭和当 k=5 时处于暂时相对贫困与慢性相对贫困的农村家庭数量为 0，因此，各生计资本指标的值为空值。从中部地区不同多维相对贫困动态类型农村家庭的人力资本状况可以看出，不同多维相对贫困动态类型的农村家庭，其人力资本状况表现出明显的差异。从总体来看，中部地区处于从不相对贫困状态的农村家庭，其人力资本优于暂时相对贫困状态的农村家庭，处于暂时相对贫困状态的农村家庭，其人力资本优于慢性相对贫困状态的农村家庭。也就是说，从不相对贫困状态的农村家庭比暂时相对贫困状态的农村家庭拥有更好的人力资本，暂时相对贫困的农村家庭比慢性相对贫困的农村家庭拥有更好的人力资本。劳动力占比、健康劳动力占比、接受培训劳动力占比和劳动力平均受教育年限这几个生计指标均体现了这个特征，而农村家庭劳动力人数体现了相反的特征，处于慢性相对贫困的农村家庭拥有更多的家庭劳动力，处于从不相对贫困状态的农村家庭拥有的家庭劳动力最少。

表 6-3　中部地区不同多维相对贫困动态类型农村家庭的人力资本状况

维度	相对贫困类型	劳动力人数（人）	劳动力占比（%）	健康劳动力占比（%）	接受培训劳动力占比（%）	劳动力平均受教育年限（年）
k=1	从不相对贫困	2.34	83.87	44.59	5.16	9.79
	暂时相对贫困	2.37	75.67	35.92	2.03	8.66
	慢性相对贫困	2.51	76.29	18.2	2.01	5.78
k=2	从不相对贫困	2.37	81.99	70.54	4.68	8.61
	暂时相对贫困	2.41	76.61	45.57	1.87	6.23
	慢性相对贫困	2.51	74.92	34.49	0.80	3.95

续表

维度	相对贫困类型	劳动力人数（人）	劳动力占比（%）	健康劳动力占比(%)	接受培训劳动力占比(%)	劳动力平均受教育年限（年）
k=3	从不相对贫困	2.34	79.26	74.34	2.84	6.84
	暂时相对贫困	2.42	79.71	56.33	0.58	4.17
	慢性相对贫困	2.69	73.71	43.71	0.00	2.91
k=4	从不相对贫困	2.42	76.70	80.14	2.27	6.13
	暂时相对贫困	2.40	71.46	56.37	0.00	4.01
	慢性相对贫困	—	—	—	—	—
k=5	从不相对贫困	2.48	78.36	77.52	2.27	6.14
	暂时相对贫困	—	—	—	—	—
	慢性相对贫困	—	—	—	—	—

注："—"表示为空值。

处于不同多维相对贫困动态类型的农村家庭，其同一生计资本指标的 k 值取值不同时，同一生计资本指标也表现出明显的规律特征。对处于从不相对贫困状态的农村家庭而言，劳动力人数和健康劳动力占比随着多维相对贫困 k 值的增加而增加；劳动力占比、接受培训劳动力占比和劳动力平均受教育年限随着多维相对贫困 k 值的增加而减少。对处于暂时相对贫困状态的农村家庭而言，劳动力人数和健康劳动力占比随着多维相对贫困 k 值的增加而增加；劳动力占比随着多维相对贫困 k 值的增加呈现先增加后减少的趋势，当 k=4 时，处于暂时相对贫困状态农村家庭的健康劳动力占比最高；接受培训劳动力占比和劳动力平均受教育年限随着多维相对贫困 k 值的增加而减少，当 k=3 时，处于慢性相对贫困状态的农村家庭接受培训劳动力占比为 0。对处于慢性相对贫困状态的农村家庭而言，劳动力人数和健康劳动力占比随着多维相对贫困 k 值的增加而增加；劳动力占比、接受培训劳动力占比和劳动力平均受教育年限随着多维相对贫困 k 值的增加而减少，当 k=3 时，中部地区处于慢性相对贫困状态的农村家庭，其接受培训劳动力占比为 0。

（四）西部地区多维相对贫困动态类型农村家庭的人力资本状况

西部地区不同多维相对贫困动态类型的农村家庭，其人力资本状况表现出明显的差异特征。表6-4为西部地区不同多维相对贫困动态类型农村家庭的人力资本状况。当k=5时，处于暂时相对贫困与慢性相对贫困的西部农村家庭数量为0，因此，各生计资本指标的值为空值。从总体来看，处于从不相对贫困状态的农村家庭，其人力资本高于处于暂时相对贫困状态的农村家庭，处于暂时相对贫困状态的农村家庭，其人力资本高于处于慢性相对贫困状态的农村家庭。即从不相对贫困状态的农村家庭比暂时相对贫困状态的农村家庭拥有更好的人力资本，暂时相对贫困的农村家庭比慢性相对贫困的农村家庭拥有更好的人力资本。劳动力占比、健康劳动力占比、接受培训劳动力占比和劳动力平均受教育年限这几个生计指标均体现了这个特征[①]，而农村家庭劳动力人数体现了相反的特征，处于慢性相对贫困和暂时相对贫困状态的农村家庭拥有更多的家庭劳动力，处于从不相对贫困状态的农村家庭拥有更少的家庭劳动力。

表6-4　西部地区不同多维相对贫困动态类型农村家庭的人力资本状况

维度	相对贫困类型	劳动力人数（人）	劳动力占比（%）	健康劳动力占比(%)	接受培训劳动力占比(%)	劳动力平均受教育年限(年)
k=1	从不相对贫困	0.95	49.56	44.07	8.99	8.30
	暂时相对贫困	2.23	78.58	35.69	8.10	7.20
	慢性相对贫困	2.53	75.12	30.21	2.45	4.74
k=2	从不相对贫困	2.32	80.18	70.61	5.94	7.89
	暂时相对贫困	2.44	75.48	39.68	3.09	5.46
	慢性相对贫困	2.58	71.70	30.47	1.43	3.44
k=3	从不相对贫困	2.51	78.29	76.16	3.61	5.81
	暂时相对贫困	2.57	70.84	45.65	1.63	3.66
	慢性相对贫困	2.95	66.35	39.22	0.41	2.00

---

① 由于k=1时从不贫困的样本太少，因此处于从不贫困状态西部农村家庭的生计资本指标不具有代表性。

续表

维度	相对贫困类型	劳动力人数（人）	劳动力占比（%）	健康劳动力占比（%）	接受培训劳动力占比（%）	劳动力平均受教育年限（年）
k=4	从不相对贫困	2.54	73.98	78.35	2.82	4.88
	暂时相对贫困	2.73	74.24	46.33	0.64	2.61
	慢性相对贫困	2.95	67.43	32.99	0.00	1.91
k=5	从不相对贫困	2.58	72.83	77.77	2.65	4.74
	暂时相对贫困	—	—	—	—	—
	慢性相对贫困	—	—	—	—	—

注："—"表示为空值。

从同一生计资本指标来看，当 k 取不同值时，同一生计资本指标也表现出明显的规律特征。对处于从不相对贫困状态的西部地区农村家庭而言，劳动力人数和健康劳动力占比随着多维相对贫困 k 值的增加而增加；劳动力占比、接受培训劳动力占比和劳动力平均受教育年限随着多维相对贫困 k 值的增加而减少。对处于暂时相对贫困状态的西部地区农村家庭而言，劳动力人数随着多维相对贫困 k 值的增加而增加；劳动力占比随着多维相对贫困 k 值的增加呈先减少后增加的趋势，当 k=3 时，处于暂时相对贫困状态西部农村家庭的劳动力占比最小；健康劳动力占比随着多维相对贫困 k 值的增加呈先增加后减少的趋势，当 k=4 时，处于暂时相对贫困状态西部农村家庭的健康劳动力占比最高；接受培训劳动力占比和劳动力平均受教育年限随着多维相对贫困 k 值的增加而减少。对处于慢性相对贫困状态的农村家庭而言，劳动力人数随着多维相对贫困 k 值的增加而增加；劳动力占比、接受培训劳动力占比和劳动力平均受教育年限均随着多维相对贫困 k 值的增加而减少，当 k=4 时，处于慢性相对贫困状态的西部农村家庭接受培训劳动力占比为 0；健康劳动力占比随着多维相对贫困 k 值的增加呈先增加后减少的趋势，当 k=3 时，处于慢性相对贫困状态西部农村家庭的健康劳动力占比最高。

(五) 东北地区不同多维相对贫困动态类型农村家庭的人力资本状况

表 6-5 为东北地区不同多维相对贫困动态类型农村家庭的人力资本状况，当 k=1 时处于从不相对贫困状态的农村家庭和当 k=4 时处于慢性相对贫困状态的农村家庭及当 k=5 时处于暂时相对贫困与慢性相对贫困的农村家庭数量为 0，因此，各生计资本指标的值为空值。从东北地区不同多维相对贫困动态类型农村家庭的人力资本状况可以看出，不同多维相对贫困动态类型的农村家庭，其人力资本状况表现出明显的差异。从总体来看，东北部地区处于从不相对贫困状态的农村家庭，其人力资本高于暂时相对贫困状态的农村家庭，处于暂时相对贫困状态的农村家庭，其人力资本高于处于慢性相对贫困状态的农村家庭。也就是说，从不相对贫困状态的农村家庭比暂时相对贫困状态的农村家庭拥有更好的人力资本，暂时相对贫困的农村家庭比慢性相对贫困的农村家庭拥有更好的人力资本。劳动力占比、健康劳动力占比、接受培训劳动力占比和劳动力平均受教育年限这几个生计指标均体现了这个特征，而农村家庭劳动力人数体现了相反的特征，处于慢性相对贫困的农村家庭拥有更多的家庭劳动力，处于从不相对贫困状态的农村家庭拥有的家庭劳动力最少。

表 6-5　东北地区不同多维相对贫困动态类型农村家庭的人力资本状况

维度	相对贫困类型	劳动力人数（人）	劳动力占比（%）	健康劳动力占比(%)	接受培训劳动力占比(%)	劳动力平均受教育年限(年)
k=1	从不相对贫困	—	—	—	—	—
	暂时相对贫困	2.12	83.87	35.55	5.86	8.60
	慢性相对贫困	2.38	83.74	19.67	1.36	6.34
k=2	从不相对贫困	2.15	87.00	68.56	2.40	8.97
	暂时相对贫困	2.18	86.64	45.29	1.33	6.08
	慢性相对贫困	2.65	83.69	36.07	1.08	4.72

续表

维度	相对贫困类型	劳动力人数（人）	劳动力占比（%）	健康劳动力占比(%)	接受培训劳动力占比(%)	劳动力平均受教育年限(年)
k=3	从不相对贫困	2.21	88.18	76.05	1.82	6.91
	暂时相对贫困	2.50	85.01	57.63	0.73	4.42
	慢性相对贫困	2.89	76.58	49.92	0.00	1.61
k=4	从不相对贫困	2.30	90.75	77.44	1.58	6.39
	暂时相对贫困	2.62	85.38	48.35	0.00	3.20
	慢性相对贫困	—	—	—	—	—
k=5	从不相对贫困	2.30	87.14	78.23	1.54	6.57
	暂时相对贫困	—	—	—	—	—
	慢性相对贫困	—	—	—	—	—

注："—"表示为空值。

处于不同多维相对贫困动态类型的农村家庭，其同一生计资本指标的k值取值不同时，同一生计资本指标也表现出明显的规律特征。对处于从不相对贫困状态的农村家庭而言，劳动力人数和健康劳动力占比随着多维相对贫困k值的增加而增加；劳动力占比随着多维相对贫困k值的增加呈现先增加后减少的趋势，当k=4时，处于从不相对贫困状态农村家庭的健康劳动力占比最高；接受培训劳动力占比和劳动力平均受教育年限随着多维相对贫困k值的增加而减少。对处于暂时相对贫困状态的农村家庭而言，劳动力人数和健康劳动力占比随着多维相对贫困k值的增加而增加；劳动力占比随着多维相对贫困k值的增加呈现先减少后增加的趋势，当k=1时，处于暂时相对贫困状态农村家庭的劳动力占比和健康劳动力占比最低；接受培训劳动力占比和劳动力平均受教育年限随着多维相对贫困k值的增加而减少，当k=4时，处于暂时性相对贫困状态的农村家庭接受培训劳动力占比为0。对处于慢性相对贫困状态的农村家庭而言，劳动力人数和健康劳动力占比随着多维相对贫困k值的增加而增加；劳动力占比随着多维相对贫困k值的增加呈现先增加后减少的趋势，当 k=3 时，处于暂时相对贫困状态农村家庭的健康劳动力占比最高；接受培训劳动力占比和劳动力平均受教育年限随着多维相对贫困 k 值的增加而减少，当 k=3 时，东北地区处于慢性相对贫困状态的农村家庭，其接受培训劳动力占比为 0。

二　不同多维相对贫困动态类型农村家庭的其他生计资本状况

（一）全国不同多维相对贫困动态类型农村家庭的其他生计资本状况

表 6-6 为全国不同多维相对贫困动态类型农村家庭的其他生计资本状况，当 k=1 时，处于从不相对贫困状态农村家庭的人均土地价值、人均金融资产、人均生产性固定资产和人均转移性支出分别为 690.47 元、28550.52 元、15611.41 元和 23471.75 元，是处于暂时相对贫困农村家庭生计资本的 2.08 倍、1.38 倍、1.09 倍和 1.32 倍，是处于慢性相对贫困农村家庭生计资本的 2.20 倍、4.23 倍、1.52 倍和 4.10 倍；当 k=2 时，处于从不相对贫困状态的农村家庭的人均土地价值、人均金融资产、人均生产性固定资产和人均转移性支出分别为 604.85 元、15164.42 元、13703.44 元和 12003.2 元，是处于暂时相对贫困农村家庭生计资本的 1.75 倍、1.96 倍、1.34 倍和 1.88 倍，是处于慢性相对贫困农村家庭生计资本的 3.71 倍、4.94 倍、1.57 倍和 4.54 倍；当 k=3 时，处于从不相对贫困状态的农村家庭的人均土地价值、人均金融资产、人均生产性固定资产和人均转移性支出分别为 402.37 元、9603.31 元、12017.43 元和 8031.07 元，是处于暂时相对贫困农村家庭生计资本的 1.67 倍、2.20 倍、1.47 倍和 2.43 倍，是处于慢性相对贫困农村家庭生计资本的 23.02 倍、7.52 倍、2.54 倍和 6.86 倍；当 k=4 时，处于从不相对贫困状态的农村家庭的人均土地价值、人均金融资产、人均生产性固定资产和人均转移性支出分别为 356.73 元、7681.85 元、10579.98 元和 6619.73 元，是处于暂时相对贫困农村家庭生计资本的 4.92 倍、3.94 倍、1.76 倍和 3.21 倍，处于慢性相对贫困状态的

农村家庭的人均土地价值、人均金融资产、人均生产性固定资产和人均转移性支出分别为 0 元、244.63 元、5977.34 元和 1924.13 元；当 k=5 时，处于从不相对贫困状态的农村家庭的人均土地价值、人均金融资产、人均生产性固定资产和人均转移性支出分别为 340.08 元、7788.86 元、10469.22 元和 6620.73 元，处于暂时相对贫困和慢性相对贫困的农村家庭样本数为 0，因此其生计资本为空值。

表 6-6　　全国不同多维相对贫困动态类型农村家庭的其他生计资本状况　　单位：元

维度	相对贫困类型	人均土地价值	人均金融资产	人均生产性固定资产	人均转移性支出
k=1	从不相对贫困	690.47	28550.52	15611.41	23471.75
	暂时相对贫困	332.47	20687.21	14290.85	17810.21
k=1	慢性相对贫困	314.39	6753.07	10255.88	5731.36
k=2	从不相对贫困	604.85	15164.42	13703.44	12003.2
	暂时相对贫困	346.22	7722.53	10252.61	6396.32
	慢性相对贫困	162.92	3072.15	8724.08	2646.30
k=3	从不相对贫困	402.37	9603.31	12017.43	8031.07
	暂时相对贫困	240.30	4373.31	8159.71	3302.87
	慢性相对贫困	17.48	1277.25	4728.77	1170.66
k=4	从不相对贫困	356.73	7681.85	10579.98	6619.73
	暂时相对贫困	72.47	1948.60	6023.98	2061.61
	慢性相对贫困	0.00	244.63	5977.34	1924.13
k=5	从不相对贫困	340.08	7788.86	10469.22	6620.73
	暂时相对贫困	—	—	—	—
	慢性相对贫困	—	—	—	—

注："—"表示为空值。

从全国不同多维相对贫困动态类型农村家庭的人力资本状况可以看出，不同多维相对贫困动态类型的农村家庭，其他生计资本状况表现出明显的差异。从总体来看，从不相对贫困农村家庭比暂时相对贫困农村家庭拥有更好的生计资本，暂时相对贫困农村家庭比慢性相对贫困农村家庭拥有更好的生计资本，从不相对贫困状态农村家庭的人均土地价值、人均金融资产、人均生产性固定资产和人均转移性支出均大于暂时相对贫困和慢性相对贫困状态的农村家庭。不同多维相对贫困动态类型的农村家庭，其同一生计资本指标的 k 值取值不同时，同一生计资本指标也表现出明显的规律特征。对处于从不相对贫困、暂时相对贫困和慢性相对贫困三种动态相对贫困类型的农村家庭而言，人均土地价值、人均金融资产、人均生产性固定资产和人均转移性支出分别随着多维相对贫困 k 值的增加而减少。

（二）东部地区不同多维相对贫困动态类型农村家庭的其他生计资本状况

表 6-7 为东部地区不同多维相对贫困动态类型农村家庭的其他生计资本状况。

表 6-7　东部地区不同多维相对贫困动态类型农村家庭的其他生计资本状况　　　　　　　　单位：元

维度	相对贫困类型	人均土地价值	人均金融资产	人均生产性固定资产	人均转移性支出
k = 1	从不相对贫困	576.65	42195.7	14491.96	31306.01
	暂时相对贫困	553.87	29723.16	13890.41	21376.57
	慢性相对贫困	346.60	10296.87	8188.04	7420.85
k = 2	从不相对贫困	581.98	22012.59	9619.40	15110.37
	暂时相对贫困	408.55	9395.57	9421.75	7628.13
	慢性相对贫困	208.97	3860.78	8260.47	2510.02
k = 3	从不相对贫困	372.43	14604.72	8796.87	10549.53
	暂时相对贫困	410.52	4425.65	8251.21	3846.83
	慢性相对贫困	0.00	195.57	2847.83	265.87
k = 4	从不相对贫困	381.22	12341.37	8728.64	9013.55
	暂时相对贫困	52.73	1170.81	3566.20	2759.38
	慢性相对贫困	—	—	—	—

续表

维度	相对贫困类型	人均土地价值	人均金融资产	人均生产性固定资产	人均转移性支出
k=5	从不相对贫困	379.40	12421.25	8678.47	9061.30
	暂时相对贫困	—	—	—	—
	慢性相对贫困	—	—	—	—

注："—"表示为空值。

当 k=1 时，东部地区处于从不相对贫困状态农村家庭的人均土地价值、人均金融资产、人均生产性固定资产和人均转移性支出分别为 576.65 元、42195.7 元、14491.96 元和 31306.01 元，是处于暂时相对贫困农村家庭生计资本的 1.04 倍、1.42 倍、1.04 倍和 1.46 倍，是处于慢性相对贫困农村家庭生计资本的 1.66 倍、4.10 倍、1.77 倍和 4.22 倍；当 k=2 时，东部地区处于从不相对贫困状态的农村家庭的人均土地价值、人均金融资产、人均生产性固定资产和人均转移性支出分别为 581.98 元、22012.59 元、9619.40 元和 15110.37 元，是处于暂时相对贫困农村家庭生计资本的 1.42 倍、2.34 倍、1.02 倍和 1.98 倍，是处于慢性相对贫困农村家庭生计资本的 2.78 倍、5.70 倍、1.16 倍和 6.02 倍；当 k=3 时，东部地区处于从不相对贫困状态的农村家庭的人均土地价值、人均金融资产、人均生产性固定资产和人均转移性支出分别为 372.43 元、14604.72 元、8796.87 元和 10549.53 元，是处于暂时相对贫困农村家庭生计资本的 0.91 倍、3.30 倍、1.07 倍和 2.74 倍，处于慢性相对贫困状态的东部地区农村家庭的人均土地价值、人均金融资产、人均生产性固定资产和人均转移性支出分别为 0 元、195.57 元、2847.83 元和 265.87 元；当 k=4 时，东部地区处于从不相对贫困状态的农村家庭的人均土地价值、人均金融资产、人均生产性固定资产和人均转移性支出分别为 381.22 元、12341.37 元、8728.64 元和 9013.55 元，是处于暂时相对贫困农村家庭生计资本的 7.23 倍、10.54 倍、2.45

倍和 3.27 倍，由于慢性相对贫困家庭样本数为 0，处于慢性相对贫困农村家庭生计资本为空值；当 k=5 时，东部地区处于从不相对贫困状态的农村家庭的人均土地价值、人均金融资产、人均生产性固定资产和人均转移性支出分别为 379.4 元、12421.25 元、8678.47 元和 9061.30 元，处于暂时相对贫困和慢性相对贫困的东部农村家庭样本数为 0，因此这两种生计策略类型的家庭生计资本为空值。

从东部地区不同多维相对贫困动态类型农村家庭的人力资本状况可以看出，不同多维相对贫困动态类型的东部地区农村家庭，其他生计资本状况表现出明显的差异。从总体来看，东部地区从不相对贫困农村家庭比暂时相对贫困农村家庭拥有更好的生计资本，暂时相对贫困农村家庭比慢性相对贫困农村家庭拥有更好的生计资本，东部地区从不相对贫困状态农村家庭的人均土地价值、人均金融资产、人均生产性固定资产和人均转移性支出均大于暂时相对贫困和慢性相对贫困状态的农村家庭。不同多维相对贫困动态类型的东部地区农村家庭，其同一生计资本指标的 k 值取值不同时，同一生计资本指标也表现出明显的规律特征。对处于从不相对贫困、暂时相对贫困和慢性相对贫困三种动态相对贫困类型的东部地区农村家庭而言，人均土地价值、人均金融资产、人均生产性固定资产和人均转移性支出分别随着多维相对贫困 k 值的增加而减少。

（三）中部地区不同多维相对贫困动态类型农村家庭的其他生计资本状况

表 6-8 为中部地区不同多维相对贫困动态类型农村家庭的其他生计资本状况。当 k=1 时，中部地区处于从不相对贫困状态农村家庭的人均土地价值、人均金融资产、人均生产性固定资产和人均转移性支出分别为 503.60 元、16630.97 元、15803.21 元和 18855.22 元，是处于暂时相对贫困农村家庭生计资本的 1.39 倍、1.41 倍、0.99 倍和 1.55 倍，是处于慢性相对贫困农村家庭生计资本的 3.94 倍、2.51 倍、1.51 倍和 3.20 倍；当 k=2 时，中部地区处于从不相对贫困状态的农村家庭的人均土地价值、人均金融资产、人均生产

性固定资产和人均转移性支出分别为 513.16 元、10931.88 元、15366.00 元和 11355.25 元，是处于暂时相对贫困农村家庭生计资本的 1.15 倍、1.66 倍、1.53 倍和 1.65 倍，是处于慢性相对贫困农村家庭生计资本的 3.38 倍、2.84 倍、1.91 倍和 3.52 倍；当 k = 3 时，中部地区处于从不相对贫困状态的农村家庭的人均土地价值、人均金融资产、人均生产性固定资产和人均转移性支出分别为 427.85 元、8061.05 元、12016.02 元和 8399.53 元，是处于暂时相对贫困农村家庭生计资本的 1.60 倍、1.85 倍、1.56 倍和 2.53 倍，是处于慢性相对贫困农村家庭生计资本的 18.55 倍、8.44 倍、2.91 倍和 10.00 倍；当 k = 4 时，中部地区处于从不相对贫困状态的农村家庭的人均土地价值、人均金融资产、人均生产性固定资产和人均转移性支出分别为 380.18 元、6913.84 元、10670.94 元和 7105.33 元，是处于暂时相对贫困农村家庭生计资本的 1.27 倍、2.73 倍、2.49 倍和 6.48 倍，处于慢性相对贫困的中部地区农村家庭样本为 0，其生计资本为空值；当 k = 5 时，中部地区处于从不相对贫困状态的农村家庭的人均土地价值、人均金融资产、人均生产性固定资产和人均转移性支出分别为 382.15 元、6878.58 元、10526.96 元和 7027.38 元，处于暂时相对贫困和慢性相对贫困的中部农村家庭样本数为 0，因此这两种生计策略类型的家庭生计资本为空值。

表 6-8　　　中部地区不同多维相对贫困动态类型农村家庭的
其他生计资本状况　　　　　　　　　单位：元

维度	相对贫困类型	人均土地价值	人均金融资产	人均生产性固定资产	人均转移性支出
k = 1	从不相对贫困	503.60	16630.97	15803.21	18855.22
	暂时相对贫困	362.86	11813.45	16019.58	12185.90
	慢性相对贫困	127.96	6621.01	10486.90	5895.66
k = 2	从不相对贫困	513.16	10931.88	15366.00	11355.25
	暂时相对贫困	445.52	6573.78	10018.44	6871.13
	慢性相对贫困	151.68	3854.26	8036.44	3229.28

续表

维度	相对贫困类型	人均土地价值	人均金融资产	人均生产性固定资产	人均转移性支出
k=3	从不相对贫困	427.85	8061.05	12016.02	8399.53
k=3	暂时相对贫困	268.20	4362.76	7683.95	3319.55
k=3	慢性相对贫困	23.07	954.98	4136.02	840.10
k=4	从不相对贫困	380.18	6913.84	10670.94	7105.33
k=4	暂时相对贫困	298.61	2532.23	4292.06	1096.34
k=4	慢性相对贫困	—	—	—	—
k=5	从不相对贫困	382.15	6878.58	10526.96	7027.38
k=5	暂时相对贫困	—	—	—	—
k=5	慢性相对贫困	—	—	—	—

注："—"表示为空值。

从中部地区不同多维相对贫困动态类型农村家庭的人力资本状况可以看出，不同多维相对贫困动态类型的中部地区农村家庭，其他生计资本状况表现出明显的差异。从总体来看，中部地区从不相对贫困农村家庭比暂时相对贫困农村家庭拥有更好的生计资本，暂时相对贫困农村家庭比慢性相对贫困农村家庭拥有更好的生计资本，中部地区从不相对贫困状态农村家庭的人均土地价值、人均金融资产、人均生产性固定资产和人均转移性支出均大于暂时相对贫困和慢性相对贫困状态的农村家庭。不同多维相对贫困动态类型的中部地区农村家庭，其同一生计资本指标的k值取值不同时，同一生计资本指标也表现出明显的规律特征。对处于从不相对贫困、暂时相对贫困和慢性相对贫困三种动态相对贫困类型的中部地区农村家庭而言，人均土地价值、人均金融资产、人均生产性固定资产和人均转移性支出分别随着多维相对贫困k值的增加而减少。

（四）西部地区不同多维相对贫困动态类型农村家庭的其他生计资本状况

表6-9为西部地区不同多维相对贫困动态类型农村家庭的其他生计资本状况。

表 6-9　西部地区不同多维相对贫困动态类型农村家庭的其他生计资本状况　　单位：元

维度	相对贫困类型	人均土地价值	人均金融资产	人均生产性固定资产	人均转移性支出
k = 1	从不相对贫困	0.00	0.00	7541.71	36149.68
	暂时相对贫困	1406.82	11692.01	22305.39	14133.36
	慢性相对贫困	255.27	4978.37	9749.10	4748.30
k = 2	从不相对贫困	708.41	9919.05	17008.90	12233.34
	暂时相对贫困	357.73	6638.05	10692.75	6252.14
	慢性相对贫困	112.36	2629.19	8552.61	2604.16
k = 3	从不相对贫困	372.91	5760.29	12252.90	7103.42
	暂时相对贫困	181.42	4799.80	8022.44	3289.55
	慢性相对贫困	19.01	1615.96	5459.67	1371.87
k = 4	从不相对贫困	298.79	5309.88	10432.00	5359.89
	暂时相对贫困	18.69	2091.24	6734.83	2242.32
	慢性相对贫困	0.00	240.93	6076.38	1948.00
k = 5	从不相对贫困	275.77	5117.60	10003.55	5204.26
	暂时相对贫困	—	—	—	—
	慢性相对贫困	—	—	—	—

注："—"表示为空值。

当 k = 1 时，西部地区处于从不相对贫困状态农村家庭的人均土地价值、人均金融资产、人均生产性固定资产和人均转移性支出分别为 0 元、0 元、7541.71 元和 36149.68 元，该生计策略类型的农村家庭人均土地价值和金融资产为 0，可能是因为 k = 1 时该相对贫困动态类型的家庭样本数较少，从而缺乏样本代表性，处于暂时相对贫困状态的西部地区农村家庭其他生计资本分别为 1406.82 元、11692.01 元、22305.39 元和 14133.36 元，是处于慢性相对贫困农村家庭生计资本的 5.51 倍、2.35 倍、2.29 倍和 2.98 倍；当 k = 2 时，西部地区处于从不相对贫困状态的农村家庭的人均土地价值、人均金融资产、人均生产性固定资产和人均转移性支出分别为

708.41元、9919.05元、17008.90元和12233.34元，是处于暂时相对贫困农村家庭生计资本的1.98倍、1.49倍、1.59倍和1.96倍，是处于慢性相对贫困农村家庭生计资本的6.30倍、3.77倍、1.99倍和4.70倍；当k=3时，西部地区处于从不相对贫困状态的农村家庭的人均土地价值、人均金融资产、人均生产性固定资产和人均转移性支出分别为372.91元、5760.29元、12252.90元和7103.42元，是处于暂时相对贫困农村家庭生计资本的2.06倍、1.20倍、1.53倍和2.16倍，是处于慢性相对贫困农村家庭生计资本的19.62倍、3.56倍、2.24倍和5.18倍；当k=4时，西部地区处于从不相对贫困状态的农村家庭的人均土地价值、人均金融资产、人均生产性固定资产和人均转移性支出分别为298.79元、5309.88元、10432.00元和5359.89元，是处于暂时相对贫困农村家庭生计资本的15.99倍、2.54倍、1.55倍和2.39倍，处于慢性相对贫困的西部地区农村家庭生计资本分别为0元、240.93元、6076.38元和1948.00元；当k=5时，西部地区处于从不相对贫困状态的农村家庭的人均土地价值、人均金融资产、人均生产性固定资产和人均转移性支出分别为275.77元、5117.60元、10003.55元和5204.26元，处于暂时相对贫困和慢性相对贫困的西部地区农村家庭样本数为0，因此这两种生计策略类型的家庭生计资本为空值。

从西部地区不同多维相对贫困动态类型农村家庭的人力资本状况可以看出，不同多维相对贫困动态类型的西部地区农村家庭，其他生计资本状况表现出明显的差异。从总体来看，西部地区从不相对贫困农村家庭比暂时相对贫困农村家庭拥有更好的生计资本，暂时相对贫困农村家庭比慢性相对贫困农村家庭拥有更好的生计资本，西部地区从不相对贫困状态农村家庭的人均土地价值、人均金融资产、人均生产性固定资产和人均转移性支出均大于暂时相对贫困和慢性相对贫困状态的农村家庭。不同多维相对贫困动态类型的西部地区农村家庭，其同一生计资本指标的k值取值不同时，同一生计资本指标也表现出明显的规律特征。对处于从不相对贫困、暂时相对贫困和慢性相对贫困三种动态相对贫困类型的西部地区农村家庭而言，人均土地价值、人均金融资产、人均生产性固定资产和人均转移性支出分别随着多维相对贫困 k 值的增加而减少。

（五）东北地区不同多维相对贫困动态类型农村家庭的其他生计资本状况

表6-10为东北地区不同多维相对贫困动态类型农村家庭相对贫困的其他生计资本状况，当 k=1 时，东北地区处于从不相对贫困状态农村家庭样本数为0，其生计资本值均为空值，处于暂时相对贫困农村家庭的人均土地价值、人均金融资产、人均生产性固定资产和人均转移性支出分别为 784.13 元、18105.22 元、9133.23 元和 8552.02 元，处于慢性相对贫困农村家庭的人均土地价值、人均金融资产、人均生产性固定资产和人均转移性支出分别为 338.16 元、5956.62 元、14993.75 元和 4170.44 元；当 k=2 时，东北地区处于从不相对贫困状态的农村家庭的人均土地价值、人均金融资产、人均生产性固定资产和人均转移性支出分别为 572.08 元、10243.68 元、17245.14 元和 6603.20 元，是处于暂时相对贫困农村家庭生计资本的 1.45 倍、1.47 倍、1.13 倍和 1.43 倍，是处于慢性相对贫困农村家庭生计资本的 5.75 倍、6.13 倍、1.31 倍和 3.77 倍；当 k=3 时，东北地区处于从不相对贫困状态的农村家庭的人均土地价值、人均金融资产、人均生产性固定资产和人均转移性支出分别为 439.34 元、7800.56 元、16818.97 元和 5074.92 元，是处于暂时相对贫困农村家庭生计资本的 4.55 倍、3.77 倍、1.81 倍和 2.10 倍，处于慢性相对贫困的东北地区农村家庭生计资本分别为 0 元、82.19 元、2069.46 元和 967.52 元；当 k=4 时，东北地区处于从不相对贫困状态的农村家庭的人均土地价值、人均金融资产、人均生产性固定资产和人均转移性支出分别为 362.57 元、6587.22 元、15296.86 元和 4567.68 元，是处于暂时相对贫困农村家庭生计资本的 8.15 倍、6.37 倍和 2.30 倍、2.40 倍，处于慢性相对贫困的东北地区农村家庭样本数为0，因此这种生计策略类型的家庭生计资本为空值；

当 k=5 时,东北地区处于从不相对贫困状态的农村家庭的人均土地价值、人均金融资产、人均生产性固定资产和人均转移性支出分别为 368.8 元、6292.95 元、15435.72 元和 4487.47 元,处于暂时相对贫困和慢性相对贫困的东北地区农村家庭样本数为 0,因此这两种生计策略类型的家庭生计资本为空值。

表 6-10　　东北地区不同多维相对贫困动态类型农村家庭的
其他生计资本状况　　　　　　　　单位:元

维度	相对贫困类型	人均土地价值	人均金融资产	人均生产性固定资产	人均转移性支出
k=1	从不相对贫困	—	—	—	—
	暂时相对贫困	784.13	18105.22	9133.23	8552.02
	慢性相对贫困	338.16	5956.62	14993.75	4170.44
k=2	从不相对贫困	572.08	10243.68	17245.14	6603.20
	暂时相对贫困	394.21	6978.20	15208.82	4624.12
	慢性相对贫困	99.57	1670.48	13121.33	1752.80
k=3	从不相对贫困	439.34	7800.56	16818.97	5074.92
	暂时相对贫困	96.62	2068.31	9276.97	2419.91
	慢性相对贫困	0.00	82.19	2069.46	967.52
k=4	从不相对贫困	362.57	6587.22	15296.86	4567.68
	暂时相对贫困	44.49	1033.45	6642.66	1899.58
	慢性相对贫困	—	—	—	—
k=5	从不相对贫困	368.80	6292.95	15435.72	4487.47
	暂时相对贫困	—	—	—	—
	慢性相对贫困	—	—	—	—

注:"—"表示为空值。

从东北地区不同多维相对贫困动态类型农村家庭的人力资本状况可以看出,不同多维相对贫困动态类型的东北地区农村家庭,其他生计资本状况表现出明显的差异。从总体来看,东北地区从不相对贫困农村家庭比暂时相对贫困农村家庭拥有更好的生计资本,暂时相对贫困农村家庭比慢性相对贫困农村家庭拥有更好的生计资本，东北地区从不相对贫困状态农村家庭的人均土地价值、人均金融资产、人均生产性固定资产和人均转移性支出均大于暂时相对贫困和慢性相对贫困状态的农村家庭。不同多维相对贫困动态类型的东北地区农村家庭，其同一生计资本指标的 k 值取值不同时，同一生计资本指标也表现出明显的规律特征。对处于从不相对贫困、暂时相对贫困和慢性相对贫困三种动态相对贫困类型的东北地区农村家庭而言，人均土地价值、人均金融资产、人均生产性固定资产和人均转移性支出分别随着多维相对贫困 k 值的增加而减少。

第二节　不同多维相对贫困动态类型农村家庭的生计策略

不同多维相对贫困动态类型的农村家庭，生计策略可能存在差异。因此，有必要分析不同多维相对贫困动态类型家庭的生计策略差异，刻画不同多维相对贫困状态农村家庭的特征，从而为深入理解农村家庭多维相对贫困动态性的影响因素提供理论支持。根据可持续生计理论，生计策略是指农村家庭为了实现生计目标而采取的生计活动的组合，按照生计策略衡量指标的不同，农村家庭生计策略可以划分为多种生计策略类型（Scoones，1998），鉴于数据的限制①，本书以农村家庭劳动力配置来反映农村家庭的生计策略②，根据劳动力配置在农业和非农生产活动数量的不同，将农村家庭生计策略划分为纯农业生产型、农业生产为主型、非农生产为主型和纯非农生产型。

---

① 也有文献以收入种类来划分生计策略类型，但大多数文献以劳动力配置来划分生计策略类型，因此，本书选择劳动力配置划分生计策略类型。

② 以劳动力配置划分生计策略类型主要有两种方法：一是劳动力在农业生产和非农生产的时间配置，二是劳动力农业生产和非农生产的职业划分，根据数据的指标，本书选择了第二种生计策略划分方法。

一 全国不同多维相对贫困动态类型农村家庭的生计策略

表 6-11 为全国不同多维相对贫困动态类型农村家庭的生计策略状况。当 k=1 时，处于从不相对贫困状态的农村家庭样本数较少，其生计策略占比没有代表性；处于暂时相对贫困状态农村家庭的生计策略占比最高的是纯农业生产，占样本总数的 32.19%，纯非农生产所占比重也较高，达 29.15%；处于慢性相对贫困状态的农村家庭，其生计策略占比最高的是纯农业生产，达 45.02%。当 k=2 时，处于从不相对贫困状态的农村家庭，其生计策略占比最高的是纯农业生产，占 30.12%，以非农生产为主和纯非农生产两种类型生计策略的农村家庭占比也较高，分别为 27.88% 和 26.15%；处于暂时相对贫困状态的农村家庭，其生计策略占比最高的是纯农业生产，达 43.57%；处于慢性相对贫困状态的农村家庭，其生计策略仍以纯农业生产为主，达 54.97%。当 k=3 时，处于从不相对贫困、暂时相对贫困和慢性相对贫困状态的农村家庭，其生计策略均占比最高的是纯农业生产，占比分别为 39.39%、54.19% 和 69.60%。当 k=4 时，处于慢性相对贫困状态的农村家庭样本数为 0，对应的生计策略为空值，处于从不相对贫困和暂时相对贫困状态的农村家庭，其生计策略占比最高的是纯农业生产，占比分别为 44.19% 和 59.43%。当 k=5 时，处于暂时相对贫困和慢性相对贫困状态的农村家庭样本数为 0，对应的生计策略为空值，处于从不相对贫困状态的农村家庭，其生计策略占比最高的是纯农业生产，占比为 44.62%。

表 6-11 全国不同多维相对贫困动态类型农村家庭的生计策略

维度	相对贫困状态	纯农业生产 户数（户）	纯农业生产 比例（%）	农业生产为主 户数（户）	农业生产为主 比例（%）	非农生产为主 户数（户）	非农生产为主 比例（%）	纯非农生产 户数（户）	纯非农生产 比例（%）
k=1	从不相对贫困	2	15.89	1	8.15	3	24.05	5	41.48
	暂时相对贫困	91	32.19	25	9.16	74	26.31	82	29.15
	慢性相对贫困	2079	45.02	539	11.83	945	20.85	622	13.77

续表

维度	相对贫困状态	纯农业生产 户数（户）	纯农业生产 比例（%）	农业生产为主 户数（户）	农业生产为主 比例（%）	非农生产为主 户数（户）	非农生产为主 比例（%）	纯非农生产 户数（户）	纯非农生产 比例（%）
k=2	从不相对贫困	327	30.12	99	9.05	299	27.88	290	26.15
k=2	暂时相对贫困	971	43.57	240	10.83	489	21.48	315	14.75
k=2	慢性相对贫困	884	54.97	247	14.96	219	13.71	113	7.07
k=3	从不相对贫困	1314	39.39	365	11.26	812	24.25	577	18.02
k=3	暂时相对贫困	772	54.19	191	13.55	206	14.82	122	8.70
k=3	慢性相对贫困	103	69.60	20	13.36	8	5.34	4	2.76
k=4	从不相对贫困	2062	44.19	551	11.94	993	21.36	705	15.16
k=4	暂时相对贫困	101	59.43	23	13.72	20	11.55	14	8.19
k=4	慢性相对贫困	—	—	—	—	—	—	—	—
k=5	从不相对贫困	2123	44.62	579	11.74	1031	20.68	725	14.44
k=5	暂时相对贫困	—	—	—	—	—	—	—	—
k=5	慢性相对贫困	—	—	—	—	—	—	—	—

注："—"表示为空值。

从全国不同多维相对贫困动态类型农村家庭的生计策略状况可以看出，不同多维相对贫困动态类型的农村家庭，其生计策略状况主要表现为以纯农业生产为主。从总体来看，当 k 值不同时，处于从不相对贫困、暂时相对贫困和慢性相对贫困状态的农村家庭，其生计策略为纯农业生产和农业生产为主的比例，总体上是依次递增的，即处于从不相对贫困状态的农村家庭，其生计策略为纯农业生产和农业生产为主的比例，小于处于暂时相对贫困状态农村家庭的比例，处于暂时相对贫困状态的农村家庭，其生计策略为农业生产为主和纯农业生产的比例，小于处于慢性相对贫困状态农村家庭的比例。同时，从总体来看，当 k 值不同时，处于从不相对贫困、暂时相对贫困和慢性相对贫困状态的农村家庭，其生计策略为纯非农生产和以非农生产为主的比例，总体上是依次递减的，即处于从不相对贫困状态的农村家庭，其生计策略为纯非农生产和非农生产为主的比例，大于处于暂时相对贫困状态农村家庭的比例，处于暂时相对贫困状态的农村家庭，其生计策略为非农生产为主和纯非农生产的比例，大于处于慢性相对贫困状态农村家庭的比例。也就是说，对于不同的 k 值，处于从不相对贫困、暂时相对贫困和慢性相对贫困状态的农村家庭，其生计策略主要为以纯农业生产和农业生产为主两种类型，处于暂时相对贫困和慢性相对贫困状态的农村家庭，虽然其生计策略仍主要为纯农业生产和农业生产为主两种类型，但其生计策略为以非农生产为主和纯非农生产所占的比例，比处于从不相对贫困状态的农村家庭低。

二　东部地区不同多维相对贫困动态类型农村家庭的生计策略

表 6-12 为东部地区不同多维相对贫困动态类型农村家庭的生计策略状况。

表 6-12　东部地区不同多维相对贫困动态类型农村家庭的生计策略

维度	相对贫困状态	纯农业生产 户数（户）	纯农业生产 比例（%）	农业生产为主 户数（户）	农业生产为主 比例（%）	非农生产为主 户数（户）	非农生产为主 比例（%）	纯非农生产 户数（户）	纯非农生产 比例（%）
k=1	从不相对贫困	—	—	—	—	2	33.26	3	49.70
k=1	暂时相对贫困	33	25.67	11	8.41	40	31.24	40	31.47
k=1	慢性相对贫困	411	35.62	99	8.42	272	23.20	262	22.34
k=2	从不相对贫困	112	26.84	29	6.88	114	27.14	141	34.15
k=2	暂时相对贫困	213	35.64	54	8.74	154	24.07	130	21.52
k=2	慢性相对贫困	117	44.80	25	9.17	47	17.86	34	12.99
k=3	从不相对贫困	317	31.35	82	8.33	263	25.28	261	26.68
k=3	暂时相对贫困	121	44.45	25	9.41	53	19.30	39	14.98
k=3	慢性相对贫困	8	61.11	1	7.55	1	7.68	1	7.68
k=4	从不相对贫困	431	33.74	107	8.24	305	24.01	294	24.07
k=4	暂时相对贫困	8	35.80	3	12.97	5	22.68	5	22.09
k=4	慢性相对贫困	—	—	—	—	—	—	—	—
k=4	从不相对贫困	439	34.37	108	8.48	307	23.32	306	23.65
k=4	暂时相对贫困	—	—	—	—	—	—	—	—
k=4	慢性相对贫困	—	—	—	—	—	—	—	—

注："—"表示为空值。

当 k=1 时，处于从不相对贫困状态的农村家庭样本数较少，其生计策略占比没有代表性；东部地区处于暂时相对贫困状态的农村家庭，其生计策略主要体现为非农生产为主和纯非农生产，分别占 31.24% 和 31.47%；东部地区处于慢性相对贫困状态的农村家庭，其生计策略以纯农业生产为主，达 35.62%。当 k=2 时，东部地区处于从不相对贫困状态的农村家庭，其生计策略占比最高的是纯非农生产，占 34.15%，以纯农业生产和非农生产为主两种类型生计策略的农村家庭占比也较高，分别为 26.84% 和 27.14%；东部地区处于暂时相对贫困状态的农村家庭，其生计策略占比最高的是纯农业生产，达 35.64%；东部地区处于慢性相对贫困状态的农村家庭，其生计策略仍以纯农业生产为主，达 44.80%。当 k=3 时，东部地区处于从不相对贫困、暂时相对贫困和慢性相对贫困状态的农村家庭，其生计策略类型占比最高的均为纯农业生产，占比分别为 31.35%、44.45% 和 61.11%。当 k=4 时，东部地区处于慢性相对贫困状态的农村家庭样本数为 0，对应的生计策略为空值，东部地区处于从不相对贫困和暂时相对贫困状态的农村家庭，其生计策略占比最高的为纯农业生产，占比分别为 33.74% 和 35.80%。当 k=5 时，东部地区处于暂时相对贫困和慢性相对贫困状态的农村家庭样本数为 0，对应的生计策略为空值，东部地区处于从不相对贫困状态的农村家庭，其生计策略占比最高的是纯农业生产，占比为 34.37%。

从东部地区不同多维相对贫困动态类型农村家庭的生计策略状况可以看出，不同多维相对贫困动态类型的农村家庭，其生计策略状况主要表现为以纯农业生产为主。从总体来看，当 k 值不同时，东部地区处于从不相对贫困、暂时相对贫困和慢性相对贫困状态的农村家庭，其生计策略为纯农业生产和农业生产为主的比例，总体上是依次递增的，即东部地区处于从不相对贫困状态的农村家庭，其生计策略为纯农业生产和农业生产为主的比例，小于处于暂时相对贫困状态农村家庭的比例，处于暂时相对贫困状态的农村家庭，其生计策略为农业生产为主和纯农业生产的比例，小于处于慢性相对贫困状态农村家庭的比例。同时，从总体来看，当 k 值不同时，东部地区处于从不相对贫困、暂时相对贫困和慢性相对贫困状态的农村家庭，其生计策略为纯非农生产和以非农生产为主的比例，总体上是依次递减的，即东部地区处于从不相对贫困状态的农村家庭，其生计策略为纯非农生产和非农生产为主的比例，大于处于暂时相对贫困状态农村家庭的比例，处于暂时相对贫困状态的农村家庭，其生计策略为非农生产为主和纯非农生产的比例，大于处于慢性相对贫困状态农村家庭的比例。也就是说，对于不同的 k 值，东部地区处于从不相对贫困、暂时相对贫困和慢性相对贫困状态的农村家庭，其生计策略主要为以纯农业生产和农业生产为主两种类型，处于暂时相对贫困和慢性相对贫困状态的农村家庭，虽然其生计策略仍主要为纯农业生产和农业生产为主两种类型，但其生计策略为以非农生产为主和纯非农生产所占的比例，比处于从不相对贫困状态的农村家庭低。

三 中部地区不同多维相对贫困动态类型农村家庭的生计策略

表 6-13 为中部地区不同多维相对贫困动态类型农村家庭的生计策略状况。

表 6-13　中部地区不同多维相对贫困动态类型农村家庭的生计策略

维度	相对贫困状态	纯农业生产 户数（户）	纯农业生产 比例（%）	农业生产为主 户数（户）	农业生产为主 比例（%）	非农生产为主 户数（户）	非农生产为主 比例（%）	纯非农生产 户数（户）	纯非农生产 比例（%）
k=1	从不相对贫困	1	19.05	1	19.46	1	19.98	2	38.36
k=1	暂时相对贫困	31	36.70	8	8.97	20	23.14	24	28.99
k=1	慢性相对贫困	441	38.80	139	12.20	280	25.92	133	11.65
k=2	从不相对贫困	84	27.68	33	10.48	105	32.93	62	20.45
k=2	暂时相对贫困	233	42.28	55	10.24	148	25.92	71	12.60
k=2	慢性相对贫困	164	46.75	55	15.60	55	15.32	26	7.27
k=3	从不相对贫困	328	37.66	101	11.36	257	27.74	127	14.32
k=3	暂时相对贫困	131	43.05	40	12.80	52	17.06	32	10.99
k=3	慢性相对贫困	20	65.88	5	15.83	2	6.41	0	0.00

续表

维度	相对贫困状态	纯农业生产 户数（户）	纯农业生产 比例（%）	农业生产为主 户数（户）	农业生产为主 比例（%）	非农生产为主 户数（户）	非农生产为主 比例（%）	纯非农生产 户数（户）	纯非农生产 比例（%）
k=4	从不相对贫困	465	39.78	138	11.75	298	25.02	155	13.02
	暂时相对贫困	13	42.77	4	13.77	4	13.29	3	10.01
	慢性相对贫困	—		—		—		—	
k=5	从不相对贫困	489	38.73	141	12.13	307	25.23	158	13.34
	暂时相对贫困	—		—		—		—	
	慢性相对贫困	—		—		—		—	

注："—"表示为空值。

当 k=1 时，处于从不相对贫困状态的农村家庭样本数较少，其生计策略占比没有代表性；中部地区处于暂时相对贫困状态的农村家庭，其生计策略主要体现为纯农业生产，占 36.70%；中部地区处于慢性相对贫困状态的农村家庭，其生计策略以纯农业生产为主，达 38.80%。当 k=2 时，中部地区处于从不相对贫困状态的农村家庭，其生计策略占比最高的是非农生产为主，占 32.93%，纯农业生产类型生计策略的农村家庭占比也较高，占 27.68%；中部地区处于暂时相对贫困状态的农村家庭，其生计策略占比最高的是纯农业生产，达 42.28%；中部地区处于慢性相对贫困状态的农村家庭，其生计策略仍以纯农业生产为主，达 46.75%。当 k=3 时，中部地区处于从不相对贫困、暂时相对贫困和慢性相对贫困状态的农村家庭，其生计策略类型占比最高的均为纯农业生产，占比分别为 37.66%、43.05%、65.88%。当 k=4 时，中部地区处于慢性相对贫困状态的农村家庭样本数为 0，对应的生计策略为空值，中部地区处于从不相对贫困和暂时相对贫困状态的农村家庭，其生计策略占比最高的为纯农业生产，占比分别为 39.78%、42.77%。当 k=5 时，中部地区处于暂时相对贫困和慢性相对贫困状态的农村家庭样本数为 0，对应的生计策略为空值，中部地区处于从不相对贫困状态的农村家庭，其生计策略占比最高的是纯农业生产，占比为38.73%。

从中部地区不同多维相对贫困动态类型农村家庭的生计策略状况可以看出，不同多维相对贫困动态类型的农村家庭，其生计策略状况主要表现为以纯农业生产为主。从总体来看，当 k 值不同时，中部地区处于从不相对贫困、暂时相对贫困和慢性相对贫困状态的农村家庭，其生计策略为纯农业生产和农业生产为主的比例，总体上是依次递增的，即中部地区处于从不相对贫困状态的农村家庭，其生计策略为纯农业生产和农业生产为主的比例，小于处于暂时相对贫困状态农村家庭的比例，处于暂时相对贫困状态的农村家庭，其生计策略为农业生产为主和纯农业生产的比例，小于处于慢性相对贫困状态农村家庭的比例。同时，从总体来看，当 k 值不同时，中部地区处于从不相对贫困、暂时相对贫困和慢性相对贫困状态的农村家庭，其生计策略为纯非农生产和以非农生产为主的比例，总体上是依次递减的，即中部地区处于从不相对贫困状态的农村家庭，其生计策略为纯非农生产和非农生产为主的比例，大于处于暂时相对贫困状态农村家庭的比例，处于暂时相对贫困状态的农村家庭，其生计策略为非农生产为主和纯非农生产的比例，大于处于慢性相对贫困状态农村家庭的比例。也就是说，对于不同的 k 值，中部地区处于从不相对贫困、暂时相对贫困和慢性相对贫困状态的农村家庭，其生计策略主要为以纯农业生产和农业生产为主两种类型，处于暂时相对贫困和慢性相对贫困状态的农村家庭，虽然其生计策略仍主要为纯农业生产和农业生产为主两种类型，但其生计策略为以非农生产为主和纯非农生产所占的比例，比处于从不相对贫困状态的农村家庭低。

四 西部地区不同多维相对贫困动态类型农村家庭的生计策略

表6-14 为西部地区不同多维相对贫困动态类型农村家庭的生计策略状况。当 k=1 时，处于从不相对贫困状态的农村家庭样本数为0，其生计策略占比为空值；西部地区处于暂时相对贫困状态的农村

家庭，其生计策略主要体现为纯农业生产，占 39.34%；西部地区处于慢性相对贫困状态的农村家庭，其生计策略以纯农业生产为主，达 54.33%。当 k=2 时，西部地区处于从不相对贫困状态的农村家庭，其生计策略占比最高的是纯农业生产类型，占 38.55%；西部地区处于暂时相对贫困状态的农村家庭，其生计策略占比最高的是纯农业生产，达 48.71%；西部地区处于慢性相对贫困状态的农村家庭，其生计策略仍以纯农业生产为主，达 60.54%。当 k=3 时，西部地区处于从不相对贫困、暂时相对贫困和慢性相对贫困状态的农村家庭，其生计策略类型占比最高的均为纯农业生产，占比分别为 47.91%、57.53% 和 71.71%。当 k=4 时，西部地区处于慢性相对贫困状态的农村家庭样本数为 0，对应的生计策略为空值，西部地区处于从不相对贫困和暂时相对贫困状态的农村家庭，其生计策略占比最高的是纯农业生产，占比分别为 52.05%、66.09%。当 k=5 时，西部地区处于暂时相对贫困和慢性相对贫困状态的农村家庭样本数为 0，对应的生计策略为空值，西部地区处于从不相对贫困状态的农村家庭，其生计策略占比最高的是纯农业生产，占比为 53.82%。

表 6-14　西部地区不同多维相对贫困动态类型农村家庭的生计策略

维度	相对贫困状态	纯农业生产 户数（户）	纯农业生产 比例（%）	农业生产为主 户数（户）	农业生产为主 比例（%）	非农生产为主 户数（户）	非农生产为主 比例（%）	纯非农生产 户数（户）	纯非农生产 比例（%）
k=1	从不相对贫困	—	—	—	—	—	—	—	—
	暂时相对贫困	16	39.34	5	11.12	11	25.50	10	22.30
	慢性相对贫困	942	54.33	262	15.19	278	15.79	161	9.73
k=2	从不相对贫困	76	38.55	18	9.29	47	23.40	48	24.60
	暂时相对贫困	366	48.71	105	14.85	139	18.97	85	11.55
	慢性相对贫困	520	60.54	139	16.39	97	11.58	41	4.77
k=3	从不相对贫困	447	47.91	143	14.92	185	19.54	123	13.58
	暂时相对贫困	421	57.53	108	14.72	95	13.62	46	6.20
	慢性相对贫困	70	71.71	14	14.22	4	4.00	3	3.06

续表

维度	相对贫困状态	纯农业生产 户数（户）	纯农业生产 比例（%）	农业生产为主 户数（户）	农业生产为主 比例（%）	非农生产为主 户数（户）	非农生产为主 比例（%）	纯非农生产 户数（户）	纯非农生产 比例（%）
k=4	从不相对贫困	894	52.05	252	15.09	282	16.61	168	10.28
k=4	暂时相对贫困	67	66.09	14	14.63	10	10.49	5	4.82
k=4	慢性相对贫困	—	—	—	—	—	—	—	—
k=5	从不相对贫困	959	53.82	266	14.71	291	15.86	174	9.70
k=5	暂时相对贫困	—	—	—	—	—	—	—	—
k=5	慢性相对贫困	—	—	—	—	—	—	—	—

注："—"表示为空值。

从西部地区不同多维相对贫困动态类型农村家庭的生计策略状况可以看出，不同多维相对贫困动态类型的农村家庭，其生计策略状况主要表现为以纯农业生产为主。从总体来看，当 k 值不同时，西部地区处于从不相对贫困、暂时相对贫困和慢性相对贫困状态的农村家庭，其生计策略为纯农业生产和农业生产为主的比例，总体上是依次递增的，即西部地区处于从不相对贫困状态的农村家庭，其生计策略为纯农业生产和农业生产为主的比例，小于处于暂时相对贫困状态农村家庭的比例，处于暂时相对贫困状态的农村家庭，其生计策略为农业生产为主和纯农业生产的比例，小于处于慢性相对贫困状态农村家庭的比例。同时，从总体来看，当 k 值不同时，西部地区处于从不相对贫困、暂时相对贫困和慢性相对贫困状态的农村家庭，其生计策略为纯非农生产和以非农生产为主的比例，总体上是依次递减的，即西部地区处于从不相对贫困状态的农村家庭，其生计策略为纯非农生产和非农生产为主的比例，大于处于暂时相对贫困状态农村家庭的比例，处于暂时相对贫困状态的农村家庭，其生计策略为非农生产为主和纯非农生产的比例，大于处于慢性相对贫困状态农村家庭的比例。也就是说，对于不同的 k 值，西部地区处于从不相对贫困、暂时相对贫困和慢性相对贫困状态的农村家庭，其生计策略主要为以纯农业生产和农业生产为主两种类型，处于暂时相对贫困和慢性相对贫困状态的农村家庭，虽然其生计策略仍主要为纯农业生产和农业生产为主两种类型，但其生计策略为以非农生产为主和纯非农生产所占的比例，比处于从不相对贫困状态的农村家庭低。

五 东北地区不同多维相对贫困动态类型农村家庭的生计策略

表 6-15 为东北地区不同多维相对贫困动态类型农村家庭的生计策略状况。

表 6-15　东北地区不同多维相对贫困动态类型农村家庭的生计策略

维度	相对贫困状态	纯农业生产 户数（户）	比例（%）	农业生产为主 户数（户）	比例（%）	非农生产为主 户数（户）	比例（%）	纯非农生产 户数（户）	比例（%）
k=1	从不相对贫困	—	—	—	—	—	—	—	—
	暂时相对贫困	8	31.82	2	7.93	4	15.82	10	39.21
	慢性相对贫困	291	49.67	60	10.68	109	18.80	66	10.93
k=2	从不相对贫困	58	36.10	18	11.54	45	27.57	31	19.41
	暂时相对贫困	152	52.41	21	7.32	45	15.53	32	11.41
	慢性相对贫困	83	53.17	23	14.85	23	14.92	11	7.05
k=3	从不相对贫困	198	43.06	45	9.56	105	22.55	67	14.77
	暂时相对贫困	90	63.72	17	12.73	8	5.67	7	5.01
	慢性相对贫困	2	65.69	0	0.00	1	31.78	0	0.00
k=4	从不相对贫困	286	47.03	60	10.39	112	19.41	73	12.56
	暂时相对贫困	12	71.66	2	12.47	0	0.00	1	6.02
	慢性相对贫困	—	—	—	—	—	—	—	—
k=5	从不相对贫困	297	47.28	62	10.29	114	18.89	73	12.06
	暂时相对贫困	—	—	—	—	—	—	—	—
	慢性相对贫困	—	—	—	—	—	—	—	—

注："—"表示为空值。

当 k=1 时，处于从不相对贫困状态的农村家庭样本数为 0，其生计策略占比为空值；东北地区处于暂时相对贫困状态的农村家庭，其生计策略主要体现为纯非农生产，占 31.82%；东北地区处于慢性相对贫困状态的农村家庭，其生计策略以纯农业生产为主，达 49.67%。当 k=2 时，东北地区处于从不相对贫困状态的农村家庭，其生计策略占比最高的是纯农业生产类型，占 36.10%；东北地区处于暂时相对贫困状态的农村家庭，其生计策略占比最高的是纯农业生产，达 52.41%；东北地区处于慢性相对贫困状态的农村家庭，其生计策略仍以纯农业生产为主，达 53.17%。当 k=3 时，东北地区处于从不相对贫困、暂时相对贫困和慢性相对贫困状态的农村家庭，其生计策略类型占比最高的均为纯农业生产，占比分别为 43.06%、63.72% 和 65.69%。当 k=4 时，东北地区处于慢性相对贫困状态的农村家庭样本数为 0，对应的生计策略为空值，东北地区处于从不相对贫困和暂时相对贫困状态的农村家庭，其生计策略占比最高的是纯农业生产，占比分别为 47.03% 和 71.66%。当 k=5 时，东北地区处于暂时相对贫困和慢性相对贫困状态的农村家庭样本数为 0，对应的生计策略为空值，东北地区处于从不相对贫困状态的农村家庭，其生计策略占比最高的是纯农业生产，占比为 47.28%。

从东北地区不同多维相对贫困动态类型农村家庭的生计策略状况可以看出，不同多维相对贫困动态类型的农村家庭，其生计策略状况主要表现为以纯农业生产为主。从总体来看，当 k 值不同时，东北地区处于从不相对贫困、暂时相对贫困和慢性相对贫困状态的农村家庭，其生计策略为纯农业生产和农业生产为主的比例，总体上是依次递增的，即东北地区处于从不相对贫困状态的农村家庭，其生计策略为纯农业生产和农业生产为主的比例，小于处于暂时相对贫困状态农村家庭的比例，处于暂时相对贫困状态的农村家庭，其生计策略为农业生产为主和纯农业生产的比例，小于处于慢性相对贫困状态农村家庭的比例。同时，从总体来看，当 k 值不同时，东北地区处于从不相对贫困、暂时相对贫困和慢性相对贫困状态的农村家庭，其生计策略为纯非农生产和以非农生产为主的比例，总体上是依次递减的，即东北地区处于从不相对贫困状态的农村家庭，其生计策略为纯非农生产和非农生产为主的比例，大于处于暂时相对贫困状态农村家庭的比例，处于暂时相对贫困状态的农村家庭，其生计策略为非农生产为主和纯非农生产的比例，大于处于慢性相对贫困状态农村家庭的比例。也就是说，对于不同的 k 值，东北地区处于从不相对贫困、暂时相对贫困和慢性相对贫困状态的农村家庭，其生计策略主要为以纯农业生产和农业生产为主两种类型，处于暂时相对贫困和慢性相对贫困状态的农村家庭，虽然其生计策略仍主要为纯农业生产和农业生产为主两种类型，但其生计策略为以非农生产为主和纯非农生产所占的比例，比处于从不相对贫困状态的农村家庭低。

第三节　本章小结

本章根据可持续生计理论，将农村家庭的生计资本划分为人力资本、物质资本、金融资本和社会资本，分别用不同的指标反映了各类生计资本。从不同多维相对贫困动态类型农村家庭的人力资本状况及其他资本可以看出，其同一生计资本指标在多维相对贫困 k 值取值不同和不同的多维相对贫困动态类型时，表现出明显的规律特征，并且这种特征表现出明显的地区差异，全国、东部地区、中部地区、西部地区和东北地区农村家庭的生计资本状况有着不同的规律特征。同时，本章将农村家庭生计策略划分为纯农业生产型、农业生产为主型、非农生产为主型和纯非农生产型，比较了不同多维相对贫困动态类型农村家庭生计策略的差异。从不同多维相对贫困动态类型农村家庭的生计策略状况可以看出，不同多维相对贫困动态类型的农村家庭，所处相对贫困动态类型无论是从不相对贫困，还是暂时相对贫困和慢性相对贫困，生计策略状况主要都表现为以纯农业生产为主。从总体来看，当 k 值不同时，处于从不相对贫困、暂时相对贫困和慢性相对贫困状态的农村家庭，其生计策略为纯非农生产和以非农生产为主的比例，总体上是依次递减的，即处于从不相对贫困状态的农村家庭，其生计策略为纯非农生产和非农生产为主的比例，大于处于暂时相对贫困状态农村家庭的比例，处于暂时相对贫困状态的农村家庭，其生计策略为非农生产为主和纯非农生产的比例，大于处于慢性相对贫困状态农村家庭的比例。以上规律并无区域差异，全国、东部地区、中部地区、西部地区和东北地区农村家庭均表现出了以上特征。

第七章

农村家庭多维相对贫困动态性的影响因素分析

第一节 模型构建

根据计量经济学原理，排序多元离散选择模型可以选择 Logit 分布模型和 Probit 分布模型两种形式，但由于 Logit 模型所假设的随机效用分布形式更适合效用最大化时的分布选择，所以相对于 Probit 模型，Logit 模型应用更为广泛且与研究区实际情况匹配，所以本书采用有序多元选择模型中的 Logit 模型形式，即 Logit 模型进行计量研究。模型设置如下：

$$y_i^* = X_i \times \beta + \mu_i, \quad \mu_i \in N \sim (0, 1) \quad (7-1)$$

我们将从不相对贫困、暂时性相对贫困和慢性相对贫困三种类型作为被解释变量 y_i，并将其赋值为 0、1、2，那么 y_i 与 y_i^* 的关系为：

$$y_i = \begin{cases} 2, & y_i^* \leq \gamma_1 \\ 1, & \gamma_1 < y_i^* \leq \gamma_2 \\ 0, & \gamma_2 < y_i^* \end{cases} \quad (7-2)$$

其中，γ_1 和 γ_2 为临界点，与式（7-1）中的 β 同为待估参数。有序被解释变量的条件概率为：

$$\begin{cases} P(y_i=1\mid X_i,\beta,\gamma)=\theta(\gamma_1-X_i'\beta) \\ P(y_i=2\mid X_i,\beta,\gamma)=\theta(\gamma_2-X_i'\beta)-\theta(\gamma_1-X_i'\beta) \\ P(y_i=1\mid X_i,\beta,\gamma)=1-\theta(\gamma_1-X_i'\beta) \end{cases} \quad (7-3)$$

式（7-3）中 $\theta(*)$ 表示累计概率分布函数，对待估参数 γ_1、γ_2 和 β 可以通过对下面的似然函数求极值得到：

$$\log L(\beta,\gamma) = \sum_{i=1}^{N}\sum_{j=1}^{M}\log[P(y_i=j\mid X_i,\beta,\gamma)]\cdot D(y_i=j)$$

$$(7-4)$$

求得的 β 值可以反映出两个外端状态概率的变化方向，具体来说，当 $\beta_i>0$ 时，第 j 个变量 X_j 的赋值越大，潜变量 y_i^* 的赋值会越大，即越不容易相对贫困；反之，当 $\beta_i<0$ 时，第 j 个变量 X_j 的赋值越大，潜变量 y_i^* 的赋值会越小，即越容易陷入相对贫困。

第二节　变量选取与描述统计

一　变量选取

（一）因变量

本书选取的因变量为第五章划分的多维相对贫困动态类型，第五章划分的多维相对贫困动态类型结果中，k 值取值范围为 1—5，而识别多维相对贫困的 k 值尤为重要，目前理论界没有对多维相对贫困的 k 值界定标准达成共识，学术界关注更多的是多维相对贫困 k 值大于等于总维度 1/3 时的情况（高艳云和马瑜，2013；张全红，2015；王春超和叶琴，2014；张庆红和阿迪力·努尔，2015；王小林和 Alkire，2009）。因此，本书选取了 k 值分别为 2 和 3 时两种情况来识别农村家庭在各年度是否存在多维相对贫困。

（二）自变量

囿于 CFPS 数据限制，本书引入的自变量包括两类：家庭特征变量和村级特征变量，如表 7-1 所示。

表 7-1　农村家庭多维相对贫困动态性影响因素变量定义

变量类型	变量名称	变量定义	单位
因变量	多维相对贫困动态性（k=2）	k=2 时的多维相对贫困动态性测量结果	无
	多维相对贫困动态性（k=3）	k=3 时的多维相对贫困动态性测量结果	无
家庭特征	家庭规模	家庭总人口数	人
	人口负担系数	非劳动力人口数占家庭总人口数的比重	%
	培训劳动力占比	接受专业技能培训劳动力占总劳动力人数的比重	%
	家庭成员平均年龄	所有家庭成员年龄之和除以总人口数	岁
	是否有在校学生	是否有在学校上学的学生	无
	是否有老人	家庭中是否有超过 65 岁的成员	无
	劳动力占比	家庭劳动力占家庭总人口数的比重	%
村级特征	是否民族村	所在村是否为民族村	无
	道路状况	所在村土质道路长度占村道路总长度的比重	%
	是否旅游村	所在村是否为旅游村	无
	离最近市场距离	村委会所在位置离最近的市场的距离	米
	是否矿产村	所在村是否有矿产	无
	是否自然灾害区	所在村是否为自然灾害频发区	无
	是否有集体企业	所在村是否拥有集体企业	无

注：本书矿产指可供开采并取得收益的油、气、金属等矿产。

第一，家庭特征变量。家庭特征变量包括家庭规模、人口负担系数、培训劳动力占比①、家庭成员平均年龄、是否有在校学生、是

---

① 按照国家统计局的定义，本书劳动力按 16—60 岁年龄划分，16 岁以上仍在上学的家庭成员没有算作家庭劳动力。

否有老人和劳动力占比[①]。家庭规模可反映家庭人口总量，通常人口总量和家庭生活质量水平相关。人口负担系数反映了家庭人口结构，人口结构的差异会导致家庭发展能力的不同，从而影响家庭多维相对贫困动态性。培训劳动力占比指接受过专业技能培训的劳动力占家庭劳动力总数的比例。

第二，村级特征变量。由第三章农村多维相对贫困测度结果可知，农村多维相对贫困表现明显的地区差异特征，因此，有必要将村级因素作为考察农村多维相对贫困的影响因素。村级因素一般包括地理位置、资源禀赋、公共设施及服务等方面内容，这些因素的区域差异会影响农村家庭福利状况（罗庆和李小健，2014）。霍增辉和吴海涛（2016）认为，村域地理环境对农村家庭的相对贫困持续性影响较大，是否民族区、村所在地形、离乡镇的距离和村人均耕地面积都会对农村家庭相对贫困持续性产生影响。鉴于此，本书选取的村级特征变量包括是否民族村、道路状况、是否旅游村、离最近市场距离、是否矿产村、是否自然灾害区、是否有集体企业。

二 变量描述统计

限于篇幅，本书所有变量的统计特征仅报告了其均值。表7-2为农村家庭变量统计特征，当 $k=2$ 时，全国农村家庭多维相对贫困动态性和中部地区、东北地区的多维相对贫困动态性结果相近，而东部地区农村家庭多维相对贫困动态性均值最低，最高的是西部地区，这与全国各地区经济发展情况相吻合。当 $k=3$ 时，各地区农村家庭多维相对贫困动态性表现出相同的规律，但总体均值比 $k=2$ 时低，处于0.2—0.5，低于 $k=2$ 水平。

从家庭变量来看，全国农村家庭规模平均为4.06人，东部地区农村家庭规模与全国农村家庭规模接近，中西部地区农村家庭规模均比全国平均水平高，分别为4.3人和4.32人，东北地区农村家庭

---

① 按照国家统计局的定义，老人的界定年限为60岁。

规模人口最少，仅为3.22人。全国农村家庭人口负担系数为0.33，中西部农村家庭人口负担系数比全国平均水平高，东部地区农村家庭人口负担系数与全国持平，东北地区农村家庭人口负担系数最低。全国农村家庭培训劳动力占比为0.02，东部、中部、西部和东北地区农村家庭培训劳动力占比与全国水平接近。全国农村家庭成员平均年龄为40.36岁，东部和东北地区农村家庭成员平均年龄高于这一水平，而中西部农村家庭成员平均年龄低于这一水平，其中西部农村家庭成员平均年龄最低。各地区农村家庭有在校生的家庭比例差异不大，全国农村家庭有在校生的比例为14%[①]，中部农村家庭与全国水平一致，西部农村家庭比全国平均水平高，为17%，最低的为东北地区农村家庭，为8%。农村家庭中有老人的家庭占比地区差异也不大，但绝对值较高，接近50%，全国农村家庭有老人的比例为49%，东部和中部农村家庭均为49%，西部和东北地区较低，分别为48%和45%。各地区农村家庭的劳动力占比差异也不大，全国农村平均水平为78%，东部地区农村家庭的劳动力占比为80%，中西部地区低于全国水平，分别为77%和76%，东北地区最高，达85%。

表7-2　　　　　　农村家庭变量统计特征（均值）

变量类型	变量名称	全国	东部	中部	西部	东北
因变量	多维相对贫困动态性（k=2）	1.09	0.86	1.02	1.35	0.98
	多维相对贫困动态性（k=3）	0.34	0.23	0.30	0.51	0.24
家庭特征	家庭规模	4.06	3.85	4.30	4.32	3.22
	人口负担系数	0.33	0.30	0.36	0.40	0.20
	培训劳动力占比	0.02	0.03	0.03	0.02	0.02
	家庭成员平均年龄	40.36	42.27	39.23	36.63	44.72
	是否有在校学生	0.14	0.12	0.14	0.17	0.08
	是否有老人	0.49	0.49	0.49	0.48	0.45
	劳动力占比	0.78	0.80	0.77	0.76	0.85

① 对于二值变量，由于其取值为0和1，所以其均值即为占比。

续表

变量类型	变量名称	全国	东部	中部	西部	东北
村级特征	是否民族村	0.12	0.03	0.06	0.26	0.14
	道路状况	0.21	0.12	0.20	0.31	0.32
	是否旅游村	0.06	0.08	0.08	0.06	0.02
	离最近市场距离	5724	4377	4273.33	6938.42	8162.57
	是否矿产村	0.03	0.01	0.04	0.06	0.02
	是否自然灾害区	0.04	0.01	0.08	0.12	0.00
	是否有集体企业	0.04	0.07	0.08	0.00	0.02

从村级变量来看，各地区民族村的比例差异较大，全国样本民族村的比例为12%，东部和中部地区较低，分别为3%和6%，东北和西部较高，分别为14%和26%，这也符合我国少数民族地区分布的总体情况。道路状况指所在村土质道路长度占村道路总长度的比重，农村家庭所在村道路状况差异较大，全国平均水平为21%，东部地区最小，仅12%，中部地区接近全国水平，西部和东北地区较高，分别为31%和32%。全国农村家庭所在村为旅游村的比例为6%，西部地区与全国水平一致，东部和中部地区均为8%，东北地区比例最小，为2%。全国农村家庭所在村有矿产的比例为3%，东部和东北地区比例小于全国水平，分别为1%和2%，中西部高于全国水平，分别为4%和6%。农村家庭所在村是否自然灾害频发区的地区差异较明显，全国水平为4%，东部和东北低于全国水平，分别为1%和0，即东北地区没有样本村处于自然灾害频发区，而中西部分别高达8%和12%。东中部农村家庭所在村有集体企业的比例较高，分别为7%和8%，高于全国4%的水平，东北地区比例为2%，西部地区没有样本村有集体企业。

第三节　实证结果分析

在多维相对贫困测算基础上，本书选取 k=2 和 k=3 的多维相对贫困动态分解结果，利用 Stata13 软件，采用有序 Probit 模型对 2010—2018 年 CFPS 数据多维相对贫困动态性的影响因素进行估计，按全国、东部、中部、西部和东北地区进行分类，分别分析影响家庭多维相对贫困动态性的因素，识别出具备哪些特征的家庭会陷入多维慢性相对贫困和暂时相对贫困，以及具备哪些特征的家庭对多维相对贫困的风险抵抗能力更强。

本书将农村家庭按全国和地区分类对其多维相对贫困动态性影响因素进行了研究，表 7-3 为当 k=2 时农村家庭多维相对贫困动态性决定因素的 Logit 模型估计结果，全国和 4 个地区农村家庭多维相对贫困动态性影响因素方程的最大似然比均在 1% 的统计水平上显著，说明模型拟合效果良好。从估计结果可以看出，不同地区的农村家庭多维相对贫困动态性影响因素有较大差异。

从家庭特征变量来看，家庭规模对农村家庭多维相对贫困动态性有显著的正向影响，这表明家庭规模越大，农村家庭越容易陷入多维度的暂时相对贫困和慢性相对贫困。除中部和东北地区外，人口负担系数对其他地区农村家庭多维相对贫困动态性有显著的正向影响，即人口负担系数越大，这些地区的农村家庭陷入多维度的暂时相对贫困和慢性相对贫困的可能性越大。除东北地区外，培训劳动力占比对农村家庭多维相对贫困动态性有显著的负向影响，农村家庭培训劳动力占比越大，其陷入多维动态相对贫困的可能性越小，这体现了专业技能培训对农村家庭摆脱多维动态相对贫困的重要性。除东北地区外，家庭成员平均年龄对农村家庭多维相对贫困动态性具有显著的正向影响，家庭成员平均年龄更小的家庭，其陷入多维度暂时相对贫困和慢性相对贫困的概率较小。除中部地区外，是否有在校学生对农村家庭多维相对贫困动态性有显著的正向影响，即农村家庭中，若有小孩在上学，其陷入多维度暂时相对贫困和慢性相对贫困的概率较大，这可能是因为有在校生的家庭负担较重。家庭是否有老人对所有地区农村家庭多维相对贫困动态性有显著的正向影响，这可能是因为家庭成员中老人劳动能力或工作能力减弱或丧失，相比于没有老人的家庭，其创造收入的能力下降。劳动力占比对农村家庭多维相对贫困动态性具有显著的负向影响，除东北地区外，其他地区都通过了显著性检验，劳动力占比越高的农村家庭，其陷入多维动态相对贫困的可能性越小。

从村级变量来看，中部地区没有调查样本为民族村，除中部地区外，其他地区农村家庭所在村是否为民族村对农村家庭多维相对贫困动态性有显著的正向影响，即处于民族村的农村家庭，其陷入多维相对贫困动态性的可能性较大。除东北地区外，道路状况对其他地区农村家庭有显著的正向影响，道路状况反映的土质路面长度占所有道路长度的占比，即所在村土质路面占比越大，其农村家庭越容易陷入多维动态相对贫困。所在村离市场最近距离对农村家庭多维相对贫困动态性具有显著的正向影响，即离市场越远，农村家庭处于多维慢性相对贫困和暂时相对贫困的概率越大。所在村是否是矿产村和是否有集体企业对农村家庭多维相对贫困动态性无显著影响。所在村是否自然灾害区对农村家庭有正向影响，然而只有东部地区和中部地区通过了显著性检验。

表 7-3　　农村家庭多维相对贫困动态性决定因素的 Logit 模型估计结果（k=2）

变量类型	变量名称	全国	东部	中部	西部	东北
家庭变量	家庭规模	0.1536*** (0.0196)	0.1563*** (0.0371)	0.1231*** (0.0329)	0.2060*** (0.0343)	0.2188*** (0.0746)
	人口负担系数	0.3679*** (0.1016)	0.5599*** (0.194)	0.1606 (0.1956)	0.6363*** (0.168)	-0.1172 (0.4562)

续表

变量类型	变量名称	全国	东部	中部	西部	东北
家庭变量	培训劳动力占比	-1.7485*** (0.2897)	-2.0888*** (0.5938)	-1.6957*** (0.5577)	-2.1296*** (0.5326)	-1.5784 (0.9447)
	家庭成员平均年龄	0.0107*** (0.0033)	0.0164*** (0.0061)	0.0161*** (0.0063)	0.0186*** (0.006)	0.0061 (0.0111)
	是否有在校学生	0.2168** (0.0866)	0.4146** (0.1792)	-0.1347 (0.1729)	0.3456*** (0.1302)	1.0073*** (0.3365)
	是否有老人	0.9475*** (0.0748)	1.0011*** (0.1484)	0.8627*** (0.1445)	0.6734*** (0.1236)	1.4085*** (0.2439)
	劳动力占比	-0.7162*** (0.1885)	-0.6247* (0.3718)	-0.9497** (0.3969)	-0.5952* (0.3121)	-0.3282 (0.6268)
村级变量	是否民族村	0.7444*** (0.0907)	1.6078*** (0.3577)	—	0.3660*** (0.1206)	0.5199** (0.258)
	道路状况	0.0092*** (0.0008)	0.0107*** (0.0017)	0.0049*** (0.0016)	0.0059*** (0.0016)	0.0031 (0.0023)
	是否旅游村	-0.3054** (0.1522)	-0.5414 (0.3669)	-1.0843*** (0.3049)	0.1640 (0.2907)	-0.4863 (0.3588)
	离最近市场距离	0.00*** (0.00)	0.00*** (0.00)	0.00 (0.00)	0.00*** (0.00)	0.00 (0.00)
	是否矿产村	0.0190 (0.0984)	0.0970 (0.2329)	0.0739 (0.2119)	-0.1852 (0.1716)	0.1788 (0.262)
	是否自然灾害区	0.0753 (0.0569)	0.2338 (0.1189)	-0.2449** (0.1172)	0.0612 (0.0967)	0.2502 (0.1965)
	是否有集体企业	-0.0644 (0.2248)	0.4396 (0.3204)	-0.5582 (0.4157)	0.3910 (0.7752)	—
观测值		4678	1231	1186	1679	582
对数似然值		-4679.19	-1207.48	-1194.24	-1497.66	-569.73
R^2		0.0829	0.1009	0.0688	0.0749	0.0861
卡方值		893.41***	263.15***	182.38***	257.77***	111.28***

注：***、**和*分别表示在1%、5%和10%的统计水平下显著；括号内数字为稳健标准误；"—"表明样本缺失。

表 7-4 为 k=3 时全国以及各地区农村家庭多维相对贫困动态性决定因素的 Logit 模型估计结果,结果显示,不同地区的农村家庭多维相对贫困动态性影响因素有较大差异。全国农村家庭多维相对贫困动态性主要受家庭规模、人口负担系数、家庭成员平均年龄、是否有老人、是否民族村、道路状况和最近市场距离的正向影响,受培训劳动力占比、是否有在校学生和劳动力占比的负向影响。东部地区农村家庭多维相对贫困动态性受家庭规模、人口负担系数、家庭成员平均年龄、是否有老人、是否民族村、道路状况、离最近市场距离和是否自然灾害区的正向影响,受是否旅游村和是否有集体企业的负向影响。中部地区农村家庭多维相对贫困动态性受家庭规模、家庭成员平均年龄、是否有老人、道路状况和是否自然灾害区的正向影响,受培训劳动力占比、是否旅游村、是否有集体企业的负向影响。西部地区农村家庭多维相对贫困动态性受家庭规模、人口负担系数、是否有在校学生、是否有老人、是否民族村、道路状况和离最近市场距离的正向影响,受培训劳动力占比、劳动力占比和是否旅游村的负向影响。东北地区农村家庭多维相对贫困动态性受家庭规模、家庭成员平均年龄、是否有老人、是否民族村、道路状况和是否自然灾害区的正向影响。

表 7-4　　农村家庭多维相对贫困动态性决定因素的 Logit 模型估计结果 (k=3)

变量类型	变量名称	全国	东部	中部	西部	东北
家庭变量	家庭规模	0.1160*** (0.0215)	0.1097** (0.0466)	0.0691* (0.0409)	0.1571*** (0.0349)	0.2017** (0.0961)
	人口负担系数	0.4748*** (0.1104)	0.5942** (0.2457)	0.1784 (0.2311)	0.6006*** (0.1614)	0.7560 (0.5857)
	培训劳动力占比	−1.8469*** (0.4804)	−1.6169 (1.0143)	−1.8323* (1.0007)	−2.8158*** (0.7385)	−0.4728 (1.2692)

续表

变量类型	变量名称	全国	东部	中部	西部	东北
家庭变量	家庭成员平均年龄	0.0111*** (0.0038)	0.0197** (0.0078)	0.0137* (0.0076)	0.0089 (0.0064)	0.0273* (0.0146)
	是否有在校学生	0.1805* (0.0953)	0.3186 (0.2469)	-0.0683 (0.2084)	0.3083** (0.1376)	0.6689 (0.4486)
	是否有老人	0.7939*** (0.0845)	0.7801*** (0.1871)	0.8770*** (0.1778)	0.7565*** (0.1257)	0.6842** (0.2887)
	劳动力占比	-0.6319*** (0.2257)	-0.4408 (0.4916)	-0.7422 (0.4816)	-0.6210* (0.316)	-0.1205 (0.8092)
村级变量	是否民族村	0.8574*** (0.0964)	2.0478*** (0.4277)	—	0.4809*** (0.1191)	0.7973** (0.3424)
	道路状况	0.0083*** (0.001)	0.0103*** (0.0022)	0.0050*** (0.0018)	0.0038** (0.0017)	0.0063** (0.0032)
	是否旅游村	-0.0948 (0.1809)	-2.0357*** (0.649)	-2.8766*** (1.014)	-0.7468*** (0.2839)	-0.1791 (0.4589)
	离最近市场距离	0.00*** (0.00)	0.00*** (0.00)	0.00 (0.00)	0.00*** (0.00)	0.00*** (0.00)
	是否矿产村	-0.0980 (0.1133)	0.4013 (0.2944)	0.0477 (0.2849)	-0.1944 (0.1776)	0.4759 (0.3183)
	是否自然灾害区	0.0641 (0.067)	0.3621** (0.1559)	0.3302** (0.1426)	-0.0374 (0.0984)	0.8617*** (0.2448)
	是否有集体企业	0.3760 (0.2928)	-1.2427*** (0.3969)	-1.9680* (1.0291)	0.6755 (0.8051)	—
	观测值	4678	1267	1162	1678	571
	对数似然值	-3243.54	-638.064	-728.97	-1367.59	-311.65
	伪 R^2	0.0812	0.0946	0.0739	0.0788	0.0849
	卡方值	553.09	138.62	126.81	231.89	58.90

注：***、**和*分别表示在1%、5%和10%的统计水平下显著；括号内数字为稳健标准误；"—"表明样本缺失。

第四节　本章小结

在农村家庭多维相对贫困动态性测量基础之上，本章利用 Logit 模型，以第五章测算的 k = 2 和 k = 3 时多维相对贫困动态性为因变量，选取家庭特征变量和村级特征变量作为因变量，其中家庭特征变量包括家庭规模、人口负担系数、培训劳动力占比、家庭成员平均年龄、是否有在校学生、是否有老人和劳动力占比，村级特征变量包括是否民族村、道路状况、是否旅游村、离最近市场距离、是否矿产村、是否自然灾害区、是否有集体企业，按全国、东部、中部、西部和东北地区进行分类，分别分析影响家庭多维相对贫困动态性的因素，识别出具备哪些特征的家庭会陷入多维慢性相对贫困和暂时相对贫困，以及具备哪些特征的家庭对多维相对贫困的风险抵抗能力更强。

实证分析结果发现，全国农村家庭多维相对贫困动态性主要受家庭规模、人口负担系数、家庭成员平均年龄、是否有老人、是否民族村、道路状况和最近市场距离的正向影响，受培训劳动力占比、是否有在校学生和劳动力占比的负向影响。东部地区农村家庭多维相对贫困动态性受家庭规模、人口负担系数、家庭成员平均年龄、是否有老人、是否民族村、道路状况、离最近市场距离和是否自然灾害区的正向影响，受是否旅游村和是否有集体企业的负向影响。中部地区农村家庭多维相对贫困动态性受家庭规模、家庭成员平均年龄、是否有老人、道路状况和是否自然灾害区的正向影响，受培训劳动力占比、是否旅游村、是否有集体企业的负向影响。西部地区农村家庭多维相对贫困动态性受家庭规模、人口负担系数、是否在校学生、是否有老人、是否民族村、道路状况和离最近市场距离的正向影响，受培训劳动力占比、劳动力占比和是否旅游村的负向影响。东北地区农村家庭多维相对贫困动态性受家庭规模、家庭成员平均年龄、是否有老人、是否民族村、道路状况和是否自然灾害区的正向影响。

第八章

中国农村多维相对贫困治理对策分析

第一节 中国农村多维相对贫困治理的目标与任务

一 中国多维相对贫困治理的总体目标

总体目标从整体生活水平、城乡区域发展差异、居民生活水平差异、平等发展权利保障和公共服务均等化五个方面来思考。本章研究如何提升整体生活水平，缩小城乡区域发展和居民生活水平差异，保障平等发展权利和均等公共服务等内容。贫困现象的最终落脚点是贫困人口，提升多维相对贫困人口的整体生活水平是中国多维相对贫困治理的基本定位和宏观目标。在整体生活水平提升的情形下，城乡区域发展还是存在差异和不均等现象，因此区域层面的多维相对贫困依旧存在，本部分以协同治理为方法，目标是缩小城乡区域层面的差异，从而缓解相对贫困现象。城乡区域发展差异落实到微观层面是居民生活水平的差别，因此中国多维相对贫困治理微观目标的定位是缩小居民生活水平的差异，保障平等发展权利和公共服务均等化可以给中国多维相对贫困治理提供一个良好的环境，也是总体目标必不可少的部分。

2020 年，我们实现了第一个百年奋斗目标，在中华大地上全面建成了小康社会，这也标志着中国历史性地解决了绝对贫困问题。在中国共产党的带领下，中国人民经历百年奋斗，最终使"民亦劳止，汔可小康"的千年梦想照进了现实。同时，现实也使我们认识到：在进入全面建成小康社会的新阶段后，由消除绝对贫困转向解决"相对贫困"，已然成为"全体人民共同富裕取得更为明显的实质性进展"的关键环节。

贫困现象的最终落脚点是贫困人口，提升多维相对贫困人口的整体生活水平是中国多维贫困治理的基本定位与宏伟目标。改革开放以来，中国在经济快速增长和减少贫困方面取得了"史无前例的成就"，具体可体现在以下几个方面：其一，到 2018 年，按照现价美元计算，中国人均 GDP 达到 9770.84 美元，已经成为中高等收入国家；其二，中国率先实现联合国《可持续发展目标》所确定的到 2030 年消除贫困的目标。2015 年，1.9 美元（2011 年购买力平价）贫困标准下中国城乡绝对贫困人口比例下降到 0.7%；其三，中国现行贫困标准下 7000 万农村贫困人口在 2020 年可全部脱贫，实现"两不愁、三保障"目标（王小林和冯贺霞，2020）。由此可见，无论是按照国际标准还是国内标准，中国都已经实现了消除绝对贫困的目标。消除绝对贫困之后，反贫困的下一步该怎么走，是一个很自然的问题。绝对贫困的消除并不意味着贫困被消灭了，而是进入了相对贫困占据主导的时代。2019 年 10 月中国共产党十九届四中全会通过的《中共中央关于坚持和完善中国特色社会主义制度、推进国家治理体系和治理能力现代化若干重大问题的决定》，首次正式提出巩固脱贫攻坚成果、建立解决相对贫困的长效机制的问题。相对贫困是指在某一地区特定生产、生活条件下，在特定的经济社会发展的约束下，个人及家庭虽然能够获得维持家庭成员基本生活的物质资料，但是无法满足当地条件下所认为的其他基本生活需求的状态。相比于绝对贫困，相对贫困更加难以进行明确的定义和标准，对于相对贫困的治理可能更为复杂烦琐，持续的时间也有可能更长，而相对贫困的长期存在可能会面临更加多变的形式，以及随之而来更多的问题，因此尽快加深对相对贫困的认识并采取措施进行治理，是十分有意义的。在实现共同富裕的道路上，相对贫困是需要攻克的重大难关，同样也是阻碍实现共同富裕的最大"短板"，相对贫困问题如果严重，人们的整体生活水平就难以提高。

在整体生活水平提高的情况下，城乡区域发展还是存在差异和不均等现象，因此区域层面的多维相对贫困依然存在。从相对贫困的内涵出发，可以看出，相对贫困具有典型的区域性与地方独特性，同样也包含着城乡的差异。相对贫困意味着相对排斥与相对剥夺，这是相对贫困理论最核心的观点（檀学文，2020）。以城镇居民人均可支配收入中位数的 50%测算，我国 2015 年的城镇贫困发生率为 11.8%，但农民工的贫困发生率高达 26.3%（陈志钢等，2019）。除此之外，还有研究发现，农村长期多维贫困的发生率更高，但随着时间的推移，城市长期多维贫困家庭的贫困程度则更深（张延群和万海远，2019）。在消除绝对贫困的时期，我国贫困人口主要集中在农村，区域集中度较高，但在当前形势下，贫困人口的分布也出现了新的特征：更加分散化，且流动性增强。究其原因，主要有以下两个方面：首先，随着扶贫工作的加大力度，区域性贫困已经有所缓解，连片的大规模贫困地区大多已被瓦解，虽然贫困现象在一些地区仍然相对集中，但是就全国整体而言，已经呈现出分散化趋势；其次，城镇化进程持续推进，一部分获得技术、有工作能力的务农人员进入城市，但其中大多数依然是属于低收入人群，仍然有返贫的可能，如此一来，未来相对贫困人口可能出现流动性加大的趋势。分散化与流动性这两大特征，也迫使以县域为单位的减贫政策面临转型的压力。

城乡区域发展差异落实到微观层面的体现是居民生活水平的差异，因此中国多维相对贫困治理微观目标的定位是缩小居民生活水平的差异。居民生活水平的差异可以从收入、消费、恩格尔系数等方法进行测算。根据收入与消费状况来看，基尼系数从 2010 年开始出现连续的下降，目前仍处于下降的趋势，城乡收入差距水平在未来一段时间还会持续下降，但是总体水平仍然较高，而且由于推动其下降的宏观经济和社会发展因素的边际效用将逐渐减弱，下降的速度也会逐渐变慢，为进一步缩小城乡收入差异，还需要在制度层面进行改革，逐步消除不公平的城乡二元结构，进一步缩小居民生活水平差异。根据恩格尔系数的大小，联合国对世界各国生活水平的划分标准如下：假若一个国家的平均家庭恩格尔系数大于60%，则视为贫穷；若为50%—60%，则为温饱；若为40%—50%，则为小康；在30%—40%属于相对富裕；20%—30%为富足；20%以下则表示极其富裕。蔡梦（2019）的研究中，有数据表明，2005年农村居民的恩格尔指数总体在40%以上，我国农村居民分别处于贫穷、温饱和小康三种状态，而城镇居民的恩格尔指数总体在50%以下，基本达到了小康水平，部分东部地区的生活水平甚至已经达到了相对富裕的程度；2015年我国农村居民的生活水平已经达到小康水平，只有极少数地区处于温饱与小康的边缘，同年城镇居民的生活基本达到相对富裕的水平，并且大部分地区已经达到富足的水平。从恩格尔系数变化来看，虽然我国城乡居民的生活水平差异仍较大，但已经明显下降，因此为避免在发展中导致城乡差距进一步扩大，需要统筹城乡发展，缩小居民生活水平差异。

保障平等发展权利和公共服务均等化可以给中国多维相对贫困治理提供良好的环境，也是总体目标必不可少的部分。王小林指出，贫困不但包含了收入不能满足基本需要所造成的"贫"，也包含了没有能力获得教育、卫生、饮水、社会保障等基本服务所造成的"困"。自1986年以来，中国已经经历了大规模的开发式扶贫，即根据收入贫困线来划定贫困地区、贫困县、贫困村，通过各种专项扶贫政策和方法来扶持贫困村与贫困县，通过改变贫困地区的生产条件，促进农业生产发展，改善农民生活水平。迄今为止可以看到，开发式扶贫取得了显著的成效。但综合全国的经济发展水平与收入分配状况来看，不平衡、不全面的问题依然突出，收入分配、医疗资源、教育资源等不均衡现象仍然存在，也即在此阶段，中国的贫困已经进入了新的阶段：相对贫困阶段。此外，收入之外其他维度，如医疗、教育、环境等贫困差距明显，问题表现突出，特别需要关注的还有，相对贫困不单单只发生在农村，也同样存在于城市。

因此，在新的条件下，解决相对贫困问题的思路逐步清晰，目标逐步明确：在人民整体生活水平方面，要在习近平新时代中国特色社会主义思想的指引下，采用多维视角，凝聚各方力量，将相对贫困从中国版图中逐步削减，推动全体人民向共同富裕的美好生活不断迈进；在城乡区域发展差异方面，要改变原有的城乡分割的工作体系，应建立城乡一体的相对贫困治理体系，推动城乡融合发展，加速形成工农互促、城乡互补、协调发展、共同繁荣的新型工农城乡关系，进一步缩小城乡区域发展差异；在居民生活水平差异方面，补齐居民生活需求"短板"，从提供食品拓展到提供生态、文化、休闲、体验等产品，并推动形成新的经济增长点；在平等发展权利方面，要持续破除妨碍城乡要素自由流动和平等交换的机制体制壁垒，促进更多要素向乡村流动，在乡村形成人才、土地、资金、产业、信息汇聚的良性循环，保障乡村平等发展权利；在公共服务均等化方面，要加快构建普惠性的社会保障体系，推动公共服务向农村延伸、社会事业向农村覆盖，健全全面覆盖、普惠共享、城乡一体的基本公共服务体系。

二 中国多维相对贫困治理的具体任务

中国多维相对贫困治理的具体任务设计从阶段性任务、不同维度减贫任务、区域层面减贫任务和不同人群减贫任务四个方面来展开。从时间的维度思考，中国多维相对贫困治理的具体任务应从不同维度减贫任务、区域层面减贫任务和不同人群减贫任务这三方面制定阶段性任务。应根据在收入、教育、医疗和生活水平等维度上多维相对贫困识别和效果评估的情况，制定不同维度的减贫任务。本部分因地制宜地考虑每个区域发展水平差异，制定不同区域层面减贫任务。随着精准扶贫相关国家政策的出台和福利体系的完善，农村的绝对贫困人口数量减少，多维相对贫困人口数量增加，绝对贫困现象逐渐消除，多维相对贫困现象将会日益凸显。因此，具体任务的设计要广泛考虑不同人群和不同维度，针对不同人群设置适宜的协同治理任务。

实现中国农村多维相对贫困的治理并不是一蹴而就的，而是需要一个较长时间的过程，因此，贫困治理的具体任务也具有阶段性和时间性的特征，不同时期所面临的治贫任务是有所不同的。相对贫困具有相对性、转型性、发展性、多维性、结构性和特殊群体性等特征，这也决定了针对相对贫困的识别与测量具有较大的难度，但大体可依据收入、教育、医疗、生活水平几个方面来作为衡量和评价的指标，不同时期的具体任务可以围绕这四个维度展开。刘艳华等（2015）的研究中显示，我国多维贫困地理分布状况的差异性，主要表现在东西部分布上，而大多数中东部山区的贫困县，弱势/剥夺维度较少，没有进入多维贫困识别的范畴；而在广大西南和西北部的高原、山地边缘区，除了收入较低外，农户实际还遭受着多重的弱势/剥夺，并未达到真正的非贫困生计状态，更缺乏生计的可持续性，却往往容易被经济维度的度量所忽略。在具体任务的设置上，应充分考虑到多维贫困分布的地理特征。从特殊群体贫困的特征看，相对贫困群体也并非铁板一块，其内部也是存在分层的，其中特殊困难群体是相对贫困群体中更为困难的，因此，相对贫困的扶贫工作机制设置需要兼顾一般性与特殊性需求，在多维治贫的工作中，应该考虑到不同人群的特殊性，具体任务也应该有所不同。

（一）不同维度的减贫任务

从不同维度的减贫任务来看，应根据在收入、教育、医疗、生活水平等多维度上，进行相对贫困的识别以及治贫效果的评估，制定不同维度的减贫任务。在收入方面，可以适当借鉴 OECD 国家采用可支配收入中位数一定比例的方法，同样，在进行考核时，需要将目标放在贫困低收入人群的增长率上，而不是着重低收入人口的减少速度；在就业方面，失业率与正规就业率也应该被作为衡量的指标，由于农村多维相对贫困治理的推进，农村经济结构也将有所变化和转型，就业扶贫也将成为缓解相对贫困的一项重要指标。在社会发展、生活水平维度方面，应纳入健康、教育、信息获取、社会保障等公共资源，当前我国已经普及九年义务教育，为适应2035年迈入创新型国家前列以及进入高收入国家行列的发展需要，应将义务教育朝着12年方向发展；在健康与社会保障方面，应促使社会与保障体系在以往基础上进一步提升，缩小城乡医疗卫生差异；立足于当前国际国内形势，信息化、网络化以及知识经济蓬勃发展的阶段性特征，应考虑将信息获取作为一项衡量指标。新发展理念对社会发展提出了质量的要求，在发展的同时保护生态环境作为一项重要的事业，同时保护生态环境也是人与自然和谐共生的必然要求，符合人们对美好生活的需要，因此，对于生态环境的保护也应纳入多维相对贫困指标体系之中，这些环境指标可以包括饮用水、卫生厕所和洗澡设施、生活用燃料、畜禽粪便、生活垃圾、生活污水等。中国应在推进城镇化建设、加快公共服务均等化、推进、建设加快、实现实施"两不愁、三保障"的基础上，根据发展阶段制定多维相对贫困标准体系。

（二）不同区域的多维减贫任务

从不同区域的多维减贫任务来看，由于每个区域的发展水平有差异，基础条件不同，所以应该因地制宜，充分考虑地域环境和贫困状况，制定不同的减贫任务。在消除绝对脱贫阶段，我国贫困人口主要集中在农村，区域集中度较高。2020年后，相对贫困群体在空间分布上将发生较大改变。一方面，随着对脱困地区的扶持力度的不断加大，集中连片的区域性贫困问题得到较大缓解。虽然相对贫困现象在一些地区可能依然相对集中，但就全国而言，相对贫困群体将以散点分布为主。另一方面，随着城镇化的推进，农民逐渐转移至城镇，在这个过程中必然有一部分低收入群体随之转移到城镇，导致城镇流动性贫困群体数量增加（欧阳煌，2017）。

在消除绝对贫困的历程中，我国一直坚持采用了多维的分析视角，坚持多维治理相对贫困的理念，到今天取得消除绝对贫困的成功例子表明，坚持多维思路，不但是我们取得前一胜利的根本原因，也是我们继续推进消除相对贫困所必须坚持的必要原则，因此，治理相对贫困，我们需要继续秉持多维的视角和理念，朝着坚持多维相对贫困治理的目标前进。

自 1978 年以来，我国开展了扶贫工作，长期的扶贫工作实践中形成了较为完善的贫困治理结构：一是政府、市场和社会的关系；二是中央统筹多部门合作的"一中心多部门协同治理"；三是针对多维贫困问题所形成的行业扶贫、专项扶贫和社会扶贫"三位一体"的大扶贫格局（王小林和张晓颖，2021），针对当前区域层面可能面临的相对贫困问题，以往的模式依然有效。要实现行动协同，要促进政府、市场与社会的协同，要促进中央与部门的协同，要促进各产业、各政策与社会协同，具体而言：其一，相对贫困的治理不同于绝对贫困的治理，而是建立在其基础之上，要治理的是消除维持生活的绝对贫困之后的贫困现象，虽然方向目标有所不同，但相对贫困的治理，依然需要政府发挥主导作用，实施减贫战略、颁布减贫政策，而市场则是需要协调配合政府的政策战略，建立有利于增加低收入人群收入、提高低收入人群收益率的市场机制，社会则相应可建立起有利于社会稳定、公平发展的社会发展机制，三方协同促进减贫。其二，在治理相对贫困进程中，中央的中心作用依然需要发挥，以中央为中心来组织多部门共同协调治理的途径依然适用，这不但是中国特色政治制度的优势体现，更是跨部门协调一致的核心所在，因此在推进乡村振兴的过程中，可以采用"一中心多部门协同治理"的方式，在增收就业、基本公共服务供给等方面协同治理，对不发达地区进行扶持，更好地实施中国农村多维相对贫困治理工作。其三，完善"自上而下"和"自下而上"的责任分工体系，"自上而下"保证了各项政策精准落实，将扶贫治理工作与乡村振兴相结合，"自下而上"则是保证和了解了低收入人口的需求与意愿，有利于将相对贫困的治理向激发低收入人口内在动力上转移。

在区域联动方面，当前两个"大循环"的格局之下，可以加强东部发达地区与西部相对落后地区的联动，在大量实践与脱贫攻坚强化阶段的过程中，东西部协作已经不局限于扶贫协作的范畴，而是为实现东西部协调发展新机制奠定了基础，探索了在市场经济条件下土地、资本、劳动力、科技、数据等各类要素在地区间进行优化配置的协同发展方式。同时，区域的良好联动发展也为信息共享打下了根基，提供了可能。以东西协作为例，东部发达地区所拥有的"信息""科技""数据"等新要素，为治理农村多维相对贫困提供了新的思路与途径。例如，在相对贫困治理过程中，促进信息共享，充分利用东部新资源优势和电商网络平台，推动产业扶贫、电商扶贫、消费扶贫的融合发展机制，鼓励大型龙头企业与乡村合作发展，满足企业产业链扩展布局要求的同时，为农村"增收入""稳就业"，鼓励大学生、农民工返乡创业，推动农业产业兴旺，逐步缩小城乡、地区发展差距，实现共同富裕目标。

（三）不同阶段的减贫任务

从不同阶段的减贫任务来看，治理农村多维贫困应该设立阶段性的任务与目标。进行多维贫困治理，当前首先是需要建立起中国化农村多维相对贫困标准体系。只有建立了相对贫困标准，才能精准识别帮扶的对象。中国的农村多维相对贫困标准，需要符合中国的国情与现实，既要包括反映"贫"的经济维度，也要包括反映"困"的社会发展维度，同时还要包含生态环境指标。以往发达国家的相对贫困标准主要有三类：第一类是 OECD 国家（不包括美国和日本），以可支配收入中位数的一定比例作为相对贫困标准；第二类是美国，以绝对收入方法制定相对贫困标准；第三类是日本，用生活水平相对均衡法度量相对贫困。但由于发达国家本身就已基本完成了工业化与城镇化，有较好的发展基础，并且公共服务的均等化水平较高，远超中国当前发展水平。其次，中国地域辽阔，农民基数大，相对分散，农业经营收入较难测算，因而相对贫困人口的收入无法准确核算，特别是在操作上难度比较大，所以，中国不必在相对贫困标准上与 OECD 国家接轨。且大多数发达国家开展相对贫困测度研究时，多维贫困理论还未得到较深入的研究和广泛应用，时至今日，多维贫困标准已经成为新的国际发展方向。在经济维度的方面，收入与就业是两个需要包含的指标，促进就业与增加收入是缓解相对贫困的重要维度。再次，要建立起城乡一体的扶贫机制，当前的扶贫体制采取了城乡分治的方式，在各级各地成立了扶贫开发办公室或小组，但当前随着城镇化的推进以及各项帮扶政策的支持，不少农村低收入群体涌入城市，使相对贫困出现了分散性高、流动性大的特点。在此情况下，就应该加强城乡联合治贫，建立起城乡一体的扶贫机制，有效地瞄准在城乡之间流动的贫困群体和特殊非农业户籍的务农群体。最后，要建立解决相对贫困的长效机制，要坚持多维度缓解相对贫困的治贫理念，将多维度的贫困标准和多维度治贫政策相协调、相适应，形成有效"组合拳"；要构建有利于低收入人口增长的长效机制，2020 年以后，更加公平和充分的就业将是提升相对贫困人口收入水平，缩小收入差距，解决相对贫困问题的首要目标。可以通过创造就业、提升就业能力和提升劳动力的市场效率来实现。还需要建成能够缓解相对贫困的社会发展机制，通过包容性的增长和多维度的改善促进长期减贫，当前，城市、农村以及群体之间的差距依然很大，因此国家需要构建包容性增长的金融财税体制，保障农业农村优先发展，给予欠发达地区和低收入人群更多的发展机会。对于农村大量留守老人、留守儿童、留守妇女以及残疾人等相对脆弱人群，一方面要加大基本公共服务的保障力度，另一方面也要充分动员社会力量提供更加细微的服务。从时间维度思考，在不同的时期，所面临的多维相对贫困状况不同，区域化发展程度各异，各种困难人口的贫困原因和特点不同，所以应该在不同的发展阶段制定不同的具体任务。

（四）不同人群的减贫任务

从不同人群的减贫任务来看，在消除绝对贫困的进程中，我国采取的精准扶贫等措施，使有劳动能力的农户在产业发展、就业扶持等途径的帮扶下，基本实现了稳定脱贫，也有不少进入了城市谋求发展，而老少病残等欠缺劳动能力的特殊群体则只能大部分依靠社保兜底。在消除绝对贫困，转入相对贫困的新阶段后，有劳动能力的人群收入将随经济发展而逐步提高，很难再后退至之前的贫困状态，但老少病残等欠缺劳动能力的特殊群体，即使在社会保障政策的帮扶兜底之下，有大部分人仍难以跳出低收入群体。其表现有三：首先，我国老龄化程度将不断提高。据专家预测，全国65岁及以上老年人口将从目前的1.9亿人左右增加到2059年4亿人左右的峰值（王广州，2019）。随着脱贫政策的推进实施，农村青壮年人口逐步由农村向城市转移，如此一来，将加重农村的老龄化问题。而农村老人因为缺乏劳动能力，很难具有稳定的收入来源，往往依靠低水平的社会保障维持基本生活，甚至很难维持基本生活，解垩（2015）的研究中调查了最低生活保障金、居民养老金（包括新农保养老金、城镇居民养老金、城乡居民养老金）对老年人贫困的影响，结果显示：城乡老年人消费维度剥夺状况均有所改善，健康维度则呈现小幅度的恶化，在信心维度上，城市老年人剥夺状况改善，而农村老年人的剥夺状况持续恶化。无论处于期初还是期末，农村老年人消费、健康、信心贫困相较于城市老年人严重，这样一来，农村老弱群体将成为相对贫困的高发群体。其次，农村妇女、儿童比其他人群更易于陷入贫困。产业扶贫、精准脱贫等模式的推进，促使大量青壮年劳动力涌入城市谋求发展，由此便产生了大量的"人户分离"式转移就业，大量留守儿童、留守妇女也由此出现，这些农村留守妇女、留守儿童在营养、教育、心理等方面存在不少问题，这些问题不仅影响他们现在的生活水平，也会限制其未来发展。最后，重病患者和残疾人也有较大可能会成为未来相对贫困群体。大部分重病、残疾群体丧失劳动能力，这不但对其所在家庭造成已有的较大的医疗、生活支出负担，而且由于其劳动能力和谋求发展能力的限制，使该群体在可预见的未来仅依靠自身很难跳出"贫困圈"。由此预见，在今后大部分相对贫困人口将很大可能是老人、病患或残疾等特殊群体，他们将可能成为减贫政策的主要受众。因此，针对不同的受众群体，应该采取不同的多维相对贫困治理措施，确定不同的治理任务。

第二节 中国农村多维相对贫困治理的机制构建

一 目标协同

在多维相对贫困治理的目标设计方面需要思考如何构建高效率和有效沟通的协调机制，以确保局部目标与整体目标、长期目标与短期目标的协同衔接。从增强协同主体的内生动力、提升协同主体利益分配的能力和实现协同主体的共赢目标三方面思考如何构建高效率的目标协同机制，为信息共享机制的构建做好研究基础。

（一）局部目标与整体目标、长期目标与短期目标

长期目标明确了在经历一段长时间的发展后，我国的多维相对贫困治理想要达到的效果。长期目标的实现需要通过完成一个个短期目标来达成，短期目标是实现长期目标的台阶，短期目标是对长期目标的分解。我国贫困治理的最终目标是消除贫困根源，实现共同富裕，这是一场持久战，需要通过众多的阶段性目标来实现。"十四五"时期我们的贫困治理目标是实现脱贫攻坚成果巩固拓展，城乡居民收入差距持续缩小的目标。"十四五"时期，我们需要先做好巩固拓展脱贫攻坚成果同乡村振兴的有效衔接，实现脱贫攻坚成果持续巩固的目标。通过五个年度目标，五个短期目标去一步步实现2025年的这一长期目标。每一新的短期目标都是在承接前一短期目标成果的基础上继续向长期目标靠近来制定的，弥补不足，发扬优点。

从整体上看，我国多维相对贫困治理目标是提升多维相对贫困人口的整体生活水平，缩小我国的贫富差距。整体由部分构成，部

分的功能及其变化会影响整体的功能，要想实现整体目标，可先从局部入手，用各局部目标的实现来促成整体目标的实现。我国的相对多维贫困人口可分为东部、中部、西部三个区域的相对贫困人口，在这三个大区域下又可细分为各省份的相对贫困人口，按照我国行政级别的划分可进一步细分到区县的相对贫困人口。可以县域为单位，制定县域内多维相对贫困人口治理的局部目标，先缩小县域内的贫富差距，再缩小省域内贫富差距，进而缩小东部、中部、西部三个区域内的贫富差距，最后实现全国贫富差距整体缩小。

整体目标为提升多维相对贫困人口的整体生活水平，局部目标可从提升相对贫困人口的经济水平、教育水平、医疗水平、住房水平等方面入手，局部目标是对整体目标的分解，整体目标的实现由局部目标的实现组成。

（二）增强协同主体的内生动力

内生动力是各贫困治理协同主体及贫困人口与贫困地区在治理多维相对贫困和推进乡村振兴、实现脱贫攻坚过程中自身的积极性、主动性，也即人的主观能动性。

各协同主体是因对共同目标的追求联系在一起的。目标就是动力，没有目标便没有动力，越具体的目标所蕴藏的动力越大。为解决多维相对贫困问题，各协同主体聚集起来，共同努力实现这一目标，但这一目标太过宏大，不能为各协同主体提供多少行动的动力，因而我们需要将这一宏大的目标分解为多个具体的小目标，激发各协同主体的行动力。求人不如求己，想要摆脱贫困最重要的还是贫困户自身的努力。但现实中，许多贫困户存在内生动力不足的状况。一些贫困户存在贫困思维，缺乏上进心，安于现状，生活得过且过，不求改变，安于贫困，思想观念固化保守，没有清晰的人生目标，没有长远打算，人生态度极其消极，进而导致其严重缺乏积极向上的行动力。对此，我们要加强对脱贫农户的思想教育，转变其贫困思维，促使其向上，形成积极的人生态度，制定前进目标，努力学习技术，辛勤劳动，帮助自己摆脱贫困。

二 行动协同

各协同主体定期交流贫困协同治理的经验，及时沟通协调、加强行动协同，以共同推进不同区域和层面的多维相对贫困治理工作，破解贫困协同治理主体单一化的困境。本部分拟设计符合中国实际的行动协同机制，使政府充分地支持和引导社会团体组织、民办非企业单位等非政府部门参与到贫困治理中来，拓展贫困治理的合作形式，构建多元主体的功能互补、分工协作、资源整合、项目运营、效益评价的贫困治理机制，形成中国多维相对贫困治理的新型行动合作治理结构。

（一）协同与治理

所谓协同，通常是指某一系统的子系统或相关要素间的相互合作。这种合作有助于使整个系统趋于稳定和有序，并能在质和量两方面产生更大的功效，进而演绎出新的功能，实现系统整体的增值（刘伟忠，2012）。国内关于治理的代表性观点是指在一个既定的范围内官方的或民间的公共管理组织通过公共权威的运用来维持秩序，满足公众的需要。其目的则在于各种不同的制度关系中运用权力去引导、控制和规范公民的各种活动，以最大限度地增进公共利益（刘伟忠，2012）。协同治理，刘伟忠定义为在一个既定的范围内，政府、经济组织、社会组织和社会公众等以维护和增进公共利益为目标，以既存的法律法规为共同规范，在政府主导下通过广泛参与、平等协商、通力合作和共同行动，共同管理社会公共事务的过程以及这一过程中所采用的各种方式的总和。

（二）行动协同

解决多维相对贫困问题需要全体社会成员共同努力，是社会共同责任。各协同治理主体都蕴藏着巨大的能量，但只有形成良好的协作机制，将各主体的力量汇聚起来，实现优势互补、互相协调，使各主体能够充分发挥各自的优势，产生"1+1>2"的协同效果，更好地解决多维相对贫困的问题。

(三) 为什么要构建行动协同机制

中国的贫困问题由绝对贫困转向相对贫困。相对贫困不是单一的经济性贫困，而是发展性贫困，贫困维度已由经济维度拓展到了政治、法律、文化制度等多维度，多样化的致贫因素需要多样化的治贫力量合力解决相对贫困问题。相对贫困的长期性和复杂性，也推动我们要统筹建立相对贫困综合治理体系。从世界反贫困理论的衍化过程和反贫困实践来看，科学的贫困治理是由多元行为主体之间的有效合作达成的，那些完全由政府负担的贫困治理则是不科学、不可持续的，这表明，多维相对贫困的治理应采取协同治理的方法。中共中央国务院出台《关于实现巩固拓展脱贫攻坚成果同乡村振兴有效衔接的意见》，指出要坚持政府推动引导、社会市场协同发力，广泛动员社会力量参与，建立健全巩固拓展脱贫攻坚成果、全面推进乡村振兴的长效机制。我国多维相对贫困治理应实现政府与市场协同。党的十九届五中全会也提出要"推动有效市场和有为政府更好结合"。社会组织在脱贫地区的公共服务领域发挥着越来越重要的作用。在部分自然环境、生态环境及生活环境极端恶劣的脱贫地区，依然存在脱贫户内生动力不足、致贫风险大和返贫率高等现实问题。社会组织在对脱贫户的相对贫困瞄准识别、公众参与度、社会敏感度、动态防贫、帮扶方式灵活度等方面有着独特优势，尤其是在对脱贫户的需求评价、帮扶项目针对性和帮扶效果上能够有效弥补政府相对贫困治理的不足。

(四) 怎样构建行动协同机制

构建具有中国特色的相对贫困治理行动协同机制，进一步完善"政府主导、社会参与、市场促进"的相对贫困多元治理机制。

建立政社行动协同机制。坚持以政府为主导，进一步完善政策体系，鼓励社会力量参与到多维相对贫困的治理中来，有效整合社会扶贫资源，建立城乡相对贫困家庭社会服务体系，吸引社会力量广泛、有序且常态化地参与相对贫困治理（李洪和蒋龙志，2020）。政府需借助理性沟通、有效协商、共同合作等方式，调节各种社会力量在参与解决相对贫困问题过程中产生的冲突和问题。

建立政企行动协同机制。政企协同，关键是要减少政府对市场过多的不当的干预，通过政策吸引、资源供给、搭建平台，为企业发展提供良好的市场环境。通过企业发展带动当地经济社会的发展，提升人们的整体生活水平，有利于多维相对贫困的治理。政府要出台针对企业经营痛点的"落地"和"可执行"的政策，鼓励支持企业到乡村投资建厂，推动农村专业合作社的成立与发展，吸引人才回流，形成农村地区可持续发展的内生动力。

建立企社行动协同机制。各类社会组织可实现企业与群众的串联，成为企业与群众沟通交流的桥梁。企业与农户协同，企业为农户提供生产资料和产品销售服务，农户为企业提供土地与劳动，双方协作生产，共同获利。企业在追寻自身利益和发展的同时带动脱贫农户一起发展，为相对贫困治理做出贡献。企业与社会组织协同。社会组织将分散的民众聚集起来，整合社会资源，加入企业的生产发展中，企业也正好利用社会组织整合好的资源实现自身的生产发展，在这一过程中双方共同获利，随后社会组织再返利给参与了合作组织的民众，民众也因此得到发展，享受企业发展带来的经济利益及生活配套设施的完备，有利于多维相对贫困的治理。

（五）行动协同机制建设

政府主导机制。坚持以政府为主导，可以积极发挥集中力量办大事的优势，统筹各方力量，共同有序治理我国的多维相对贫困。无论是脱贫攻坚还是疫情防控，我们都深刻体会到了坚持共产党领导，以政府为主导，充分发挥政府可行使公共权力、分配社会资源的权力，组织安排多元社会主体的协同治理相对贫困。政府可通过政策输出这一特殊权利，为多元社会主体的协同，提供良好的政策法律环境和制度安排。

平等协商机制。多元主体实现行动协同的前提需要进行平等协商。先有协商再有行动，而协商须在平等关系的基础上，没有平等协商也就无所谓协同和合作。

平等协商机制主要用于相对贫困治理行动协同关系的确立和各个协同主体治理相对贫困的具体过程中。首先，各协同主体行动协同关系的确立。由于致贫因素的多样化，需要各贫困治理行动主体协商分配各自负责的治理领域，且明确相互配合方式。其次，在治理过程中，各个协同主体需及时交流各自在贫困治理中获得的经验教训，了解社会各方面的相对贫困现状和治理情况，便于提升治理能力，实现更好的协同治理。各级政府一般拥有其他相对贫困治理协同主体不具备的优势资源。政府有责任对其他贫困治理协同主体给予指导和帮助，但须避免对其他协同主体行为的强制性干预。

信息共享机制。信息共享机制的构建，首先要提高政府共享信息资源的意识，通过信息共享与其他相对贫困治理协同主体建立行动协同关系、达成协同治理共识。而后，各级政府要积极构建信息共享平台。信息共享平台可极大地便利各协同主体间的沟通交流。建立信息共享机制，使相对贫困治理各协同主体间实现最大限度的信息资源共享，为他们协同一致、快速联动地进行相对贫困治理提供有力的保障。相对贫困治理的相关信息在信息平台上共享，便利各协同主体沟通交流相对贫困治理经验，更好地进行接下来的相对贫困治理工作。频繁的互动，广泛的信息交流，也有利于各主体对信息进行系统的分析，更好地制订相对贫困治理方案，实现更为高效的多维相对贫困治理。

三 区域联动

区域与区域之间、个体与个体之间的发展不是独立的，而是彼此依存、相互联系的，因此各协同主体、各区域之间积极开展合作，以谋求共同发展。当生产力发展到一定阶段时，就会超出原有的地域范围向新的区域转移、扩张，在新的区域集中、发展起来，因此，区域之间存在联动效应。本部分在目标协同机制、信息共享机制、行动协同机制的构建基础之上，设计有效的多维相对贫困治理的区域联动机制，使各个层面和区域的相对贫困治理相互依存，促进不同区域层面之间的相对贫困治理的相互交往和协同合作，形成区域联动的协同治理局面。

（一）跨边界区域联动构建可持续发展的反贫困目标

在我国，相对贫困的治理并非某个地区、某个个体自身就能完成。不同的地区，包括具备相同贫困属性的地区、城乡之间、贫困资源互补的地区，都可以通过自身的区域联动以谋求取长补短的共同发展。对于脱贫户而言，无论是个体与个体之间相互联系发展所构成的农村合作社，还是不同合作社之间的联系，个体与个体之间也能够展开合作谋求共同发展。特别是在绝对贫困已经完全消除的今天，脱贫地区生产力得到了很大的改善，这也就导致新生产力突破了原有贫困地区的范围，从而向更加广袤的地区转移与扩张，形成区域之间的联动，因此应当积极构建跨边界区域联动机制，构建可持续发展的反贫困目标。

当下科学进步的发展，使相对贫困的治理也可以通过网络技术来突破地理和空间的限制，打破了个体和区域自身的局限性。不但可以融合各地区之间的优质资源，甚至还可以同海内外贫困治理经验进行交流。区域联动，不应当简单地理解为不同地区之间的联动。各行业之间的跨边界协同与合作也是重要的手段。对于相对贫困治理而言，通过跨边界区域联动，使科技、教育、金融等领域共同作用于政府、企业、科研院所以及社会资本推动可持续发展的反贫困目标实现。

最小的区域联动，也就像脱贫地区村庄人与人之间的相互联系与发展，进而拓展到村与村之间的联动联治。在这一过程中，政府和社会资本起到了科技、金融与教育等反贫困资源的优化。除此之外，这一种资源的区域联动，还可以打造多维相对贫困治理中的信息共享机制。让脱贫人口可以通过信息共享机制，利用自身的社会资本和知识，对相对贫困治理创造更多的可能。

近年来，我国贫困治理取得了显著的成果，将这举世瞩目的成绩展现给了全世界。新的贫困治理模式通过区域联动效应，让更多的组织和个体参与到相对贫困的治理中。例如，2017年世界银行、联合国粮农组织、亚洲开发银行等国际组织联合通过分析和交流我国以及世界上成功的脱贫案例与经验，构建了世界级的相对贫困信息共享机制，为各地提供了不同的脱贫模式与方案。这一区域联动效应所带来的相对贫困治理机制，随着我国"一带一路"政策，甚至扩散到了沿线数十个国家。对于国内而言，这也是极好的相对贫困治理经验，不同的组织以及地域之间展开区域联动，推进可持续反贫困机制的构建以及社会资源的创新，通过新技术实现相对贫困人口线上与线下的深度参与，谋求不同相对贫困地区的合作机制，共同发展。

（二）构建区域相对贫困治理的协同机制

在过去贫困治理当中，由于缺少不同地区之间贫困治理的协同机制，由于地域和行政区域限制，本地区政府和市场只对自身贫困负责，这样就导致在许多行政区域交界处出现了碎片化的贫困治理问题，没有形成不同区域、不同部门之间相对贫困治理的协同效应。特别是许多农村地区，由于缺少区域间的协调沟通，导致基础设施的建设，特别是道路桥梁等无法共建共享，从而使单个地区脱贫效果大打折扣。

新时代，想要构建农村多为相对贫困治理的机制，就应当构建区域间相对贫困治理的协同机制。

首先，从国家层面对相对贫困地区贫困治理制订整体的规划，这样才能够使各地区之间的区域联动有据可依。特别是农村相对贫困地区也具备连片和集中的特性，国家乡村振兴局应当针对连片的相对贫困农村地区，协调不同的省（市、区）展开联动合作，消除相对贫困治理的规划盲区，让碎片化的边缘地带也得到同等的规划与脱贫治理。

其次，省市层面，各省市也应当根据自身的相对贫困情况，结合国家相对贫困地区的整体规划，做好相对贫困区域的衔接和协同。例如，国家扶贫办颁布的《武陵山片区区域发展与扶贫攻坚规划》，就是一个依据相对贫困片区，而非依据行政区域规划而制订的脱贫方案。各省市之间有效的沟通和协作，让相对贫困治理规划成系统和整体，提高整体的脱贫效率。

再次，政府的各部门之间也要有效地进行协同和配合。无论是贫困治理资源还是政策制定，政府部门都拥有绝对的主导权和能力，因此在协同和治理当中，不应由于内部部门的复杂性，而降低了政府部门的工作效率。在相对贫困治理的问题上，责任部门应当组建相对贫困治理领导组，实现多部门同一性质的协同配合。例如，国家乡村振兴局、国家发改委、财政部门、农业农村部门以及民政部门，从国家级、省级再到市级，这些部门都可以针对同一相对贫困地区以及相对贫困问题展开对等联系的垂直一体化协同管理机制，将政府部门的资源进行统一规划、协调，避免由于不同部门之间职能重叠以及职能空窗所带来的治理能力下降。

最后，还应当构建政府部门和社会资本的协同治理机制。相对贫困治理是一个长期全面化的过程，政府虽然仍然占主导地位，但社会资本也由原来的边缘化进入了治理的主体。相对贫困地区的发展，也就是当地社会资本的发展。在这一点上，政府和社会资本拥有共同的利益。因此，政府应当给予更多的政策支持，让社会资本可以在相对贫困治理的参与过程中，创造更多的市场资本复利机会，政府和社会之间的协同，才能够真正地提高和发挥相对贫困治理的作用。

（三）完善区域联动发展机制，弥合区域不平衡的历史鸿沟

我国拥有广袤的领土，涵盖从丘陵到高原几乎所有的地形与地貌，不同区域之间的差异甚至超过许多国家之间的差异，这也就导致不可避免的区域发展不平衡。区域发展不平衡，就会带来收入分配机制的不平衡，也就会演变为各区域之间巨大的差异，从而生成了相对贫困地区。从这一角度来说，想要从根本上消除相对贫困，就需要完善区域联动发展机制，通过政府的宏观调控以及社会资本的积极参与，来弥补由于客观条件以及历史因素所带来的区域发展

不平衡。

　　无论是过去的开放式脱贫还是精准扶贫，我国脱贫事业在很长的时间内都是各地区的各自为政，也就形成了很强的区域发展不平衡的"马太效应"。在绝对贫困消除的今天，针对相对贫困的治理，就要以缩小区域差异，推动区域联动与区域发展机制，特别是西部地区与东部沿海地区、省会城市与其他城市之间联动发展的机制。

　　区域联动，我国具备极强的社会主义制度优势，无论是南水北调还是东气西输，都说明了我国具备长距离区域直接联动的能力和政策基础。对于西部地区而言，由于自身的地域和历史条件限制，许多工业和第三产业无法有效的发展，而农产品虽然有着一定的优势，但加上储存和运输成本，相较于东部和发达地区而言也没有很强的吸引力，这也是许多相对贫困地区始终无法突破相对贫困的根本原因。通过区域联动，将西部地区特色的农产品以一定的价格和政策优势，打开东部甚至海外的市场，满足由于反季节带来的消费需求，构建东西部资源互补的区域联动。对于东部地区许多轻工业、手工作业而言，土地成本和人力成本导致在东部沿海地区成本过高，也可以充分利用西部地区自然资源丰富、环境容量大的优势来吸纳和接收这些轻工业和手工作业，以打造自身的工业和第三产业基础。

　　除了资源互补的区域联动之外，东西部农村相对贫困治理的合作，还应当不断向教育、文化、卫生等多领域延伸。想要实现这一目标，首先就要建立长期与稳定的人员流动学习机制。西部地区的脱贫人员、基层政府人员应当在政府的组织下，定期到东部成功的产业园区以及工业园区学习先进的理念、技术和经验，在这一过程中也可以实现人才与资源的相互沟通。而东部地区也应当针对西部相对贫困的农村地区兴办针对性的教育机构和职业教育机构，在政府政策的引导之下输送更多的优质教育资源和创业资源，以给予西部地区相对贫困治理的内生动力。

　　区域联动既是相对贫困治理的对策，也是农村地区相对贫困治理过程中，生产力发展到一定层次的必然选择。在我国国家政策的主导下，农村相对贫困地区与其他地区区域发展不平衡的历史鸿沟会被逐渐消除，实现真正的共同发展与共同富裕，构建收入分配平等的命运共同体。

第三节　多维相对贫困协同治理的政策性工具

一　规制性政策

规制性政策可以使公共机构对具有社会价值的活动保持持续并专门化的控制，也可用于矫正垄断、负外部性、信息不充分等市场失灵。在多维相对贫困协同治理理论研究、识别研究、效果评估、机制构建的研究基础之上，规制性政策是协同主体较强有力的政策工具，研究从规制性政策的角度，提出政策建议，给中国多维相对贫困协同治理提供新意见和新思路。

（一）社会性规制政策设计

社会性规制，也称"社会管制"，是政府为控制（负）外部性和可能会影响人身安全健康的风险，而采取的行动和设计的措施。包括对制药业、工作安全、产业安全、污染的排放控制、就业机会、教育等的规制，集中表现为外部不经济和内部不经济两种市场失灵的规制上。社会性规制的最终目标是保持人们的健康，提高人们的寿命质量和水平。为此，社会性规制的直接目标是：保护自然环境；保护合理竞争；保护劣势信息方权益，提高社会安全度和健康水平；保护消费者利益，提高正外部性的社会效应。社会性规制的特性决定了它的规制方式主要是直接规制，但是也有相对程度的间接规制。

在多维相对贫困协同治理中，为了处理内外部经济的市场失灵和非价值问题，保障多维相对贫困主体的健康、卫生、安全以及保护环境、防止灾害，需要制定具有一定标准、禁止和限制特定行为的社会性规制。首先，要完善社会性规制的法规，明确具体规定社会性规制执行机构的职责及其独立性，明确规制的对象、范围与相关违法行为的处理手段方式，提升相关机构社会性规制的能力；结合经济生活的需求，制定与市场经济发展体制相适应的规制性政策法规；坚守依法规制的理念，通过立法的形式确立规制，提高规制的效率和政府的可信度。其次，在社会性规制实施过程中，为了更好地维护民众利益，需要重视社会监督的作用，明确社会群体的责任义务，鼓励引导社会群体向规制机关表达合理诉求；同时监督相关机构的规制责任，用于揭露违法违纪现象，保护弱势群体的利益。最后要将规制内容转化为社会经济主体的自觉意识，培养社会责任感。

此外，需要不断强化规制重点领域，切实关注社会群体的切身利益和保护其生命健康。在环境规制方面，一是要完善环境规制的法律、法规，明确企业遵守的多模式环保标准和规范，严格制定违反环境规制的处罚措施；采取激励性环境规制，激励排污企业提高生产技术，降低排污水平，促进环境节约型技术进步；引导重污染企业进行产业转型升级与变迁，减少调整产业结构和转变经济发展方式的阻力；完善碳汇交易制度，鼓励企业积极参与碳汇市场交易，自觉履行社会责任。二是为解决农业生产环境污染负外部性，应实施激励性环境规制政策，加大对绿色生产的财政补贴力度，向积极参与农村环境治理体系建设的社会组织提供便利的服务条件和项目补贴，向积极参与环境保护的农民给予适当奖励，加强力度宣传绿色生产典范，引导农民采用绿色生产。同时，制定实施相关惩罚措施，强化村级基层组织的监督，监管约束农业生产违规行为。在健康卫生规制方面，欠发达地区往往基础设施落后，医疗卫生等公共服务可及性较差，因此更要完善落后地区的食品卫生、药品管理、医疗机构管理、医疗事故管理、传染病预防、检疫、麻药、毒品、废弃物的处理及清扫等方面的立法和行政规制办法。同时，提高基本公共服务可及性，加大落后偏远地区农村医疗公共服务的财政投入，加强建设医院设施设备，提高医疗服务水平，增加农村基本公共服务的便捷性。扩大农村贫困人口的医疗救助范围，加大对大病保险的支持力度。三是在安全方面的规制，建立健全偏远欠发达地区安全方面的立法和行政规制办法，更加关注欠发达地区劳动疾病和灾害、消费者权益保护、产品质量及标准化、交通安全、确保矿山安全、劳动安全及消防等安全性规制。

（二）经济性规制政策设计

经济性规制是自然垄断和信息不对称问题的部门，以防止无效率的资源配置的发生和确保需要者的公平利用为主要目的，通过被认可和许可的各种手段，对企业的进入、退出、价格、服务的质和量以及投资、财务、会计等方面的活动所进行的规制（陆雄文，2013）。在市场秩序不规范的情况下，市场外交易增加，各种非经济作用上升，容易导致市场规则失效，产生市场失灵问题。通过市场机制可以在某种程度上缓解市场失灵问题，但往往不能有效解决信息不对称与自然垄断等问题，因此需要政府进行经济性规制。政府的经济性规制大多关注电力、天然气、电信、交通、航空等具有自然垄断特征和信息不对称问题的产业及农业、银行业等特殊产业。经济性规制可以对企业的进入和退出进行限制，同时影响企业定价及产品产量。经济性规制政策包括进入限制、价格规制、去杠杆和去产能等规制。

在多维相对贫困协同治理中，经济规制性政策是协同主体较强有力的政策工具。首先，要建立健全农产品价格市场形成机制规制，对不同类别的农产品实施临时收储制度改革，针对农产品的最低收购价格进行适当调整，从而减轻农产品的临时收储制度和最低收购价制约市场机制；强化建设农产品市场，健全农产品的目标价格政策，使农产品价格能够反映其基本价值，稳定农产品生产者的预期。其次，根据现阶段我国农村基础产业的产业特点，健全监管规则，设置基层独立监管机构，明确监管机构职责，同时增强监管程序的透明度，从而达到建立现代规制体系、强化政府监管的目的。在一定程度上改革经济性规制政策，对不必要的经济型规制适当削减，推进简政放权、放管结合，破除制约企业和群众办事的机制障碍，完善自主创业体制机制，适当放宽欠发达地区返乡创业的规制条件，从而降低规制性交易成本，优化市场环境。引入激励性规制措施，鼓励农村基础产业提高效率，完善政府补贴政策，积极采取多融资模式，吸引社会资本进入农村基础产业，培育农村产权多元化，同时对现有的农村基础设施经营主体进行股份制改造，通过发行股份形式吸收社会资本，实现投资主体多元化，并引入市场竞争机制，使其在政府经济规制下能够进行市场化运作。此外，为充分发挥政府经济性规制的积极治理作用，需要完善信息公开制度，促使企业与政府能够充分进行相互了解，减少信息不对称问题，提高政府经济规制的精确度与规制政策的公信力，确保政府规制目标与政策落实的一致性。政府的经济规制作为调控经济的一种辅助手段，应当避免过度干预市场机制作用的发挥。

二 市场性政策

市场性政策能控制市场结构、市场行为和消除进入障碍，从而改善资源配置、保障市场机制有效运行。合适的市场性政策设计能提高协同主体的市场参与程度，有利于优化生产要素配置，促进产出结构调整，实现相对贫困协同治理的效能提升。本部分关注中国多维相对贫困协同治理的市场性政策设计，旨在为国家相对贫困治理政策提供参考性意见。

（一）完善农村市场结构优化调整政策

1. 产出市场结构调整政策

与乡村振兴战略结合治理多维相对贫困，以农业供给侧结构性改革为契机，把培育产业、促进产业兴旺作为治理多维相对贫困、推动乡村振兴的根本出路。提高对欠发达地区产业发展的支持力度，发展特色产业，结合不同欠发达地区区位优势、资源禀赋、产业基础、发展实际和市场条件等各方面因素，优先发展具备地方特色的优势产业，培育推广特色主导农产品，打造特色品牌，支持建设一批特色农产品优势区，使资源优势转换为产业优势。合理规划产业布局，避免产业同质化竞争，促进乡村产业发展的可持续性，提升欠发达地区的可持续发展能力。

完善农业补贴政策。在发展经济的同时保护生态环境，支持地下水超采区、重金属污染治理区调整农业结构，探索试点粮豆轮作、退耕种草、粮肥轮作等补贴政策。完善价格调控政策。因地制宜，建立健全水果、蔬菜、畜产品与水产品等农产品的分类调控制度。坚持市场导向，尊重农民意愿。遵循经济发展规律，瞄准市场需求的导向，增加市场紧缺产品的生产，利用市场信息办法指导农业生产，尊重农民意愿及其经营自主权。大力发展绿色农业和特色品牌农业，调整优化产品结构，满足居民消费结构升级的需求。加快建设农产品质量安全标准体系、农产品质量安全监管体系，强化治理源头、管控过程和追溯质量。

2. 消费市场结构调整政策

加快农村基础设施建设，改善农村消费环境。消费环境是制约农村消费的重要因素，对农村地区的消费产生多方面影响。农村地区特别是相对贫困地区的基础设施在数量、规模与质量等方面，远远不能满足消费市场发展的需要；水电供应条件差，交通不便利与通信设施落后等情况，对商品进入农村市场产生了极大限制；狭窄的农村商品流通渠道，复杂的流通环节，落后的社会服务功能与不健全的市场，均是限制农民消费需求增长的重要因素。通过改善农村地区的水电、交通、通信与售后服务，缓解农民的服务性需求构成的社会压力，增加农民消费需求，改善农村的消费环境。

丰富农村消费市场的产品和服务供给，构建农村消费市场多元供给体系，优化布局农村商业网点，促进农村消费市场销售渠道的畅通，完善偏远地区物流配送体系。充分利用电子商务的发展，整合线上、线下销售渠道资源，建设乡村物流集散地，有效对接城市货源与农村物流，解决好消费品输送至农村居民家庭"最后一公里"问题。

引导农村居民树立正确的消费观念，转变消费观念，培养科学合理的消费方式。促使农村居民重视生活质量的提高，愿意购买更多商品和服务，提高其消费质量，拓宽农村的消费领域与消费市场。研究农村消费从众的行为特征，在节假日等关键时间节点上，提升农村消费品的供给与优惠力度。改革消费政策，促进商品消费模式转变。在具备条件的农村地区开展消费信贷，刺激农村居民消费需求，提高农村居民消费能力，促使多维相对贫困主体参与市场，在一定程度上解决目前普遍存在的农民消费断层问题，使有一定支付能力的农民可以提前实现消费愿望。

此外，农村消费市场结构的优化还要与农业产业结构的调整、乡镇企业建设发展、多维相对贫困主体负担的减轻和收入的增加、农村消费市场体系建设、农村消费环境的改善以及市场经济秩序的整顿和规范相结合。

3. 金融市场结构优化政策

放宽农村金融市场准入条件。长期以来，我国市场准入壁垒的存在和民营资本发展不足造成农村金融市场存在垄断结构，导致缺乏供给成熟的农村金融市场。因此，需要不断加快农村金融市场的开放进程，降低农村金融市场的准入条件，有序增加独立且具备合理规模的农村金融机构数量，促进有效多元竞争机制的形成。在相对落后的中部、西部农村地区与各粮食主产区，放宽组建村镇银行的发起人身份条件，吸引更多的潜在社会资本投向农村金融市场，试点推进境内外出资者，推动银行、证券、保险、信托、基金、企业和自然人等主体，联合发起组建村镇银行，形成主体与形式多样、经营管理灵活、投资多元、产权分散的农村金融格局。激发农村金融市场的活力，为农业发展提供更多金融支持。通过增设农村金融机构服务网点等举措，不断降低农村金融市场的集中度水平，强化金融市场多元化市场经营主体发展质量，推动优化调整农村金融市场结构。同时，放宽组建农村资金互助社的主体范围和条件，允许社区外的自然人和机关行政事业单位参与组建农村资金互助社；放宽组建贷款公司出资人的主体范围与条件，允许银行金融机构、非银行金融机构和企业组建贷款公司。

此外，放宽农村金融机构的市场退出壁垒，使经营不善的金融机构能够退出市场，提高农村金融服务水平。拓宽政策性金融机构对农村基础设施建设的金融支持，坚持商业性金融机构的"三农"定位，全面提高农业的全要素生产率，提升农业可持续增长潜力。通过实施区域性差异化的引导政策，促进村镇银行、贷款公司以及农村资金互助社等中小型农村金融机构持续健康发展。

(二) 建立完善农村规范市场政策

整顿规范农村市场秩序，保护农村居民合法权益。由于市场经济法制的不健全、市场规则不够完善、市场交易不够透明规范、市场信息不够充分对称，致使农村消费市场混乱无序。农民普遍缺乏使用法律手段来保护消费权益的意识，难以保障其合法权益。因此，必须坚定依法打击生产和经营假冒伪劣产品的行为，积极完善农产品检测手段，建立质量检测标准体系，不断杜绝假冒伪劣产品流入农村消费市场。重视保护农村居民的消费者权益，建立健全有效的农村居民消费者维权职能机构，使农村消费者在其权益遭受侵犯时能够通过法律手段保护自身合法权益。

政府建立健全群众投诉举报政策，明确农村居民消费者权益受损案件受理窗口，做到有报必查、有案必接，事事有结果；定期组织农村居民开展消费维权能力的培训，提高针对消费侵权类型和农村消费特点等情况的处理能力与办事效率，积极调解农村居民的消费纠纷案件，依法查处损害消费者权益的相关案件，严厉打击违法经营活动，对违法情节严重的，给予行政处罚并在新闻媒体公开曝光，营造规范有序和安全稳定的农村市场环境。

(三) 完善农村市场优化配置资源政策

充分发挥市场在资源配置中的决定性作用。在多维相对贫困协同治理中，要继续优化市场配置资源的作用，避免因消除绝对贫困时期过多使用行政手段进行资源配置带来的不利影响，通过深入分析市场需求、优化价格与信息机制对市场的决定性作用进行强化。

此外，需不断培育壮大乡村市场，通过市场方式来培育和发展市场参与主体，使多维相对贫困主体有能力参与市场，通过市场获利。积极完善各要素市场，推动各要素市场协调发展，改造农村居民市场主体的能力、促进农村电子商务发展升级、优化农产品交易方式和拓展农产品交易渠道等。

此外，在农业生产方面，提高农业资本的有机构成与农业全要素生产率，降低农业生产经营成本。转变农业再生产模式，由外延式扩大逐渐转向内涵式扩大，完善农业生产、经营和产业体系，减少政府对市场价格的干预，由供求市场自发调节农产品价格，使农业生产得到劳动价值合理回报、农业经营者得到合理规模利润。在收益分配方面，提高农业部门的剩余价值率，增强农业部门的资本积累，同时，引导社会资本投入农业部门。

三 参与性政策

参与性政策能吸引相对贫困治理协同主体和多维相对贫困人口参与多维相对贫困现象的协同治理，激发不同社会人群内生动力。本部分拟探讨和设计针对不同人群和地域的参与性政策，从增强不同社会人群参与性的维度优化多维相对贫困协同治理政策体系。

（一）制定公共机构间的协作参与政策

农村多维相对贫困的协同治理需要政府等公共机构的指导与帮助，更需要各级公共机构及公共机构各职能部门的通力协作，公共组织间的协作参与是多维相对贫困治理协同主体的重要部分。然而，我国现有政治制度缺乏对公共组织间协作的相关规定，因此我国要制定公共组织间的协作参与政策，为公共组织间协同治理多维相对贫困提供依据。

依据相关法律法规，我国的公共机构分为纵向结构与横向结构。纵向结构是指公共组织的纵向分层，即各级政府上下级之间、各级政府组成部门的上下级之间所存在管理与被管理关系的等级模式。纵向结构体现公共组织上下级之间的命令服从与执行关系、报告关系和隶属关系，因而公共组织上下级之间往往缺乏双向沟通与平等互动。因此，有必要完善公共组织的纵向结构，制定上下级公共组织的信息公开与共享政策制度，明确需要公开的内容、范围与详细程度等，为政府组织间沟通协作提供信息基础。同时，需要制定激励监督制度，完善下级组织对上级组织的监督制度，鼓励下级组织在多维相对贫困治理中积极参与监督，完善公共组织的运行机制。此外，乡镇政府作为基层政府更加贴近农村，更易了解农村地区发展的实际困难与潜在优势，其对农村地区多维相对贫困治理的指导更具针对性。因此，需要制定并完善基层政府与村组织之间的协作政策，促使其发挥好对农村多维相对贫困治理的指导作用，深入农村地区群众，了解农村居民的生活状况并分析相关原因，与村组织共同引导村民致富，协同治理多维相对贫困。

公共组织的横向结构是指公共组织的横向分层，即各级人民政府在管辖范围内依法设置地位一致、职能不同的若干工作部门的职能式结构。不同层级的公共组织，其所设置的部门各不相同。横向结构体现的是同级不同职能部门间的关系。公共组织职能部门间存在条块分割，职能交叉重复，彼此之间缺乏协作的相应问题，因此需要制定相应的协作制度。通过建立公共机构间的协作制度，明确各职能部门在多维相对贫困治理中的权责，规避职能缺位和交叉的情况，致力于实现公共机构职能部门间的无缝隙协作。

（二）制定企业帮扶参与政策

企业作为以经济利益为发展目标的营利性组织，需要承担一定的社会责任，积极参与农村多维相对贫困的协同治理。企业可以在不影响自身的发展利益的情况下实现互利共赢，积极推进帮扶项目，促进农村经济的发展。通过制定企业帮扶政策，明确企业帮扶项目开发的具体规定，鼓励企业积极参与推动农村发展，帮助农村地区挖掘资源，整合农村地区的各生产要素、农产品与地理环境优势等资源。通过对农村地区的关注与实地考察，结合当地实际条件，将企业与农村的发展相结合，对产业进行重组升级，实现经济发展，激发农村发展活力，促使企业效益与农村多维相对贫困治理的统一。

同时，完善企业捐助政策，明确企业社会责任。呼吁知名企业带头，募集农村建设资金，积极参与农村发展项目，为农村致富的同时树立企业形象，实现企业经济效益与社会效益的统一。

（三）制定其他社会主体参与鼓励政策

农村的多维相对贫困问题较为复杂，需要其他社会主体协同参与治理。我国政府始终发挥着相对贫困问题治理的主导作用，其他社会主体存在参与相对贫困治理的积极性不高、参与能力不足的缺位现象。因此，需要通过制定社会主体参与多维相对贫困治理的鼓励政策，吸引社会资本、组织社会力量，加强社会主体的参与意愿与积极性。同时，对参与主体的提供支持与帮助，增强其参与能力。具体明确鼓励政策的相关实施原则与细则，建立健全社会帮扶群体的多样性，并根据各社会主体的具体情况来制定相关规定，为农村多维相对贫困的治理提供更为专业、更具针对性的帮助。

制定农村创业启动资金与技术支持等政策，鼓励有意愿抱负的社会能人投身于农村创业；制定发展新型农业、丰富农民生活与发展农村经济的民间组织和企业的税收优惠等政策，减轻税负，以增强其带动农村发展的积极性；完善相对贫困地区人才发展的优惠支持政策，为农村地区吸引聚集一批高素质的教师、医生、新型农村干部等社会个体力量，致力于为农村建设添砖加瓦；制定建立专业合作组织的支持政策，鼓励并支持农业生产技术协会与农村经济合作组织等专业合作组织的建立与发展，壮大农村发展力量，并明确其为农村地区经济、文化与生活等各方面的建设提供资金、人力与技术的作用，为相对贫困主体提供必要的医疗救助、职业能力与技术培训、文化宣传等。

（四）制定鼓励推动农村多维相对贫困主体自我发展政策

在多维相对贫困治理过程中，相对贫困主体必须要有自我发展的意识，树立起在农村集体经济发展中的主人翁意识。通过参与性政策，鼓励相对贫困主体去寻找适宜的摆脱困境的方法，加强自身获取信息与表达意见观点的能力，积极与相对贫困治理协同主体沟通，主动充分了解国家治理相对贫困的政策方针以及相对贫困治理协同主体参与相对贫困治理的项目和措施。

建立健全教育与医疗保健等方面的社会安排政策，为相对贫困主体提供公平的公共服务体系；完善相对贫困主体的技能培训政策，为其开展有针对性的知识科普与技术普及，增强相对贫困主体自身的发展能力。在多维相对贫困治理过程中不断地营造相对贫困主体的参与感，主动学习技能知识，提高自身文化素质，转变保守传统思想，积极投身相对贫困治理事业。

（五）制定多维相对贫困协同治理主体间的协作政策

在"农村多维相对贫困协同治理"这一主题中，首先要制定公共组织与社会主体的协作政策，实现公共组织与社会主体力量的协作治理，为多元主体参与多维相对贫困协同治理奠定制度基础，增强社会主体参与的公信力，同时，实现责任与风险共担，减轻公共机构的压力。研究制定维护公共组织与社会主体平等互助与友好协作的相关政策。建立信息共享与监督制度，明确规定信息共享制度中各主体间信息公开的内容范围与途径方式与监督制度中监督和反映的渠道方式等内容。制定并完善政府购买与服务外包的相应运行制度，完善农村公共事业招投标制度与执行章程。此外，公共组织作为农村多维相对贫困治理的积极推动者，要想组织社会群体积极配合多维相对贫困治理协同主体治理相对贫困问题，需要减少公共组织的不正当干预，增强社会群体在多维相对贫困治理过程中的主体意识与积极性，给予社会群体足够的参与感，使其在多维相对贫困协同治理过程中充分表达意见与相关利益诉求。村级公共组织要发挥好村民与政府间的纽带作用，传达政府的帮扶决策，并定期组织会议，积极征集整合相对贫困主体的意见观点，将其心声传达给政府部门，对相对贫困主体负责。

此外，建立激励政策机制，寻求各多维相对贫困治理主体的协同合作。在相对贫困治理开发项目中，科技部门提供人才技术、社会企业提供资金和管理、高校科研院所则提供评估与反馈，使各参与主体在各自专长领域能够充分发挥话语权；同时，充分发挥基层组织的作用，采取"企业+合作社+大户+脱贫户"的有效发展方式，加强多维相对贫困人口的主体意识；发挥集体经济组织的整合优势，鼓励社会主体力量的创新性融入，形成"政府支持、市场主导、社会参与、相对贫困主体响应"的经济激励体系。鼓励社会媒体参与对公共组织和其他协同治理主体的监督，通过采访了解协同治理主体活动，将最真实的内容利用广泛的媒体进行传播，传递给社会公众，使社会公众能够更好地发挥监督作用，以规范多维相对贫困治理主体的行为，为人民负责。

第四节 多维相对贫困治理的实施路径

一 转变政府机构贫困治理职能

本部分研究政府机构如何顺应时代推进改革、合理配置职能、理顺内部管理、引入竞争机制、提高工作质量，重视来自社会和民间的意见和声音，以达到从单一主体治理的模式向多元主体治理的模式转变，从而提升公共服务质量，有效引导各协同治理主体参与，形成相对贫困协同治理合力的效果。

（一）深化新时代政府相对贫困治理的政策改革

相对贫困治理是自中华人民共和国成立以来就重点攻克的社会公共议题，从农村经济体制改革，再到"开放式"农村经济扶贫，直至后来的"八七"农村扶贫以及农村精准扶贫政策。每一个时代，我国农村多维相对贫困治理政策都有其特点和侧重点。新时代以来，我国贫困治理领域发生了重要的转变，政策意义上的绝对贫困已经接近全面消除，而农村多维度相对贫困成为新时代贫困治理的主要方向。有学者认为，我国应当针对多维相对贫困治理，因地制宜地制定"生态红利脱贫""特殊资源脱贫"等新策略，都是针对不同维度的相对贫困，特别是农村地区严重的相对贫困问题进行政策维度的深化改革。

就公共治理理论角度而言，相对贫困治理本身就是一个多维度的问题，其涉及经济、政治以及公共价值等维度。想要进一步深化新时代政府相对贫困治理的政策改革，首先就要明确相对贫困治理的目的，也就是党的十九大以来习近平总书记反复提出的"为了谁"的问题。农村相对贫困的治理，本身就是我党实现共同富裕以及改善民生的社会主义基本要求。因此，农村多维相对贫困的治理同为人民服务的理念是密不可分的。想要深化新时代政府相对贫困治理的政策改革，就势必从目前基层相对贫困治理的问题上入手。由于不同政府职能部门、不同地区的干部对相对贫困治理的理念认识程度不到位，导致许多地方仍然出现政绩工程、劳民伤财工程以及"数字脱贫"等治标不治本的脱贫行为，这显然是没有意识到以人民为中心的脱贫治理基本要求。

新时代，政府农村多维相对贫困治理的政策改革首先要坚持"全民共享"，农民是我国经济发展与腾飞的铸造者和生产者，却没有享受到应有的发展福利。在巩固现有脱贫成果的基础上，深入改革推进农村社会公平正义、民生福祉等"共享""共富"政策改革实践，确保针对农村多维相对贫困为目标进行具体攻坚。其次，相对贫困的治理，需要从产业、人才、文化、社会以及生态五个方面全面发展，促进农村社会的协调进步。努力构筑农村多维相对贫困人群参与、奋斗到脱贫的事业中，激发农村相对贫困治理的内生动力，实现脱贫带动脱贫的良性循环。最后，相对贫困的治理同绝对贫困的治理不同，更强调对于农村人民生活质量、社会现状、精神文明等多方面的协调发展，同时政府还要积极引导正确的社会预期，避免由于相对贫困攻坚困难而引发的社会矛盾。相对贫困的治理就是为了避免发展不均衡，理应在社会构建积极争取却不急于求成的社会共识，从而避免个别地区陷入相对贫困治理福利发放的"懒政"陷阱。

（二）引入多维社会主体治理机制

多维社会主体治理的机制，也就是通过合理配置职能和内部管理，重视社会和民间的意见和声音，从而提高相对贫困治理的水平和能力。

第一，完善相对贫困依法治理的机制。相对贫困治理是民生工程，必须要有法可依、执法必严才可以避免社会资本引入过程中"发国难财"的情况发生，这也是新时代推进和落实全面依法治国的基本要求。党的十九大明确提出了"推进扶贫开发立法"这一具体的行为，应当依据过去脱贫治理的经验以及新时代多维相对贫困治理的要求，明确相对贫困治理的主体和原则，落实社会各阶层、政府各部门的治理责任，实践具体的社会与民间监督和奖惩模式。

第二，引入竞争机制，完善以需求为导向的相对贫困治理机制。市场的力量很大程度上是通过不同社会主体竞争而产生的，因此相对贫困的治理也应当在不同社会主体之间，采取以需求为导向的竞标模式。相对贫困的治理应当以区县为单位，采用自下而上的项目建设申报、审批和招商引资模式，上级单位批准基层相对贫困治理政府的项目申报之后，县级政府应当根据自身的经济水平和政府财政，采取公平、透明、公开的竞标模式，选取最具竞争力的社会资本参与到相对贫困的治理中。

第三，针对社会资本和政府力量制定并完善具体的农村相对贫困治理监督机制。对于政府部门来说，监督机制是必不可少的。对于社会资本进入相对贫困治理的民生领域来说，全方位、多渠道、立体化的监督机制也是保障相对贫困治理效果与能力的可靠措施。针对政府在农村多维相对贫困治理过程中的政策制定、基层政府的招商引资等行为都应当完善社会监督，线下线上、跨地区相互监督的治理模式，以推动政府部门作为相对贫困治理宏观政策制定者的立场与保障。对于社会资本来说，进入相对贫困治理领域就是要实现自身的盈利以及相对贫困治理的推进，而中间这个度就要由政府进行把控，不能将企业和市场利益凌驾于农村相对贫困治理的大方针之上。

第四，完善贫困治理的成绩考核机制。我国目前脱贫攻坚的考核主要是通过具体指标是否达成来实现，这样在过去绝对贫困的治理中具有积极的意义，但在相对贫困治理中却发挥不了合理的效果。由于引入了市场和民间的声音与力量，就应当引入第三方脱贫攻坚考核机制，政府进行有效的监督和管理，这样才能够加强脱贫攻坚的权威性和规范性。对于第三方机构的遴选，政府应当承担主要的责任，如何构筑市场规则、如何规范民间和市场的遴选方法与程序，这些都应当在不断的试点和实践当中完成。

（三）完善多元主体治理模式

综上所述，每个时期我国都有不同的相对贫困治理模式，根据不同时期的国情而发生相对贫困治理客观模式的创新与改变，这也是我国相对贫困治理体系与理论最为重要的环节。过去，我国脱贫攻坚的重点主要在于绝对贫困的"脱帽"，对于脱贫地区进行重点扶持，实行的是以政府为绝对核心、社会共同参与的模式。而现在绝对贫困已经被全面消灭，过去采取集中式、突击式集中力量办大事的方式也应当转变为多元主体、常态化的相对贫困治理模式，这是历史发展的必然要求。所谓多元主体，也就是提高社会各基层主体在相对贫困治理中的地位与重要性，而政府也逐渐从相对贫困治理的主要操刀者转变为宏观政策的指引者和规则的监督者。

提高公共服务质量，就要灵活运用市场这一只"看不见的手"，避免再次进入政府唱独角戏的模式，积极鼓励社会各阶层以及市场力量进入农村多维相对贫困治理领域。对于农村相对贫困地区，地方政府针对自身实际的资源和地点，制定不同的扶持政策，市场和社会力量则从农村的产业、生态、文明与组织等多方面进行相对贫困治理，构建"政府—市场"的专业化脱贫治理模式。须知市场和社会力量对农村相对贫困治理的要求并不是无偿付出，而是要前期投入提高和构建农村自身发展和盈利的能力，从而实现市场和农村相对贫困治理的"双赢"，这样也可以有效避免纯粹福利发放所带来的"返贫"现象，从个别乡村进行尝试和实践，用成功的经验刺激和激励市场和社会力量参与到相对贫困治理中来，贯彻"授之以鱼不如授之以渔"的社会参与思路。

同时，对于农村社区也应当构建"多元社区营造模式"，也就是通过对农村社区的居民进行组织，自身参与、促进和解决自身社区所面临的福利问题以及生产问题，这也符合我国人类命运共同体的大方针。农村社区的营造有助于提高该地区的市场活力，而市场活力本身又可以带动资本复利。这也就给予了社会资本进入并提高农村社区发展的机会。社区通过利用自身社区的社会资本，基于农村多维相对贫困的具体要求，来满足和挖掘农村居民福祉。具体的操作模式也就是利用当地农村社区自身的文化、自然环境和地域优势，通过引入社会资本进行经济和产业结构的优化，发展和促进社区多元社会资本的积累，实现农村多维相对贫困的治理、农村社区发展以及社会资本和市场获利的"三赢"状态，探索符合我国新时代农村相对贫困治理的农村社区道路。

二 提高市场与社会组织贫困治理参与度

本部分研究和设计适合中国国情的多维相对贫困治理激励机制，以增强协同治理主体协同的意愿，为协同治理的主体提供诱导性的因素，使其产生协同行为，并对协同治理的行为进行行政奖励，促使多元主体自觉参与和主动维护社会协同行为。同时，研究如何让市场与社会组织更多地参与贫困治理，改变政府是相对贫困治理单一主体的局面，以更大的合力缓解多维相对贫困。

在 2020 年我国全面建成小康社会后，我国的贫困情况从绝对贫困转向了相对贫困，相对贫困具有多维性，包括收入、教育、法治等多种内容。治理多维相对贫困的关键是增强协同治理主体协同的意愿，为协同治理的主体提供诱导性的因素，使其产生协同的行为。充分发挥多主体协同作用，可以以更大的合力缓解多维相对贫困。其中，市场与社会组织在各社会力量中占主导地位，可以较大程度地改变政府是相对贫困治理单一主体的局面，减轻社会群众对于政府在脱贫上的绝对依赖，从而减轻政府的高压负担，使解决多维相对贫困的工作重心分散至市场及社会组织，可以使社会资源得以有效配置并合理运用于各个维度来解决相对贫困。

（一）社会组织和市场参与协同治理，有效改善脱贫工作效果

政府长期被视为扶贫工作的唯一主体，除政府外的其他主体在扶贫上的作用未能充分体现。但政府资源和力量有限，无法完全满足社会对治理相对贫困的要求，故多个主体和多个维度治理相对贫困的重要性日益凸显。社会组织和市场在治理相对贫困问题上的参与度提升使政府力量有限的问题得以缓解，在提高脱贫工作效率和保障社会对于治理相对贫困的积极性方面具有显著作用。

社会组织在相对贫困治理方面参与度的提高应该从有效整合社会上现存的资源入手，实现高效资源的合理配置，从而提高多维度治理相对贫困的效率。当前社会政府作为相对贫困治理的主力军与中坚力量，如何更有效带动相对贫困群体的发展成为相对贫困治理的关键问题。一是在以往的政府主导治理机制下，政府通过部署与经济发展等层级性任务，自上而下地将扶贫所依赖的标准传达给基层对接的相对贫困群体。在这个过程中，社会组织作为政府与相对贫困群体之间的桥梁，上有政府资源和政策的权威支持，下有与相对贫困群体衔接的特定渠道，从纵向上保证了政府—社会组织—相对贫困群体这一基本框架的有效整合。二是要在社会组织的有序参与下，具有相关经验以及专业知识的社会组织填补权威性政府机构在相关业务范围的空缺，尽力实现相对贫困治理工作上精度的提升，使政府曾经在这方面工作上的缺口得以弥补。

（二）市场参与治理，可以充分维持各社会组织的积极性，调动市场相对贫困治理工作的活力

市场参与相对贫困治理可以提高部分群体摆脱相对贫困的内生动力，相对贫困群体需要在市场的作用下发挥其内生动力，与参与治理主体高度配合以完成治理工作。市场拥有丰富的经济、货币、

人力、杠杆等资源，这些资源在政府调控下实现重新配置。大量实验证明，在政府充分发挥其作用时，市场可以在资源的整合和配置中发挥极关键的决定性作用。社会主义市场经济体制保证了深化供给侧结构性改革的进行，巩固了政府与市场协同联动的物质和实践基础。

社会组织和市场在相对贫困治理问题上参与度的提升，拓宽了在治理相对贫困这一多维度相对贫困问题的涵盖面积，社会组织类型多样，种类丰富，其涵盖面积大、作用范围广的特点使政府协同社会组织的工作渗透能力和灵活度大幅度提升，从而可以将扶贫范围继续向下延伸，在一定程度上可缓解党的十九大以来日益增长的美好生活需要同不平衡、不充分发展之间的矛盾。可以减轻政府对于相对贫困治理的负担。依据近年来的政府扶贫情况，在解决相对贫困问题上政府已经耗用了大量的人力、财力、物力资源，社会组织的参与可减轻扶贫工作对于政府资源的过度依赖，并且可以带来更多高质量高水平的优质资源，从而减轻政府在扶贫工作上的负担。

（三）社会组织和市场参与协同治理，需要构建多主体参与治理的新模式

要使市场和社会组织更加积极地投入相对贫困治理中来，就需要政府引领各主体共同有序参与，凝聚成为政府、市场和社会组织的扶贫合力，构建治理多维度相对贫困的新架构，全方位实现治理相对贫困的最终目标，建立起解决多维贫困的长效治理机制。

第一，在当今社会，法治建设是政府各项措施得以施行的坚实保障，要建立起能容纳由社会组织和市场共同参与的法律体系，才能从权威上彻底激励各主体的广泛参与和投入。政府政策在社会组织和市场参与的机制下需要经过一定调整才能适用，以往为政府治理相对贫困制定的单一主体法律机制现在需要在新的条件下逐步演变为具有新阶段特征的多主体法律机制。首先，需要保证通过法律激励更多较为分散的社会力量形成合力，曾经太过宏观的、太过大

体的政策需要随着社会力量的分散而细化,从而使各社会组织和市场在拥有通过法律保障建立起来的自信后,更加积极地投入相对贫困治理。其次,政府使社会组织和市场投入相对贫困治理这一过程所需的利益交换法治化和规范化,使社会组织和市场能在政府激励下提高参与相对贫困治理的主观能动性,这也使政府在相对贫困治理的角色由身体力行者向宏观调控者转变。

第二,需要在新阶段下构建一个适合政府、市场和社会政治共同参与治理的新模式,这个模式需要为各主体营造公平、公正、公开的治理环境,为市场和社会组织提供参与主体的动力。在这个情形下,政府需要更加充分地适应自身角色的转变,在多维相对贫困治理上适当"放权",通过各种正规渠道宣传这种多主体参与治理的新模式,以获取社会上更多公众和组织的支持,将社会力量积少成多,团结起来共同实现相对贫困治理的最终目标。另外,需要建立一定的反馈机制,由于市场和社会组织作为参与多维相对贫困治理的新兴力量,需要一定的适应和缓冲时间,在这个过程中可能会存在部分未完全贴合实际目标的情形,这就需要政府建立起良好的反馈和监督机制以保障相对贫困治理的各个环节能在公众视野下有序进行。最后,政府可以通过制定一系列的相对贫困治理成效衡量标准,从多维度来衡量和评价在市场和社会组织参与后相对贫困治理的成效,保证政府、市场和社会资源在良好的环境下有序投入使用,保证资金和拨款的公开透明,增强公众对这种新模式的信任度。

第三,需要建立流程化、规范化且包含市场和社会组织的多维相对贫困治理体系,使其成为能够有效进行的运行机制。政府、社会组织和市场需要将多维相对贫困治理作为以后的常态化工作,在短时间内充分适应新的多主体参与体系,构建起政府领导下的市场与社会组织协同联动的高效运行机制。一旦这种治理机制和体系顺利建成,每个参与者都可以在投入较少资源的条件下获得较大的合作成效,一个利于国家和政策建设的相对贫困格局即将建成。

相对贫困是一个多维度的概念，要治理相对贫困，就要使其和多方位多维度的政策相结合，使相对贫困治理机制在以后的长期过程中变得更加常态、更加稳定。其核心是要使相对贫困群体建立起依靠内生动力实现自身发展的机制。当市场、社会组织的参与度在法律保障下和内生动力下提高时，我国多维相对贫困治理机制便有了新的体系雏形和机制雏形，政府和市场与社会组织的联动必将渗透进大大小小的相对贫困群体，相对贫困治理不再像从前一样从上而下、从外到内，而是一种上下协同、内外联动的长效治理新常态，在多平台合作下共同向社会主义现代化强国而努力。随着常态化工作的推进，公众的支持度和信任度也会显著提高，社会组织的调动作用可以使公众在日常生活、学习工作等常规事项中更加积极地投入支持相对贫困治理工作中来，可以加大媒体报道的力度，利用媒体报道的调节作用使公众对于相对贫困治理工作有着更为深入的了解，从而引领公众形成更加正确的价值观并提高其责任意识、核心意识和大局意识。

三 提升市场与社会组织贫困治理能力

社会协同治理的关键是培育合格的社会协同主体，社会协同治理的主体是指参与协同的各个行为主体，包括政府、市场主体、社会组织、基层自治组织、公民等。多元主体形成相辅相成的互补关系，在社会协同治理过程中承担相应的责任和任务，通过参与和合作形成社会共治，达到社会协同治理的目标，提升市场与社会组织相对贫困治理的能力。

在利用协同治理提高市场和社会组织在多维相对贫困治理的参与度之后，提升这两大主体的相对贫困治理能力，是新阶段相对贫困治理工作的重心。社会协同治理的关键是培育合格的社会协同主体，在达到"合格"的标准后，在此基础上提升质量和相对贫困治理工作能力，以避免在最初实行"政府—社会—市场"这一治理体系时因治理能力不高而导致资源浪费和效率不高等问题。

2020 年我国实现全面建成小康社会的目标后，乡村振兴战略和建立相对贫困长效治理成为当今我国的重点工作，社会组织和市场需要在政府引领下培养相对贫困的专业治理能力，需要共同在实践和理论结合中探索出符合中国未来"十四五"规划、乡村振兴战略，为巩固脱贫攻坚的成果，形成长效治理机制做长久应对策略。

（一）提升社会组织和市场协同治理能力，需要加大人才培养力度

社会组织和市场的参与主体都是人，要充分发挥协同治理能力，关键在于提升参与治理的人员素质。目前的社会组织和市场普遍存在人员在多维度相对贫困治理层面专业化水平不够高、应对真实案例不够熟练的情形，如果不及时针对需要参与相对贫困治理的人群进行规范教育和培训，可能会导致在工作开始后治理效率不高、治理效果不佳等后果。从目前来看，提升社会组织和市场协同的治理能力，关键是要开展专业培训，丰富相关人员在这一领域的专业知识，为国家事业输送更多能够处理相对贫困问题的优质人才。

由于社会组织和市场本身具有分散性，在大局上不利于集中统一开展人才培养计划，故既需要保证纵向从上而下为潜在人才提供知识渠道，又要保证人才在地方的充分横向拓展。要投入足够资源发掘和吸引人才，加大对其的激励制度和社会保障制度，使其加入当地的相对贫困治理中去，促使更多接受过高等教育的优质人才扎根地方、扎根基层，利用在新阶段学习到的知识结合本土优势为当地相对贫困治理工作贡献力量，从而建立起一个拥有高政治素养、高业务能力、高实践水平的相对贫困治理力量，在全国各个相对贫困群体所在区域针对实际问题对人民做出满意的答复。

（二）提升社会组织和市场协同治理能力，需要发挥市场和社会组织的固有优势

提高治理能力，需要内外与上下协同联动，上到政府，下到基层，利用政府和市场以及社会组织新构建起来的新治理体系的固有优势。这个新治理格局具有分散性的特点，在小范围内极大地发挥

各社会组织和市场的潜在优势和固有优势是提升相对贫困治理效率和效果的关键。

首先，市场和社会组织协同联动，可以在一定程度上将社会上现有的优质资源重新配置和高效整合，市场和社会组织中大部分能起到充当政府与公众之间桥梁的作用，市场和社会组织具有一定的亲民性和常规性，能够在与公众对接环节深得公众信任，充当政府与社会公众之间的信息媒介和资源媒介，并将复杂烦琐的社会资源通过市场和社会组织中专业人士的专业化管理进行归类整理，使其成为能够直接为相对贫困治理所用的优质资源。另外，社会上部分具有公益性的社会组织可以在此环节中凸显出其独特的对点帮扶作用，其专业化和规模化的服务可以有针对性地解决相对贫困群体的特有问题，提高这类相对贫困群体对扶贫工作的满意度。

其次，市场和社会组织治理能力的提升可以长期、稳定、有效地提供专业服务，打破了曾经短期不稳定的相对贫困治理服务困境。市场和社会组织在过去几年实现了质量、规模的大幅度提升，目前政府大力激励市场和社会组织参与到相对贫困治理中来，这极大地提高了两个治理主体对于相对贫困治理的积极性，力量小且分散的市场和社会组织在政府的有序组织下实现针对性强的长期稳定服务，使这个新阶段下的多维相对贫困治理机制恒久稳定、经久不衰。

最后，提高市场和社会组织的治理能力能够提高社会关注度和公众信任度，使人民群众更广泛地支持相关相对贫困治理工作。在市场和社会组织的治理能力尚未完全提升到一定水平时，政府和社会公众都会对于其配合和完成工作的结果产生一定怀疑，市场和社会组织在工作的同时要不断提升自身处理相对贫困问题的能力，建立起良好的公众信任度，曾经出现过的对市场和社会组织不信任的情况不在少数，甚至在社会组织开展的活动中，出现部分领导配合度低或者不配合，对社会组织帮扶活动缺乏理解和认同，仅仅关注"数字脱贫"忽视相对贫困群体的内在需求。治理对象同样会对社会组织缺乏信任，产生排斥心理，收获不大（赵冬，2021），一旦在政府和社会公众的共同监督下做好工作的环环相扣并及时反馈，使受到帮扶的相对贫困群体在工作流程中产生幸福感、认同感、获得感，长期以来，由于工作治理能力提升而使公众产生的信任便会成为这两大主体参与相对贫困治理的重要保障，为相对贫困治理提供不可或缺的支持力。

我国贫困状况由绝对贫困转为相对贫困后，政府为主体的单箭头相对贫困治理机制已经在慢慢向"政府—市场—社会组织"转变，市场和社会组织的内在优势和其独特的组织性质使政府的相对贫困治理工作更加容易获得公众信任度和公众支持，从而正反馈使政府、市场和社会组织更有信心完成相对贫困治理工作，使其工作能力进一步提升、工作效率进一步提高、协同联动进一步熟练和增强，在新格局下构建起新的高标准治理体系。在未来的相对扶贫治理工作中，要注重将相对贫困群体的真正利益放在首位，将相对贫困治理工作的首要目标和突出问题一再明确，避免出现由于能力不足或目标不定而产生作用方向偏差，要落实好每个工作任务，在不同的时期确定相应的工作要点，使这一新体系不变大体却不断随着形势进一步更新，使在高能力的社会组织和市场参与下，公众的信任度大幅度提升，整体运用空间和社会资源消除相对贫困，形成一个全社会为受益人的多维度相对贫困长效治理机制（王玥琳和施国庆，2021）。

四　增强贫困地区和贫困人群贫困治理内生动力

多维相对贫困的协同治理要更加重视内生动力的激发，才能将相对贫困地区的特色内生资源、地方各级组织的改革创新能力、相对贫困人口脱贫致富的主体性和斗志同时激活，实现脱贫地区的持续和长远发展。本部分拟研究如何增强脱贫地区和脱贫人群的治理内生动力，以增强相对贫困治理的内生动力为路径实现"自发式"的协同治理。

（一）消除精神贫困，提升内生动力

在过去贫困治理当中，返贫现象是贫困治理中的重要议题，也是如何保障贫困治理效果与成果的主要问题。特别是近年来，精准扶贫政策的实施后，脱贫攻坚进入"深水区"，许多地区由于种种原因频繁出现贫困再返贫的现象。研究发现，出现频繁返贫现象的原因主要在于贫困地区没有形成自身的内生动力，没有将自身的内生资源以及地方政府和市场的组织力进行合理的组合以及应用，导致贫困地区人口没有形成脱贫致富的斗志和主观意愿，也就难以实现持续和长远的脱贫。这种现象被称为"精神贫困"，也被学术界称为"行为失灵"。新时代我国农村多维相对贫困的治理，如何避免各地区的"精神贫困"依旧重要，特别是相对贫困的治理更加需要依靠脱贫地区自身的脱贫意愿和自身奋斗。本书认为，增强脱贫地区和相对贫困人群治理的内生动力应当从以下三个方面入手。

一是强化思想教育，扶贫先扶志是近年来我国贫困治理的共识，倘若没有在地区形成一定的脱贫社会共识，那么投入再多的资金和政策支持也只是杯水车薪。因此，针对相对贫困地区的具体情况，政府和一线脱贫工作者首先要给予相对贫困户心理支持和精神疏导，要明白贫困并不是生而决定，每个人都可以通过自身的努力和奋斗实现小康乃至富裕。许多相对贫困地区由于自身的资源匮乏以及地理位置不便，自古以来就相当贫困，这种扎根于骨髓的思想应当用新时代社会主义思想和社会氛围进行感化。共同富裕就是我党对人民的宣言，而各项政策的细致解读以及具体资源的扶持，也应当让农村相对贫困户认识到政府的决心，并由此产生自己配合与奋斗的动力。

二是发展基础教育，一个地区的相对贫困治理，其最主要的资源并不是社会资本，而是当地的人力资本。在当地利用政府资源开办教育，提高当地人力资本，特别是对于年青一代改变自己、改变社会理念的引导，才能够在农村相对贫困地区营造脱贫致富的社会氛围。再者，针对相对贫困户进行技能培训，改变其对自身无力致富的认识，提高其自身发展致富的能力，最终才能在政府和社会的共同努力之下实现相对贫困治理的常态化。

三是对于我国广大的农村地区，无论是否达到相对贫困的标准，都要坚持投入资金加强农村教育，平衡城乡之间的教育资源差距，须知，教育资源的不平衡才是根源上的不平衡。让更多的相对贫困地区学生能够走出农村，接受更好的教育回来改变自己家乡农村的面貌，通过教育帮扶带动乡村文化振兴，将相对贫困治理同我国乡村振兴两大国策进行结合，实现真正的消除精神贫困，最终反馈到提升相对贫困地区和相对贫困人群贫困治理的内生动力上。

（二）构建"造血式"农村相对贫困治理机制

相对贫困人口自身就有脆弱性，其自身能力不足制约着脱贫人口返贫的抑制能力，也就限制了农村相对贫困人口脱贫致富的可持续能力。相对贫困人群在农村中占据相当的比例，这些高于贫困标准但远低于我国平均生活水平的农村人群，几乎已经达到了自身能力所能到达的脱贫最高点，这也就需要政府和社会资源的帮扶，以提高农村相对贫困人口的自我建设能力，以增强自身贫困治理的内生动力。从大政方针上来说，就由传统的"输血式"贫困治理转化为"造血式"贫困治理。

首先，如上文所述，在保证相对贫困地区就业福利政策的基础上，须强化农村相对贫困地区人口的职业技能培训。这样才能够提高政策的有效性，特别是在农村地区普及现代农业生产技术，提高相对贫困农业人口合作化程度，引入社会资本和政府政策提高相对贫困地区农业劳动生产效率，保障脱贫的可持续性。对于农村来说，并不是所有地区都适合现代农业生产，种植的作物并非单一，因此应当根据不同地区和相对贫困人口的具体情况，实施具体的技能和职业培训，解放农村农民的生产力，就是在提高相对贫困地区自我"造血"的能力。

其次，要激发相对贫困人群的创业潜能。我国农村还有大量未开发的创新创业市场，其需求同城市有显著的区别，在我国强调全民创业的背景下，对相对贫困人口自我创业的政策扶持力度要加强。当相对贫困农民具备自身的职业和技术水平后，农村社会上的脱贫致富信心会有显著的提升，这对创新创业潜能的激发有一定助力。许多高校，特别是农业院校对于农业产业的研发有许多成果，而农村应当构建农村试点和高校结合的农业产学研协同创新机制，这样既可以使高校基础研究有试验之地，也可以让农村相对贫困农民创业有更多的机会。

最后，要扩大相对贫困人群的社会资本，提高其在社会各阶层获取信息和资源的能力。政府在其中可以承担关系枢纽的作用，协同帮忙联系农村相对贫困人群同企业、各行业之间的互信互利。一些有志向参与农村相对贫困开发的企业，通过政府可以同相对贫困地区人群展开密切的沟通。这样能够保障市场资本进入的精准性和有效性，也能够针对性地满足农村相对贫困人口脱贫的意见和需求。在我国广大的农村地区，以政府政策为中心，以农业合作社为枢纽，以相对贫困农民为基础，以社会资本为力量，构筑新型的"造血式"农村相对贫困治理机制，极大地开发农村地区脱贫的内生动力，避免脱贫再返贫的现象不断发生。

（三）推动乡村人文发展以及普及心理服务

无论是本节所讲的消除精神贫困还是扶持农村产业与资源构建脱贫的内生动力，其本质上都是抓好相对贫困地区农民的能力建设，而人文发展与心理服务作为保障相对贫困地区农民能力建设水平和可持续性的文化底蕴也有积极的作用。

第一，城乡地区的差异是许多相对贫困地区脱贫困难的重要原因，许多相对贫困地区农民认为农村没有希望，有钱也要到大城市去才能致富，这样的思想对于农村相对贫困治理内生力的构建相当不利，扶贫先扶志。诚然城乡之间确实具有很大的差异，但这也是我国保障社会公平的主要攻坚方向，相比过去来说城乡之间的差异有了很大的改善。现阶段，农村相对贫困地区的城乡差异，应当主要从文化教育，也就是保障教育水平与资源的公平角度出发。优质的教育资源垄断式地集中在城市中，导致相对贫困地区的教育水平极差，也就让相对贫困地区农民没有让孩子认真和继续完成教育的意愿。政府应当通过各项政策，有意识地将优质教育资源下沉到农村贫困地区，无论是教育扶贫还是集中农村优质教育资源进行集中教育，都应当不断地缩小相对贫困家庭子女与城市子女之间教育水平的差异。这样让更多的家庭愿意让孩子完成和继续学习，改变农村落后的脱贫思想，构建农村相对贫困人群脱贫致富的内生动力。

第二，营造农村健康的人居和社会环境。社会环境是影响相对贫困治理的重要因素，许多相对贫困地区居住地远离城市、交通不便，连日常生活所需的电力和自来水都无法保障，更不必谈脱贫致富。新时代党中央提出要打造美丽宜居乡村，这一点应当与相对贫困治理相结合，对于相对贫困地区的农村建设、公共服务建设要不断完善与投入，提高相对脱贫地区人口自身的医疗保障水平和服务能力，提高其抵御风险的能力，才能够避免因病返贫以及不可抗因素返贫等情况的发生。

第三，推动农村心理服务的普及。相对贫困的内涵不仅是金钱上的匮乏，更多的是一种由于社会群体落后，所带来的被社会遗弃、社会共识被剥夺的心理感觉。这也就对我国相对贫困治理的心理服务推广提出了要求。让相对贫困地区农民明白并不是国家和政府"要我脱贫"，而是身处相对贫困地区的"我要脱贫"，打消由于精神匮乏所导致自己心里的"等、靠、要"思想，构建自己想要发展和脱贫致富的相对贫困治理内生动力。再者，相对贫困地区心理服务，还要强化相对贫困人口的获得体验。只有体验了脱贫后的日子，体验了社会和政府对其的人文关怀，自己的实际和潜在需求得到了满足，才能够让相对贫困人口真正地配合政府和社会资本，努力消除自身社会身份的剥夺感以及社会差距带来的遗弃感。

第九章

结论与建议

第一节 主要结论

一 以收入衡量相对贫困会低估中国农村家庭相对贫困程度

随着中国经济社会的不断发展,国民收入水平和生活水平的不断提高,以收入为单一维度作为衡量相对贫困标准的相对贫困人口数量在急剧减少,相对贫困现象由"面"转变为"点",即由之前的大区域或大群体转变为当前的小区域或小群体,相对贫困也从普遍性转变为特定区域或特定群体,这要求相对贫困治理政策的制定更加精准。在经济发展的新时期,中国农村家庭相对贫困呈现新的特征,当前农村家庭不仅指传统的收入不能满足基本的生产生活需要,导致相对贫困也更加多样化。以收入为指标衡量相对贫困,可以客观地划定相对贫困线,具备操作简单和识别容易等优点,能够仅依据家庭人均收入便清晰地将相对贫困群体识别出来,确保真实存在相对贫困的群体能够大部分被政策覆盖。然而不足的是,可能有部分真实存在相对贫困的群体被遗漏,不能有效地缓解相对贫困。本书利用2010—2018年中国家庭追踪调查数据测度了城乡家庭多维相对贫困,从测度的结果来看,以收入为单一衡量指标测度的相对贫困发生率，低于本书构建的多维相对贫困指标体系所测得的相对贫困发生率，且本书测量出来的多维相对贫困家庭覆盖了全部收入相对贫困家庭。也就是说，多维相对贫困更能有效地反映中国农村家庭真实情况，而以收入为标准的相对贫困测量会低估中国农村家庭相对贫困程度。同时，单纯以收入衡量相对贫困会使政策目标局限于农村家庭的基本生产生活需求，而不是注重农村家庭的可持续发展能力。从不同地区的多维相对贫困测量结果来看，全国、东部、中部、西部和东北地区的多维相对贫困测量结果得出了一致的结论：收入相对贫困会低估农村家庭真实相对贫困程度，多维相对贫困更能真实地反映农村家庭实际相对贫困状况。值得注意的是，除了西部地区农村家庭的相对贫困问题需要持续进行关注外，东部、中部和东北地区农村家庭的多维相对贫困状况也应得到重视。

二　农村家庭多维相对贫困状况呈总体下降趋势

自改革开放以来，一系列针对相对贫困和经济社会发展的政策和制度的改革，对缓解多维相对贫困起到了重要作用。对2010—2018年CFPS数据测算农村家庭多维相对贫困的结果表明，无论是以城镇家庭和农村家庭作为对比，还是以全国地区、东部地区、中部地区、西部地区和东北地区进行对比，均发现农村家庭多维相对贫困发生率和多维相对贫困指标指数呈总体下降的趋势。这表明，随着年份的增加，农村家庭多维相对贫困状况得到了有效缓解。但是，这种下降趋势并不稳健，在收入相对贫困发生率逐年下降的情况下，部分年份多维相对贫困发生率和多维指数会随年份的增加而出现升高的现象，因此，有必要制定缓解农村多维相对贫困的政策措施，增强农村家庭可持续发展能力和应对风险冲击的抵抗力，以防止农村家庭陷入多维相对贫困。

三　农村家庭多维相对贫困存在明显的地区差异

从全国、东部、中部、西部和东北几个不同地区的农村家庭多维相对贫困测度结果来看，无论是多维相对贫困发生率还是多维相对贫困指数，均呈现以下规律特征：东部地区农村家庭多维相对贫困状况最低，中部地区与东北地区农村家庭多维相对贫困状况接近，也接近于全国平均水平，西部地区多维相对贫困状况最高。地区间农村家庭多维相对贫困状况的差异也反映出地区间发展水平的不均衡，缩小这种差异是亟须解决的问题。农村家庭多维相对贫困指标对多维相对贫困指数的贡献率也存在差异，农村家庭多维相对贫困指标对多维指数贡献率较高的除了收入和教育程度外，医疗保险和耐用品指标对多维相对贫困指数的贡献率也较高。另外，以不同地区农村家庭多维相对贫困和城镇家庭多维相对贫困对比发现，农村家庭和城镇家庭多维相对贫困指标对多维指数贡献较高的均为收入和教育程度。

四 农村家庭多维相对贫困比城镇家庭严重，但应充分重视城镇相对贫困

从全国、东部、中部、西部和东北几个不同地区的农村家庭和城镇家庭多维相对贫困测算结果对比可以看出，从全国总体情况来看，农村家庭多维相对贫困状况比城镇严重，农村家庭多维相对贫困发生率高于城镇家庭多维相对贫困发生率，农村家庭多维相对贫困指数也高于城镇家庭多维相对贫困指数，东部、中部、西部和东北地区的农村家庭多维相对贫困测量结果呈现相同的结果。多维相对贫困动态性测量结果显示，农村家庭处于暂时相对贫困和慢性相对贫困的比例高于城镇家庭，东部、中部、西部和东北地区的农村家庭多维相对贫困动态性测度结果也呈现相同的规律，均是农村家庭处于暂时相对贫困和慢性相对贫困的比例高于城镇家庭。因此，虽然农村家庭多维相对贫困状况比城镇家庭多维相对贫困状况严重，但一直以来，农村相对贫困受到广泛关注，贫困治理一直在农村地区开展，对城镇地区相对贫困关注程度不够，需要更加重视城镇家庭相对贫困状况。

五 农村家庭暂时相对贫困比慢性相对贫困严重

在多维相对贫困测度的基础上，本书利用相对贫困动态性测度方法，对农村家庭多维相对贫困动态性进行了测度。结果显示，当 k=1 时，农村家庭多维相对贫困动态性以慢性相对贫困为主；当 k=2—4 时，农村家庭多维相对贫困动态性以暂时相对贫困为主；当 k=5 时，没有农村家庭处于暂时相对贫困和慢性相对贫困状况，即没有家庭处于极端相对贫困状态。取学术界常用的多维相对贫困维度总数 1/3 以上时，从全国总体情况来看，农村家庭处于暂时相对贫困和慢性相对贫困的比例高于城镇家庭，东部、中部、西部和东北地区的农村家庭多维相对贫困动态性测度结果也呈现相同的规律，均是农村家庭处于暂时相对贫困和慢性相对贫困的比例高于城镇家庭。

六 教育培训对农村家庭多维相对贫困影响较大

在农村家庭多维相对贫困动态性测量基础之上，本书利用有序 Logit 模型，以 k=2 和 k=3 时多维相对贫困动态性为因变量，选取家庭规模、人口负担系数、培训劳动力占比、家庭成员平均年龄、是否有在校学生、是否有老人、劳动力占比、是否民族村、道路状况、是否旅游村、离最近市场距离、是否矿产村、是否自然灾害区、是否有集体企业，按全国、东部、中部、西部和东北地区进行分类，分别分析影响家庭多维相对贫困动态性的因素，识别出具备哪些特征的家庭会陷入多维慢性相对贫困和暂时相对贫困，以及具备哪些特征的家庭对多维相对贫困的风险抵抗能力更强。结果显示，培训劳动力占比会显著影响农村家庭多维相对贫困动态性，教育培训对农村家庭多维相对贫困的缓解起着重要作用。

第二节 政策建议

一 构建符合中国实际情况的多维相对贫困评价体系

当前，国内对于多维相对贫困的研究局限于借鉴国外多维相对贫困已有研究成果基础之上，虽然国内学术界也结合中国国情，尝试构建了适合中国实际情况的多维相对贫困评价体系，然而，在国家政策层面缺乏适合中国家庭实际情况的多维相对贫困指标体系，这不利于中国相对贫困治理工作的顺利开展。鉴于此，政府应尽快制定符合中国国情的多维相对贫困评价体系，以指导中国相对贫困治理的实践工作。多维相对贫困评价体系与维度、指标、临界值和权重等参数高度相关，而中国地区间发展差异较大，采用"一刀切"的方式构建多维相对贫困体系存在较大的难度，但仍可根据中国农村家庭实际情况，尝试构建多维相对贫困评价体系，构建多维相对贫困评价体系须遵循以下原则：一是完整性，即多维相对贫困评价体系的维度和指标除了反映收入或消费水平外，还需尽可能全面地反映中国农村家庭的相对贫困状况，如教育、健康和生活质量等维度和指标；二是代表性，指多维相对贫困评价体系并不需要将所有反映家庭生产生活的指标均纳入考虑，而且应根据中国家庭实际情况，以及实际测算过程中的可操作性，选取具有代表性的指标作为衡量家庭多维相对贫困的依据；三是参与性，指多维相对贫困指标体系的制定过程中，需要多方面主体参与其中，这些主体包括相对贫困家庭、非相对贫困家庭、政府机构、学术研究机构等；四是变动性，指多维相对贫困评价体系应根据经济社会发展情况和相对贫困治理工作的实际需要，进行不断调整。

二 完善转移支付制度，缩小城镇与农村之间发展差异

从农村家庭和城镇家庭多维相对贫困测量结果对比可以看出，

农村家庭的相对贫困状况比城镇家庭严重,农村家庭和城镇家庭多维相对贫困动态性测量结果的对比,也得出了一致的结论。由此可知,农村家庭和城镇家庭发展水平仍存在一定的差距,缩小城乡发展差距对促进公平发展有重要意义。转移性支付作为调节国民收入差距的一项重要政策手段,对提升农村家庭经济发展水平、降低农民生产生活负担具有积极作用。然而,当前转移支付制度仍为"撒胡椒面"的普惠制度,并没有准确地指向农村或农村相对贫困家庭,因此,有必要对现行的转移支付制度进行完善。一是更加合理地设定转移支付"门槛",使农村家庭尤其是农村相对贫困家庭能够通过转移收入来弥补收入不足、经营规模过小或经营能力弱等问题;二是应针对农村相对贫困家庭,制定专项转移支付,更加精确地瞄准处于最低收入阶层的群体,让农村相对贫困家庭能够直接受益,缩小农村内部以及农村与城镇之间的发展差距;三是完善转移支付的监管制度,建立健全转移支付资金管理规定,规范转移支付的目标群体、支付范畴和分配方式等。

三 统筹区域发展,缩小东部、中部、西部和东北地区间发展水平差距

从全国、东部、中部、西部和东北几个不同地区的农村家庭多维相对贫困测量结果和多维相对贫困动态类型测量结果来看,东部地区农村家庭相对贫困状况最低,中部地区与东北地区农村家庭相对贫困状况较接近,也接近于全国平均水平,西部地区相对贫困状况最为严重,这反映了东部、中部、西部和东北地区间经济发展水平的差距。应统筹区域发展,不断缩小东部、中部、西部和东北地区间发展水平的差距。一是继续实施区域发展重大战略,包括东部率先发展、中部崛起、西部大开发和东北老工业基地振兴等国家层面的区域发展战略部署,结合"一带一路"、长江经济带建设等新战略,推进区域间协调发展;二是促进区域间基本公共服务的均衡发展,从多维相对贫困测量结果的地区对比可以看出,除了地区间的

收入差距外，教育、医疗等公共服务的发展也存在差距，因此，应促进东部、中部、西部和东北地区间基本公共服务的均等化，鼓励相应公共服务政策向中西部和东北地区倾斜，支持这些地区义务教育和职业培训建设，缩小地区间基本公共服务发展差距。

四　开展农村相对贫困治理工作的同时也应重视城镇相对贫困

由本书测度的农村家庭和城镇家庭多维相对贫困及相对贫困动态性对比结果可知，农村相对贫困状况比城镇相对贫困状况严重，但不能忽视城镇相对贫困。在大力开展农村扶贫工作的同时，应同时注重缓解或消除城镇相对贫困。一是增加城镇家庭居民就业和创业渠道，制定有利于城镇相对贫困群体的就业创业政策，开展城镇相对贫困群体职业技能培训和就业指导，支持城镇相对贫困群体通过就业创业摆脱相对贫困；二是加大教育救助力度，对城镇相对贫困家庭子女上学给予相应照顾，参照农村建档立卡户子女上学优惠条件，建立城镇相对贫困学生资助体系，保障城镇相对贫困家庭子女接受教育权利；三是完善临时救助制度，将城镇流动相对贫困群体作为临时救助的重点关注对象，尤其是老人、儿童、残疾人等特殊群体，加大临时救助资助力度；四是加强城镇相对贫困家庭基本住房保障，对城镇相对贫困家庭无房养老人员，积极引导其至城镇养老院集中供养，加快城镇棚户区、城中村和危房改造，完善经济适用房制度，保障城镇相对贫困群体基本住房条件。

五　分别制定暂时相对贫困和慢性相对贫困的治理措施

从本书实证分析结果可知，暂时相对贫困比慢性相对贫困严重，全国、东部、中部、西部和东北地区均表现为该结果，并且导致暂时相对贫困和慢性相对贫困的成因是有差异的，因此，应分别制定暂时相对贫困和慢性相对贫困的治理政策。在厘清导致暂时相对贫困和慢性相对贫困影响因素差异的基础之上，有针对性地制定暂时相对贫困和慢性相对贫困的治理措施，是研究相对贫困动态性的目标之一。对处于慢性相对贫困的农村家庭来说，短期内脱离相对贫困的难度较大，应制定连续、稳定和长期的治理措施。一是加强相对贫困地区基础设施建设，增加相对贫困地区生产性投资，注重相对贫困地区生态环境，改善相对贫困地区落后的生产条件，为相对贫困地区农村家庭生产经营创造良好的条件，以增加相对贫困农村家庭的生产经营收入，使处于慢性相对贫困家庭逐渐脱离相对贫困；二是加强相对贫困地区的基础教育和职业技能培训，保障相对贫困地区义务教育的全覆盖，鼓励和扶持相对贫困地区农村家庭子女进入高等院校学习深造，同时，开展劳动职业技能培训，增强相对贫困地区农村劳动力就业能力，增强处于慢性相对贫困状态农村家庭的可持续发展能力；三是加强农村医疗保障体系建设，实现农村医疗保险全覆盖，加强基础医疗机构建设，增强慢性疾病和重大疾病的救治力度，防止农村相对贫困家庭因病致贫和因病返贫；四是制定有利于农村转移劳动力在城市的就业政策，农村剩余劳动力向城市转移可以大幅提升农村家庭收入，对缓解暂时相对贫困和慢性相对贫困均有着重要作用，然而，农村转移劳动力外出务工有较强的季节性和流动性，导致农村转移劳动力收入稳定性差，务工成本较高，因此，有必要制定有利于农村转移劳动力在城市就业的政策。

六　教育培训应是未来帮扶政策的重点

本书对农村家庭多维相对贫困动态性的影响因素分析结果可知，农村家庭劳动力受教育程度和接受职业技能培训状况是影响多维相对贫困动态性的主要因素。鉴于此，未来相对贫困治理政策的重点方向应是加强农村地区教育，尤其是职业技能培训工作。鼓励和支持农村相对贫困家庭主要劳动力集中接受劳动职业技能培训，确保农村相对贫困家庭劳动力能有一技之长，依靠自身劳动技能创造收入。加大对农村相对贫困家庭劳动力的职业技能培训力度，劳动职业技能培训应以相对贫困农村家庭劳动力需求为导向，根据不同相对贫困家庭的劳动力条件，制订相应的培训计划，培训可采取多种形式，如开展相对贫困家庭劳动力职业技能培训"进村到户"，提升相对贫困家庭劳动力生产能力或就业创业能力，帮助相对贫困家庭劳动力实现自主经营、自主就业创业，开拓其市场视野，达到智力扶贫的效果。

附　　录

附表 1　　全国农村家庭各指标贫困发生率（绝对贫困）　　单位：%

维度	指标	2010 年	2012 年	2014 年	2016 年	2018 年	均值
收入	人均收入	24.99	21.97	17.31	15.52	13.97	18.75
教育	教育程度	50.51	36.42	17.42	14.09	11.50	25.99
	适龄儿童入学	2.61	1.98	1.35	0.41	0.13	1.30
健康	医疗支出	28.85	30.89	28.91	25.54	22.58	27.35
	医疗保险	33.95	39.28	29.52	20.80	14.80	27.67
	丧失劳动能力人数	8.80	11.94	5.49	2.53	1.17	5.99
生活质量	做饭燃料	70.85	58.68	57.00	52.74	48.99	57.65
	饮用水	6.66	6.49	11.64	8.72	6.55	8.01
	通电	0.71	0.22	0.24	0.04	0.01	0.24
	住房类型	14.23	15.88	11.15	5.98	3.31	10.11
资产	金融资产	22.89	34.69	10.98	23.17	16.52	21.65
	住房面积	17.07	14.03	13.35	11.94	10.73	13.42
	耐用品	57.53	53.27	41.40	45.28	37.49	46.99

附表 2　　东部地区农村家庭各指标绝对贫困发生率（绝对贫困）　　单位：%

维度	指标	2010 年	2012 年	2014 年	2016 年	2018 年	均值
收入	人均收入	24.99	21.97	17.31	15.52	13.92	18.74
教育	教育程度	50.51	36.42	17.42	14.09	11.40	25.97
	适龄儿童入学	2.61	1.98	1.35	0.41	0.13	1.30

续表

维度	指标	2010年	2012年	2014年	2016年	2018年	均值
健康	医疗支出	28.85	30.89	28.91	25.54	22.70	27.38
	医疗保险	33.95	39.28	29.52	20.80	14.95	27.70
	丧失劳动能力人数	8.80	11.94	5.49	2.53	1.18	5.99
生活质量	做饭燃料	70.85	58.68	57.00	52.74	48.85	57.62
	饮用水	6.66	6.49	11.64	8.72	6.59	8.02
	通电	0.71	0.22	0.24	0.04	0.01	0.24
	住房类型	14.23	15.88	11.15	5.98	3.23	10.09
资产	金融资产	22.89	34.69	10.98	23.17	11.74	20.69
	住房面积	17.07	14.03	13.35	11.94	10.74	13.43
	耐用品	57.53	53.27	41.40	45.28	30.78	45.65

附表3　中部地区农村家庭各指标绝对贫困发生率（绝对贫困）　　单位：%

维度	指标	2010年	2012年	2014年	2016年	2018年	均值
收入	人均收入	24.99	21.97	17.31	15.52	13.94	18.75
教育	教育程度	50.51	36.42	17.42	14.09	11.47	25.98
	适龄儿童入学	2.61	1.98	1.35	0.41	0.13	1.30
健康	医疗支出	28.85	30.89	28.91	25.54	22.59	27.36
	医疗保险	33.95	39.28	29.52	20.80	14.96	27.70
	丧失劳动能力人数	8.80	11.94	5.49	2.53	1.18	5.99
生活质量	做饭燃料	70.85	58.68	57.00	52.74	48.84	57.62
	饮用水	6.66	6.49	11.64	8.72	6.54	8.01
	通电	0.71	0.22	0.24	0.04	0.01	0.24
	住房类型	14.23	15.88	11.15	5.98	3.24	10.10
资产	金融资产	22.89	34.69	10.98	23.17	13.52	21.05
	住房面积	17.07	14.03	13.35	11.94	10.73	13.42
	耐用品	57.53	53.27	41.40	45.28	34.82	46.46

附表4　西部地区农村家庭各指标绝对贫困发生率（绝对贫困）　　单位：%

维度	指标	2010年	2012年	2014年	2016年	2018年	均值
收入	人均收入	24.99	21.97	17.31	15.52	13.98	18.75

续表

维度	指标	2010 年	2012 年	2014 年	2016 年	2018 年	均值
教育	教育程度	50.51	36.42	17.42	14.09	11.50	25.99
	适龄儿童入学	2.61	1.98	1.35	0.41	0.13	1.30
健康	医疗支出	28.85	30.89	28.91	25.54	22.57	27.35
	医疗保险	33.95	39.28	29.52	20.80	14.75	27.66
	丧失劳动能力人数	8.80	11.94	5.49	2.53	1.19	5.99
生活质量	做饭燃料	70.85	58.68	57.00	52.74	48.87	57.63
	饮用水	6.66	6.49	11.64	8.72	6.62	8.03
	通电	0.71	0.22	0.24	0.04	0.01	0.24
	住房类型	14.23	15.88	11.15	5.98	3.33	10.11
资产	金融资产	22.89	34.69	10.98	23.17	15.84	21.51
	住房面积	17.07	14.03	13.35	11.94	10.72	13.42
	耐用品	57.53	53.27	41.40	45.28	36.99	46.89

附表 5　东北地区农村家庭各指标绝对贫困发生率（绝对贫困）　　单位：%

维度	指标	2010 年	2012 年	2014 年	2016 年	2018 年	均值
收入	人均收入	24.99	21.97	17.31	15.52	13.98	18.75
教育	教育程度	50.51	36.42	17.42	14.09	11.47	25.98
	适龄儿童入学	2.61	1.98	1.35	0.41	0.14	1.30
健康	医疗支出	28.85	30.89	28.91	25.54	22.66	27.37
	医疗保险	33.95	39.28	29.52	20.80	14.78	27.67
	丧失劳动能力人数	8.80	11.94	5.49	2.53	1.18	5.99
生活质量	做饭燃料	70.85	58.68	57.00	52.74	48.86	57.63
	饮用水	6.66	6.49	11.64	8.72	6.54	8.01
	通电	0.71	0.22	0.24	0.04	0.01	0.24
	住房类型	14.23	15.88	11.15	5.98	3.29	10.11
资产	金融资产	22.89	34.69	10.98	23.17	18.46	22.04
	住房面积	17.07	14.03	13.35	11.94	10.70	13.42
	耐用品	57.53	53.27	41.40	45.28	39.47	47.39

附表6   全国农村家庭多维贫困指数测度结果（绝对贫困）

k 值	年份	多维贫困个体数（户）	贫困剥夺总额	多维贫困发生率（%）	平均贫困剥夺份额（%）	多维贫困指数（%）
k = 1	2010	4543	6129	97.11	0.2698	0.2620
	2012	4476	5747	95.68	0.2568	0.2457
	2014	4241	4207	90.66	0.1984	0.1799
	2016	4195	3870	89.68	0.1845	0.1655
	2018	4149	3560	88.69	0.1716	0.1522
k = 2	2010	2806	4996	59.98	0.3561	0.2136
	2012	2506	4485	53.57	0.3579	0.1917
	2014	1628	2656	34.80	0.3263	0.1136
	2016	1398	2261	29.88	0.3235	0.0967
	2018	1200	1925	25.65	0.3208	0.0823
k = 3	2010	877	2196	18.75	0.5008	0.0939
	2012	747	1879	15.97	0.5031	0.0803
	2014	291	687	6.22	0.4722	0.0294
	2016	253	598	5.41	0.4727	0.0256
	2018	220	521	4.70	0.4736	0.0223
k = 4	2010	83	269	1.77	0.6482	0.0115
	2012	83	271	1.77	0.6530	0.0116
	2014	8	25	0.17	0.6250	0.0011
	2016	7	21	0.15	0.6000	0.0009
	2018	3	8	0.06	0.5333	0.0003
k = 5	2010	0	0	0.00	0.0000	0.0000
	2012	0	0	0.00	0.0000	0.0000
	2014	0	0	0.00	0.0000	0.0000
	2016	0	0	0.00	0.0000	0.0000
	2018	0	0	0.00	0.0000	0.0000

附表7　　东部地区农村家庭多维贫困指数测度结果（绝对贫困）

k值	年份	多维贫困个体数（户）	贫困剥夺总额	多维贫困发生率（%）	平均贫困剥夺份额（%）	多维贫困指数（%）
k=1	2010	1190	1386	25.44	0.2329	0.0592
	2012	1180	1337	25.22	0.2266	0.0572
	2014	1078	921	23.04	0.1709	0.0394
	2016	1054	848	22.53	0.1609	0.0363
	2018	1031	781	22.04	0.1515	0.0334
k=2	2010	602	1008	12.87	0.3349	0.0431
	2012	552	940	11.80	0.3406	0.0402
	2014	302	484	6.46	0.3205	0.0207
	2016	259	416	5.54	0.3212	0.0178
	2018	222	358	4.75	0.3225	0.0153
k=3	2010	156	373	3.33	0.4782	0.0159
	2012	130	317	2.78	0.4877	0.0136
	2014	38	87	0.81	0.4579	0.0037
	2016	33	79	0.71	0.4788	0.0034
	2018	29	72	0.62	0.4966	0.0031
k=4	2010	7	22	0.15	0.6286	0.0009
	2012	12	40	0.26	0.6667	0.0017
	2014	0	0	0.00	0.0000	0.0000
	2016	2	6	0.04	0.6000	0.0003
	2018	0	0	0.00	0.0000	0.0000
k=5	2010	0	0	0.00	0.0000	0.0000
	2012	0	0	0.00	0.0000	0.0000
	2014	0	0	0.00	0.0000	0.0000
	2016	0	0	0.00	0.0000	0.0000
	2018	0	0	0.00	0.0000	0.0000

附表 8　中部地区农村家庭多维贫困指数测度结果（绝对贫困）

k 值	年份	多维贫困个体数（户）	贫困剥夺总额	多维贫困发生率（%）	平均贫困剥夺份额（%）	多维贫困指数（%）
k=1	2010	1128	1421	24.11	0.2520	0.0608
	2012	1089	1327	23.28	0.2437	0.0567
	2014	1021	953	21.83	0.1867	0.0407
	2016	1012	914	21.63	0.1806	0.0391
	2018	1003	877	21.44	0.1749	0.0375
k=2	2010	648	1121	13.85	0.3460	0.0479
	2012	579	1011	12.38	0.3492	0.0432
	2014	368	585	7.87	0.3179	0.0250
	2016	335	542	7.16	0.3236	0.0232
	2018	305	502	6.52	0.3292	0.0215
k=3	2010	181	448	3.87	0.4950	0.0192
	2012	159	393	3.40	0.4943	0.0168
	2014	55	132	1.18	0.4800	0.0056
	2016	56	134	1.20	0.4786	0.0057
	2018	57	136	1.22	0.4772	0.0058
k=4	2010	18	57	0.38	0.6333	0.0024
	2012	11	37	0.24	0.6727	0.0016
	2014	2	6	0.04	0.6000	0.0003
	2016	0	0	0.00	0.0000	0.0000
	2018	0	0	0.00	0.0000	0.0000
k=5	2010	0	0	0.00	0.0000	0.0000
	2012	0	0	0.00	0.0000	0.0000
	2014	0	0	0.00	0.0000	0.0000
	2016	0	0	0.00	0.0000	0.0000
	2018	0	0	0.00	0.0000	0.0000

附表9　　西部地区农村家庭多维贫困指数测度结果（绝对贫困）

k值	年份	多维贫困个体数（户）	贫困剥夺总额	多维贫困发生率（%）	平均贫困剥夺份额（%）	多维贫困指数（%）
k=1	2010	1669	2638	35.68	0.3161	0.1128
	2012	1646	2437	35.19	0.2961	0.1042
	2014	1616	1857	34.54	0.2298	0.0794
	2016	1595	1649	34.10	0.2068	0.0705
	2018	1574	1464	33.65	0.1860	0.0626
k=2	2010	1243	2342	26.57	0.3768	0.1001
	2012	1096	2068	23.43	0.3774	0.0884
	2014	800	1347	17.10	0.3368	0.0576
	2016	659	1080	14.09	0.3278	0.0462
	2018	543	866	11.61	0.3190	0.0370
k=3	2010	461	1183	9.85	0.5132	0.0506
	2012	392	1011	8.38	0.5158	0.0432
	2014	185	439	3.95	0.4746	0.0188
	2016	144	341	3.08	0.4736	0.0146
	2018	112	265	2.39	0.4732	0.0113
k=4	2010	51	166	1.09	0.6510	0.0071
	2012	52	170	1.11	0.6538	0.0073
	2014	6	19	0.13	0.6333	0.0008
	2016	5	15	0.11	0.6000	0.0006
	2018	4	12	0.09	0.6000	0.0005
k=5	2010	0	0	0.00	0.0000	0.0000
	2012	0	0	0.00	0.0000	0.0000
	2014	0	0	0.00	0.0000	0.0000
	2016	0	0	0.00	0.0000	0.0000
	2018	0	0	0.00	0.0000	0.0000

附表 10　　东北地区农村家庭多维贫困指数测度结果（绝对贫困）

k 值	年份	多维贫困个体数（户）	贫困剥夺总额	多维贫困发生率（%）	平均贫困剥夺份额（%）	多维贫困指数（%）
k = 1	2010	556	685	11.89	0.2464	0.0293
	2012	562	647	12.01	0.2302	0.0277
	2014	525	476	11.22	0.1813	0.0203
	2016	533	458	11.39	0.1719	0.0196
	2018	541	441	11.56	0.1630	0.0189
k = 2	2010	314	526	6.71	0.3350	0.0225
	2012	279	466	5.96	0.3341	0.0199
	2014	159	240	3.40	0.3019	0.0103
	2016	145	222	3.10	0.3062	0.0095
	2018	132	205	2.82	0.3106	0.0088
k = 3	2010	78	191	1.67	0.4897	0.0082
	2012	66	158	1.41	0.4788	0.0068
	2014	12	30	0.26	0.5000	0.0013
	2016	19	44	0.41	0.4632	0.0019
	2018	30	65	0.64	0.4333	0.0028
k = 4	2010	8	24	0.17	0.6000	0.0010
	2012	8	24	0.17	0.6000	0.0010
	2014	0	0	0.00	0.0000	0.0000
	2016	0	0	0.00	0.0000	0.0000
	2018	0	0	0.00	0.0000	0.0000
k = 5	2010	0	0	0.00	0.0000	0.0000
	2012	0	0	0.00	0.0000	0.0000
	2014	0	0	0.00	0.0000	0.0000
	2016	0	0	0.00	0.0000	0.0000
	2018	0	0	0.00	0.0000	0.0000

附表 11　　全国农村家庭多维贫困指标贡献率（绝对贫困）　　单位：%

维度\k值	k=2 2010年	2012年	2014年	2016年	2018年	均值	k=3 2010年	2012年	2014年	2016年	2018年	均值
人均收入	23.26	22.36	28.91	31.43	30.37	27.27	34.71	32.18	36.42	39.96	34.05	35.46
教育程度	20.45	15.91	12.10	10.01	7.73	13.24	17.33	13.01	9.94	9.19	9.22	11.74
适龄儿童入学	1.12	0.99	1.08	0.40	0.15	0.75	1.44	1.30	2.29	0.48	0.00	1.10
医疗支出	6.44	7.18	8.01	7.67	6.31	7.12	5.42	5.49	6.90	6.02	6.43	6.05
医疗保险	7.88	9.04	8.57	6.34	4.01	7.17	6.90	7.52	7.69	5.06	2.93	6.02
丧失劳动能力人数	2.59	3.55	2.40	1.27	0.70	2.10	3.13	3.88	2.18	1.60	0.00	2.16
做饭燃料	11.82	10.36	11.94	11.80	12.07	11.60	9.15	8.44	9.70	9.59	8.08	8.99
饮用水	1.33	1.30	2.97	2.50	1.96	2.01	1.12	1.21	2.68	2.52	0.00	1.51
通电	0.12	0.05	0.05	0.01	0.00	0.05	0.16	0.06	0.07	0.00	0.00	0.06
住房类型	2.71	3.28	3.06	1.90	1.03	2.40	2.51	3.18	3.41	2.20	0.47	2.35
金融资产	4.72	9.16	3.31	7.80	7.47	6.49	2.73	8.71	2.50	6.29	7.10	5.47
住房面积	4.40	4.08	4.99	4.94	4.67	4.62	4.55	4.24	5.65	5.43	3.79	4.73
耐用品	13.14	12.75	12.62	13.93	23.53	15.19	10.85	10.78	10.57	11.67	27.93	14.36

附表 12　　东部地区农村家庭多维贫困指标贡献率（绝对贫困）　　单位：%

维度\k值	k=2 2010年	2012年	2014年	2016年	2018年	均值	k=3 2010年	2012年	2014年	2016年	2018年	均值
人均收入	25.30	22.85	34.94	34.65	34.36	30.42	38.11	31.63	39.67	37.58	35.60	36.52
教育程度	21.22	17.52	11.15	8.15	5.96	9.18	17.90	15.37	8.26	7.88	7.52	11.39
适龄儿童入学	0.90	0.46	0.79	0.80	0.81	0.75	0.90	0.60	2.20	0.61	0.17	0.90
医疗支出	7.23	7.96	7.76	8.57	9.46	8.20	5.12	5.32	6.98	7.68	8.45	6.71
医疗保险	7.71	10.32	8.88	6.96	5.46	7.87	6.22	7.93	7.71	6.06	4.76	6.54
丧失劳动能力人数	2.75	3.66	2.04	1.38	0.93	2.15	3.50	4.72	0.73	1.21	2.01	2.43
做饭燃料	10.54	8.99	10.46	8.32	6.62	8.99	8.63	7.68	9.64	8.48	7.46	8.38
饮用水	0.14	0.23	1.38	1.26	1.15	0.83	0.13	0.15	1.93	1.82	1.72	1.15
通电	0.05	0.08	0.05	0.06	0.07	0.06	0.15	0.15	0.00	0.00	0.00	0.06
住房类型	0.36	1.17	1.48	0.11	0.01	0.63	0.19	1.13	3.03	0.00	0.00	0.87

续表

维度\k值	k=2 2010年	2012年	2014年	2016年	2018年	均值	k=3 2010年	2012年	2014年	2016年	2018年	均值
金融资产	6.25	9.99	2.76	10.40	9.23	7.73	3.32	10.34	2.20	10.10	8.76	6.94
住房面积	4.01	3.99	4.54	4.82	5.12	4.50	4.01	4.02	5.14	6.87	9.18	5.84
耐用品	13.55	12.80	13.75	14.53	15.35	14.00	11.85	10.95	12.49	11.72	11.00	11.60

附表13　中部地区家庭多维贫困指标贡献率（绝对贫困）　单位：%

维度\k值	k=2 2010年	2012年	2014年	2016年	2018年	均值	k=3 2010年	2012年	2014年	2016年	2018年	均值
人均收入	22.83	23.43	28.92	35.74	32.18	28.62	34.31	34.76	35.49	39.88	37.25	36.34
教育程度	20.28	16.77	14.13	9.42	6.28	9.18	18.01	13.01	11.59	10.33	9.21	12.43
适龄儿童入学	0.60	0.85	1.06	0.44	0.18	0.63	0.53	1.34	2.53	0.71	0.20	1.06
医疗支出	7.07	6.77	8.66	7.57	6.62	7.34	6.32	5.19	7.97	5.93	4.41	5.96
医疗保险	8.09	8.85	8.33	5.05	3.06	6.68	6.75	6.08	8.21	4.51	2.48	5.61
丧失劳动能力人数	2.70	3.43	2.40	1.12	0.52	2.03	3.55	3.57	1.45	0.71	0.35	1.93
做饭燃料	12.25	9.47	11.68	11.14	10.62	11.03	9.00	8.08	9.60	9.61	9.62	9.18
饮用水	0.68	0.64	1.31	1.63	2.03	1.26	0.59	0.79	1.09	1.25	1.43	1.03
通电	0.02	0.00	0.04	0.00	0.00	0.01	0.00	0.00	0.00	0.00	0.00	0.00
住房类型	2.94	3.73	3.15	2.77	2.44	3.01	2.61	3.04	3.98	3.56	3.18	3.27
金融资产	4.57	9.80	3.38	7.69	9.23	6.93	2.77	9.16	1.93	6.41	8.76	5.81
住房面积	5.28	4.00	5.01	4.40	3.86	4.51	5.11	4.13	5.55	5.70	5.85	5.27
耐用品	12.69	12.25	11.93	13.03	14.23	12.83	10.44	10.86	10.62	11.39	12.22	11.11

附表14　西部地区家庭多维贫困指标贡献率（绝对贫困）　单位：%

维度\k值	k=2 2010年	2012年	2014年	2016年	2018年	均值	k=3 2010年	2012年	2014年	2016年	2018年	均值
人均收入	23.62	22.58	27.15	28.91	27.32	25.92	33.75	31.75	35.92	40.34	37.25	35.80
教育程度	19.54	14.15	11.34	10.87	10.42	9.18	16.88	11.91	9.58	8.82	8.12	11.06
适龄儿童入学	1.57	1.45	1.31	0.31	0.07	0.94	2.06	1.70	2.29	0.42	0.08	1.31
医疗支出	5.37	6.56	7.68	6.87	6.15	6.53	4.71	5.17	6.39	5.42	4.60	5.26

续表

维度\k值	k=2 2010年	2012年	2014年	2016年	2018年	均值	k=3 2010年	2012年	2014年	2016年	2018年	均值
医疗保险	7.67	8.70	8.34	6.34	4.82	7.17	7.05	8.09	7.47	5.04	3.40	6.21
丧失劳动能力人数	2.39	3.62	2.67	1.41	0.74	2.17	2.91	3.78	2.83	1.96	1.36	2.57
做饭燃料	11.99	11.07	12.37	13.17	13.02	12.32	9.27	8.72	9.69	9.87	10.05	9.52
饮用水	2.44	2.38	4.75	3.91	3.22	3.34	1.82	1.89	3.48	3.50	3.52	2.84
通电	0.14	0.07	0.05	0.00	0.00	0.05	0.18	0.07	0.11	0.00	0.00	0.07
住房类型	4.04	4.26	3.95	2.28	1.32	3.17	3.53	4.06	3.37	2.31	1.58	2.97
金融资产	4.26	8.28	3.24	6.66	9.23	6.33	2.61	7.69	2.76	5.32	8.76	5.43
住房面积	4.34	4.43	5.39	5.42	5.45	5.01	4.71	4.60	6.02	5.32	4.70	5.07
耐用品	12.64	12.44	11.75	13.85	12.35	12.61	10.52	10.58	10.09	11.67	13.50	11.27

附表15 东北地区家庭多维贫困指标贡献率（绝对贫困） 单位：%

维度\k值	k=2 2010年	2012年	2014年	2016年	2018年	均值	k=3 2010年	2012年	2014年	2016年	2018年	均值
人均收入	18.72	18.05	26.61	27.12	27.32	23.56	34.94	29.62	38.50	41.53	37.25	36.37
教育程度	23.44	18.56	13.31	10.76	8.70	9.18	17.47	15.42	12.83	10.93	9.31	13.19
适龄儿童入学	0.64	0.31	0.40	0.00	0.00	0.27	0.75	0.00	1.60	0.00	0.00	0.47
医疗支出	8.36	9.23	8.74	10.19	11.88	9.68	8.32	8.66	9.63	8.01	6.66	8.26
医疗保险	8.66	8.34	9.80	8.32	7.06	8.44	7.65	6.65	8.56	5.10	3.04	6.20
丧失劳动能力人数	2.97	3.28	1.59	0.72	0.33	1.78	2.83	3.63	0.00	2.19	0.00	1.73
做饭燃料	12.58	11.90	13.11	13.24	13.02	12.77	9.73	9.07	10.43	9.29	8.27	9.36
饮用水	0.05	0.10	0.20	0.11	0.06	0.10	0.00	0.00	0.00	0.00	0.00	0.00
通电	0.41	0.00	0.10	0.00	0.00	0.10	0.00	0.00	0.00	0.00	0.00	0.10
住房类型	0.86	2.20	0.99	1.29	1.68	1.40	0.50	1.96	2.41	1.09	0.49	1.29
金融资产	4.18	10.05	4.63	8.75	9.23	7.37	2.16	10.88	2.14	6.56	8.76	6.10
住房面积	3.57	2.87	3.57	4.16	4.85	3.80	3.33	2.62	2.14	2.91	3.96	2.99
耐用品	15.57	15.11	16.95	15.35	12.35	12.07	11.81	11.49	11.76	12.39	13.05	12.10

附表16　农村家庭与城镇家庭多维贫困发生率对比（均值）（绝对贫困）　单位:%

维度	指标	全国 农村	全国 城镇	东部 农村	东部 城镇	中部 农村	中部 城镇	西部 农村	西部 城镇	东北 农村	东北 城镇
收入	人均收入	21.33	10.11	22.00	6.91	18.96	9.21	34.51	9.40	15.30	6.33
教育	教育程度	28.82	19.27	25.02	18.24	38.62	16.09	35.89	26.51	34.13	11.75
教育	适龄儿童入学	1.97	0.76	1.22	0.75	1.16	0.55	2.56	0.97	0.56	0.97
健康	医疗支出	31.75	29.21	39.11	38.55	36.31	28.00	35.58	37.61	41.01	41.08
健康	医疗保险	28.71	41.39	38.67	44.14	37.54	42.89	41.27	38.69	29.38	52.24
健康	丧失劳动能力人数	9.13	3.53	7.60	3.22	6.22	3.79	10.79	4.08	5.54	4.09
生活质量	做饭燃料	58.13	24.37	57.21	14.10	75.68	22.60	97.70	21.99	67.62	24.79
生活质量	饮用水	8.44	1.21	3.22	2.16	4.63	1.63	18.14	1.57	0.59	0.78
生活质量	通电	0.43	0.21	0.27	0.29	0.06	0.30	0.49	0.19	1.04	0.18
生活质量	住房类型	16.51	4.44	3.02	3.86	15.58	3.19	25.15	8.45	7.45	4.23
资产	金融资产	30.32	22.26	24.58	15.56	28.47	24.14	21.55	20.46	22.22	20.85
资产	住房面积	14.70	14.31	12.39	16.59	12.32	7.60	19.79	9.48	12.46	11.02
资产	耐用品	61.14	6.82	60.10	30.18	56.03	34.45	66.47	48.57	72.06	59.98

注：表中所有数据为2010年、2012年、2014年、2016年和2018年的均值。

附表17　全国农村家庭与城镇家庭多维贫困指数对比（均值）（绝对贫困）　单位:%

k值	多维贫困发生率 农村	多维贫困发生率 城镇	平均贫困剥夺份额 农村	平均贫困剥夺份额 城镇	多维贫困指数 农村	多维贫困指数 城镇
k=1	90.90	79.49	18.74	12.57	17.06	10.65
k=2	42.86	18.59	27.99	26.09	12.59	4.86
k=3	11.43	2.78	40.53	38.89	4.70	1.15
k=4	0.96	0.14	0.52	39.43	0.52	0.08
k=5	0.00	0.00	0.00	0.00	0.00	0.00

附表18　东部地区农村家庭与城镇家庭多维贫困指数对比（均值）（绝对贫困）　单位:%

k值	多维贫困发生率 农村	多维贫困发生率 城镇	平均贫困剥夺份额 农村	平均贫困剥夺份额 城镇	多维贫困指数 农村	多维贫困指数 城镇
k=1	88.07	78.92	16.43	11.97	14.88	9.75

续表

k 值	多维贫困发生率 农村	多维贫困发生率 城镇	平均贫困剥夺份额 农村	平均贫困剥夺份额 城镇	多维贫困指数 农村	多维贫困指数 城镇
k = 2	33.46	16.04	26.97	25.45	9.11	4.13
k = 3	6.95	2.01	38.76	38.10	2.76	0.77
k = 4	0.40	0.03	0.23	12.90	0.23	0.02
k = 5	0.00	0.00	0.00	0.00	0.00	0.00

附表 19　　中部地区农村家庭与城镇家庭多维贫困指数对比（均值）（绝对贫困）　　单位:%

k 值	多维贫困发生率 农村	多维贫困发生率 城镇	平均贫困剥夺份额 农村	平均贫困剥夺份额 城镇	多维贫困指数 农村	多维贫困指数 城镇
k = 1	90.92	77.14	17.80	13.09	16.44	10.31
k = 2	40.34	19.36	27.78	25.49	11.51	4.92
k = 3	9.31	3.03	39.43	38.55	3.95	1.20
k = 4	0.66	0.18	0.35	38.29	0.36	0.10
k = 5	0.00	0.00	0.00	0.00	0.00	0.00

附表 20　　西部地区农村家庭与城镇家庭多维贫困指数对比（均值）（绝对贫困）　　单位:%

k 值	多维贫困发生率 农村	多维贫困发生率 城镇	平均贫困剥夺份额 农村	平均贫困剥夺份额 城镇	多维贫困指数 农村	多维贫困指数 城镇
k = 1	92.42	81.52	20.82	13.77	20.22	11.79
k = 2	54.96	22.31	28.46	26.96	16.16	6.16
k = 3	17.34	4.55	39.59	38.47	7.33	1.85
k = 4	1.62	0.29	0.88	40.03	0.90	0.15
k = 5	0.00	0.00	0.00	0.00	0.00	0.00

附表 21　　东北地区农村家庭与城镇家庭多维贫困指数对比（均值）（绝对贫困）　　单位:%

k 值	多维贫困发生率 农村	多维贫困发生率 城镇	平均贫困剥夺份额 农村	平均贫困剥夺份额 城镇	多维贫困指数 农村	多维贫困指数 城镇
k = 1	91.88	85.53	16.75	12.73	16.46	11.17

续表

k 值	多维贫困发生率 农村	多维贫困发生率 城镇	平均贫困剥夺份额 农村	平均贫困剥夺份额 城镇	多维贫困指数 农村	多维贫困指数 城镇
k=2	38.42	18.31	25.73	26.30	10.49	5.03
k=3	7.51	2.96	39.08	38.91	3.01	1.21
k=4	0.65	0.20	0.35	39.60	0.34	0.11
k=5	0.00	0.00	0.00	0.00	0.00	0.00

附表22　农村家庭与城镇家庭多维贫困指标贡献率对比（k=2，均值）（绝对贫困）　　单位：%

指标	全国 农村	全国 城镇	东部 农村	东部 城镇	中部 农村	中部 城镇	西部 农村	西部 城镇	东北 农村	东北 城镇
人均收入	35.46	35.79	36.22	38.95	34.44	37.16	34.08	36.96	35.51	29.40
教育程度	12.03	13.66	12.25	14.74	13.12	11.62	11.36	14.76	13.60	12.62
适龄儿童入学	1.36	1.13	1.07	0.95	1.24	1.07	1.59	1.52	0.59	0.80
医疗支出	5.70	6.80	6.00	6.35	6.22	8.03	5.22	6.71	8.55	6.89
医疗保险	6.57	7.27	6.86	7.54	6.13	5.63	6.69	6.15	6.92	10.17
丧失劳动能力人数	2.66	2.80	2.52	1.88	2.22	3.63	2.83	2.24	2.07	4.16
做饭燃料	9.19	6.90	8.31	6.80	8.65	7.27	8.95	6.59	9.61	7.73
饮用水	1.84	0.42	0.99	0.51	0.91	0.70	2.61	0.22	0.00	0.12
通电	0.07	0.09	0.07	0.00	0.00	0.31	0.09	0.06	0.12	0.00
住房类型	2.78	1.35	1.05	0.28	3.20	2.55	3.17	2.32	1.47	0.50
金融资产	4.90	5.45	6.24	5.34	4.87	4.33	4.49	6.67	5.42	6.40
住房面积	4.85	4.83	5.01	5.35	5.02	2.97	4.98	4.43	2.75	6.26
耐用品	10.73	10.79	11.75	9.77	10.34	11.34	10.24	9.73	11.78	11.83

附表23　农村家庭与城镇家庭多维贫困指标贡献率对比（k=3，均值）（绝对贫困）　　单位：%

指标	全国 农村	全国 城镇	东部 农村	东部 城镇	中部 农村	中部 城镇	西部 农村	西部 城镇	东北 农村	东北 城镇
人均收入	33.98	34.15	33.72	37.96	33.25	36.97	33.87	35.79	35.75	29.23

续表

指标	全国 农村	全国 城镇	东部 农村	东部 城镇	中部 农村	中部 城镇	西部 农村	西部 城镇	东北 农村	东北 城镇
教育程度	11.8	13.45	11.68	14.62	12.43	11.50	11.42	14.72	13.55	12.38
适龄儿童入学	1.27	1.07	1.05	0.94	1.22	1.03	1.52	1.47	0.57	0.76
医疗支出	5.60	6.85	5.97	6.49	6.21	8.16	5.18	6.52	7.96	6.63
医疗保险	6.33	7.41	6.65	7.17	5.97	5.32	6.58	6.07	6.57	9.77
丧失劳动能力人数	2.54	2.75	2.40	1.85	2.19	3.41	2.74	2.19	2.02	3.91
做饭燃料	8.58	6.90	8.33	6.47	8.75	7.14	9.13	6.33	9.61	7.83
饮用水	1.85	0.40	0.95	0.50	0.87	0.69	2.60	0.20	0.00	0.12
通电	0.07	0.09	0.07	0.00	0.00	0.32	0.09	0.06	0.11	0.00
住房类型	2.72	1.32	1.00	0.28	3.11	2.44	3.03	2.33	1.38	0.49
金融资产	4.87	5.27	6.13	5.13	4.86	4.21	4.21	6.34	5.11	5.99
住房面积	4.88	4.57	4.90	5.29	4.95	2.82	4.95	4.42	2.65	6.06
耐用品	10.56	10.13	11.35	9.54	10.27	11.40	10.26	9.43	11.01	11.52

附表24 全国不同多维贫困程度农村家庭的人力资本状况（绝对贫困）

维度	贫困状态	劳动力人数（人）	劳动力占比（%）	健康劳动力占比（%）	接受培训劳动力占比（%）	劳动力平均受教育年限（年）
k=1	贫困	2.40	80.00	54.98	2.10	5.31
k=1	非贫困	2.25	79.93	64.03	4.53	7.57
k=2	贫困	2.72	76.37	60.47	1.47	4.42
k=2	非贫困	2.32	78.96	71.94	2.71	6.15
k=3	贫困	2.94	74.47	62.06	0.86	3.41
k=3	非贫困	2.39	77.97	75.82	2.45	5.85
k=4	贫困	4.40	64.43	57.06	0.00	4.15
k=4	非贫困	2.36	78.07	65.73	2.38	5.69
k=5	贫困	—	—	—	—	—
k=5	非贫困	2.37	76.59	64.97	2.39	5.74

附表 25　东部地区不同多维贫困程度农村家庭的人力资本状况
（绝对贫困）

维度	贫困状态	劳动力人数（人）	劳动力占比（%）	健康劳动力占比（%）	接受培训劳动力占比（%）	劳动力平均受教育年限（年）
k = 1	贫困	2.32	80.49	57.15	2.47	5.95
	非贫困	2.31	82.09	64.78	2.88	7.82
k = 2	贫困	2.44	78.30	62.77	1.54	4.69
	非贫困	2.28	81.39	74.81	2.81	6.46
k = 3	贫困	2.55	76.94	62.89	2.53	2.88
	非贫困	2.25	79.27	82.17	2.49	6.15
k = 4	贫困	3.84	69.98	44.36	0.00	7.49
	非贫困	2.31	82.45	65.09	2.50	6.14
k = 5	贫困	—	—	—	—	—
	非贫困	2.27	81.38	65.71	2.60	6.20

附表 26　中部地区不同多维贫困程度农村家庭的人力资本状况
（绝对贫困）

维度	贫困状态	劳动力人数（人）	劳动力占比（%）	健康劳动力占比（%）	接受培训劳动力占比（%）	劳动力平均受教育年限（年）
k = 1	贫困	2.47	76.96	22.57	1.71	5.79
	非贫困	2.18	75.17	37.26	6.24	8.15
k = 2	贫困	2.74	77.39	31.93	1.06	4.94
	非贫困	2.32	77.23	41.46	2.76	6.54
k = 3	贫困	3.09	74.51	35.18	0.00	4.00
	非贫困	2.35	74.70	46.75	2.32	6.26
k = 4	贫困	—	—	—	—	—
	非贫困	2.39	77.37	35.65	2.25	6.06
k = 5	贫困	—	—	—	—	—
	非贫困	2.39	75.47	34.38	2.29	6.17

附表27　　西部地区不同多维贫困程度农村家庭的人力资本状况
（绝对贫困）

维度	贫困状态	劳动力人数（人）	劳动力占比（%）	健康劳动力占比（%）	接受培训劳动力占比（%）	劳动力平均受教育年限（年）
k = 1	贫困	2.48	75.32	55.13	2.48	4.72
	非贫困	2.22	76.03	65.86	4.94	6.91
k = 2	贫困	2.75	71.19	62.28	1.74	3.70
	非贫困	2.31	76.03	66.30	3.26	5.48
k = 3	贫困	3.13	74.58	64.68	0.88	3.14
	非贫困	2.50	72.91	70.29	2.79	4.90
k = 4	贫困	4.49	62.13	59.89	0.00	2.98
	非贫困	2.46	75.46	62.73	2.70	4.76
k = 5	贫困	—	—	—	—	—
	非贫困	2.52	73.68	64.73	2.67	4.67

附表28　　东北地区不同多维贫困程度农村家庭的人力资本状况
（绝对贫困）

维度	贫困状态	劳动力人数（人）	劳动力占比（%）	健康劳动力占比（%）	接受培训劳动力占比（%）	劳动力平均受教育年限（年）
k = 1	贫困	2.35	84.36	50.72	1.24	6.47
	非贫困	2.23	87.55	64.32	5.51	7.12
k = 2	贫困	2.74	84.62	62.61	0.99	5.50
	非贫困	2.12	87.37	71.43	1.73	6.93
k = 3	贫困	2.99	84.69	61.91	0.00	4.45
	非贫困	2.32	88.02	94.83	1.64	6.38
k = 4	贫困	—	—	—	—	—
	非贫困	2.25	88.43	95.60	1.55	6.37
k = 5	贫困	—	—	—	—	—
	非贫困	2.27	87.30	94.91	1.58	6.54

附表29　　全国不同多维贫困程度农村家庭的其他生计资本状况

（绝对贫困）　　　　　　　　　单位：元

维度	贫困状态	人均土地价值	人均金融资产	人均生产性固定资产	人均转移性支出
k = 1	贫困	314.85	6157.24	10469.22	5453.36
	非贫困	577.75	20355.63	13561.82	16143.02
k = 2	贫困	153.42	2239.83	7818.85	2489.90
	非贫困	411.77	10088.79	11853.16	8088.52
k = 3	贫困	55.66	771.58	6818.43	801.32
	非贫困	354.36	7988.40	10875.39	6909.41
k = 4	贫困	2.31	459.73	3937.69	390.63
	非贫困	346.48	7861.38	10432.02	6506.74
k = 5	贫困	—	—	—	—
	非贫困	337.13	7765.30	10748.70	6434.31

附表30　　东部地区不同多维贫困程度农村家庭的其他生计资本状况

（绝对贫困）　　　　　　　　　单位：元

维度	贫困状态	人均土地价值	人均金融资产	人均生产性固定资产	人均转移性支出
k = 1	贫困	353.20	9037.78	8440.66	7344.60
	非贫困	468.16	30997.70	10152.12	18524.62
k = 2	贫困	352.27	2600.02	6946.80	3067.00
	非贫困	375.41	14877.70	9308.47	10562.66
k = 3	贫困	43.52	707.26	6782.76	734.41
	非贫困	385.13	12753.59	8643.32	9197.01
k = 4	贫困	8.26	164.82	3330.45	207.19
	非贫困	384.09	12133.69	8926.95	9199.86
k = 5	贫困	—	—	—	—
	非贫困	368.08	12081.42	8608.8	9067.24

附表 31　中部地区不同多维贫困程度农村家庭的其他生计资本状况（绝对贫困）　　　　单位：元

维度	贫困状态	人均土地价值	人均金融资产	人均生产性固定资产	人均转移性支出
k = 1	贫困	360.40	6159.85	10095.36	5354.43
	非贫困	510.97	13406.64	14591.66	16817.73
k = 2	贫困	131.23	2551.92	7812.57	2731.86
	非贫困	488.78	8646.69	11916.47	8435.20
k = 3	贫困	111.90	787.08	4946.09	711.77
	非贫困	398.26	7363.71	11337.80	7436.21
k = 4	贫困	—	—	—	—
	非贫困	383.53	7129.71	10910.29	6848.98
k = 5	贫困	—	—	—	—
	非贫困	374.68	6835.44	11046.21	6860.49

附表 32　西部地区不同多维贫困程度农村家庭的其他生计资本状况（绝对贫困）　　　　单位：元

维度	贫困状态	人均土地价值	人均金融资产	人均生产性固定资产	人均转移性支出
k = 1	贫困	246.13	4760.66	9918.07	4614.51
	非贫困	880.59	11236.64	15288.34	14149.74
k = 2	贫困	94.25	1689.27	7844.72	2224.68
	非贫困	400.12	7227.85	11878.43	7041.22
k = 3	贫困	30.98	730.87	7119.71	761.77
	非贫困	303.36	5679.29	10759.29	5638.27
k = 4	贫困	0.00	556.62	4280.34	473.86
	非贫困	284.82	5185.37	10177.68	5183.73
k = 5	贫困	—	—	—	—
	非贫困	275.08	5064.87	10355.67	5095.61

附表33　　东北地区不同多维贫困程度农村家庭的其他生计资本状况（绝对贫困）　　单位：元

维度	贫困状态	人均土地价值	人均金融资产	人均生产性固定资产	人均转移性支出
k=1	贫困	332.81	5859.92	14715.07	3957.27
	非贫困	719.48	14748.70	19718.18	10185.11
k=2	贫困	124.17	3202.36	12315.02	1762.85
	非贫困	436.32	7521.72	16123.23	5226.54
k=3	贫困	94.07	1229.73	9860.60	1464.29
	非贫困	377.36	6506.67	15628.22	4611.44
k=4	贫困	—	—	—	—
	非贫困	356.42	6516.51	15049.18	4376.24
k=5	贫困	—	—	—	—
	非贫困	353.03	6414.85	15021.35	4475.27

附表34　　全国不同多维贫困程度农村家庭的生计策略（绝对贫困）

维度	贫困状态	纯农业生产 户数（户）	占比（%）	农业生产为主 户数（户）	占比（%）	非农生产为主 户数（户）	占比（%）	纯非农生产 户数（户）	占比（%）
k=1	贫困	2059	44.01	528	11.29	892	19.07	548	11.71
	非贫困	145	3.10	45	0.96	124	2.65	158	3.38
k=2	贫困	754	16.12	244	5.22	248	5.30	106	2.27
	非贫困	1423	30.42	333	7.12	750	16.03	604	12.91
k=3	贫困	151	3.23	51	1.09	39	0.83	7	0.15
	非贫困	1967	42.05	513	10.97	986	21.08	697	14.90
k=4	贫困	2	0.04	2	0.04	3	0.06	—	—
	非贫困	2134	45.62	583	12.46	1031	22.04	698	14.92
k=5	贫困	—	—	—	—	—	—	—	—
	非贫困	2117	45.25	568	12.14	992	21.21	715	15.28

注：由于有部分家庭不从事生产活动，因此各生计策略（绝对贫困）占比的总和不为100%。

附表35　东部地区不同多维贫困程度农村家庭的生计策略（绝对贫困）

维度	贫困状态	纯农业生产 户数（户）	纯农业生产 占比（%）	农业生产为主 户数（户）	农业生产为主 占比（%）	非农生产为主 户数（户）	非农生产为主 占比（%）	纯非农生产 户数（户）	纯非农生产 占比（%）
k=1	贫困	394	8.42	95	2.03	254	5.43	229	4.90
k=1	非贫困	49	1.05	15	0.32	53	1.13	77	1.65
k=2	贫困	106	2.27	31	0.66	56	1.20	42	0.90
k=2	非贫困	328	7.01	80	1.71	258	5.52	267	5.71
k=3	贫困	10	0.21	5	0.11	9	0.19	3	0.06
k=3	非贫困	424	9.06	102	2.18	304	6.50	301	6.43
k=4	贫困	—	—	—	—	—	—	—	—
k=4	非贫困	450	9.62	111	2.37	313	6.69	312	6.67
k=5	贫困	—	—	—	—	—	—	—	—
k=5	非贫困	446	9.53	107	2.29	305	6.52	306	6.54

注：由于有部分家庭不从事生产活动，因此各生计策略（绝对贫困）占比的总和不为100%。

附表36　中部地区不同多维贫困程度农村家庭的生计策略（绝对贫困）

维度	贫困状态	纯农业生产 户数（户）	纯农业生产 占比（%）	农业生产为主 户数（户）	农业生产为主 占比（%）	非农生产为主 户数（户）	非农生产为主 占比（%）	纯非农生产 户数（户）	纯非农生产 占比（%）
k=1	贫困	440	9.41	133	2.84	268	5.73	107	2.29
k=1	非贫困	44	0.94	12	0.26	41	0.88	52	1.11
k=2	贫困	155	3.31	62	1.33	77	1.65	19	0.41
k=2	非贫困	322	6.88	84	1.80	232	4.96	139	2.97
k=3	贫困	30	0.64	16	0.34	8	0.17	1	0.02
k=3	非贫困	439	9.38	128	2.74	295	6.31	160	3.42
k=4	贫困	—	—	—	—	—	—	—	—
k=4	非贫困	474	10.13	145	3.10	303	6.48	156	3.33
k=5	贫困	—	—	—	—	—	—	—	—
k=5	非贫困	471	10.07	146	3.12	304	6.50	159	3.40

注：由于有部分家庭不从事生产活动，因此各生计策略（绝对贫困）占比的总和不为100%。

附表 37　西部地区不同多维贫困程度农村家庭的生计策略（绝对贫困）

维度	贫困状态	纯农业生产 户数（户）	纯农业生产 占比（%）	农业生产为主 户数（户）	农业生产为主 占比（%）	非农生产为主 户数（户）	非农生产为主 占比（%）	纯非农生产 户数（户）	纯非农生产 占比（%）
k=1	贫困	922	19.71	245	5.24	258	5.52	154	3.29
k=1	非贫困	36	0.77	12	0.26	22	0.47	21	0.45
k=2	贫困	401	8.57	126	2.69	92	1.97	32	0.68
k=2	非贫困	557	11.91	137	2.93	199	4.25	140	2.99
k=3	贫困	98	2.09	30	0.64	18	0.38	1	0.02
k=3	非贫困	831	17.76	229	4.90	263	5.62	177	3.78
k=4	贫困	2	0.04	2	0.04	1	0.02	—	—
k=4	非贫困	947	20.24	254	5.43	284	6.07	177	3.78
k=5	贫困	—	—	—	—	—	—	—	—
k=5	非贫困	924	19.75	263	5.62	282	6.03	177	3.78

注：由于有部分家庭不从事生产活动，因此各生计策略（绝对贫困）占比的总和不为100%。

附表 38　东北地区不同多维贫困程度农村家庭的生计策略（绝对贫困）

维度	贫困状态	纯农业生产 户数（户）	纯农业生产 占比（%）	农业生产为主 户数（户）	农业生产为主 占比（%）	非农生产为主 户数（户）	非农生产为主 占比（%）	纯非农生产 户数（户）	纯非农生产 占比（%）
k=1	贫困	264	5.64	54	1.15	95	2.03	62	1.33
k=1	非贫困	14	0.30	5	0.11	11	0.24	11	0.24
k=2	贫困	74	1.58	21	0.45	24	0.51	13	0.28
k=2	非贫困	209	4.47	39	0.83	85	1.82	61	1.30
k=3	贫困	11	0.24	1	0.02	4	0.09	2	0.04
k=3	非贫困	270	5.77	59	1.26	107	2.29	70	1.50
k=4	贫困	—	—	—	—	—	—	—	—
k=4	非贫困	279	5.96	60	1.28	106	2.27	72	1.54
k=5	贫困	—	—	—	—	—	—	—	—
k=5	非贫困	296	6.33	62	1.33	113	2.42	71	1.52

注：由于有部分家庭不从事生产活动，因此各生计策略（绝对贫困）占比的总和不为100%。

附表 39　全国农村家庭多维相对贫困动态性测度结果（绝对贫困）

k 值	从不相对贫困 户数（户）	占比（%）	暂时相对贫困 户数（户）	占比（%）	慢性相对贫困 户数（户）	占比（%）
1	12	0.26	274	5.86	4463	95.40
2	1068	22.83	2169	46.37	1577	33.71
3	3245	69.37	1415	30.25	139	2.97
4	4633	99.04	171	3.66	1	0.02
5	4869	104.08	0	0.00	0	0.00

附表 40　东部地区农村家庭多维相对贫困动态性测度结果（绝对贫困）

k 值	从不相对贫困 户数（户）	占比（%）	暂时相对贫困 户数（户）	占比（%）	慢性相对贫困 户数（户）	占比（%）
1	6	0.13	126	2.69	1151	24.60
2	400	8.55	618	13.21	254	5.43
3	1016	21.72	265	5.66	13	0.28
4	1274	27.23	21	0.45	0	0.00
5	1264	27.02	0	0.00	0	0.00

附表 41　中部地区农村家庭多维相对贫困动态性测度结果（绝对贫困）

k 值	从不相对贫困 户数（户）	占比（%）	暂时相对贫困 户数（户）	占比（%）	慢性相对贫困 户数（户）	占比（%）
1	6	0.13	86	1.84	1101	23.54
2	302	6.46	533	11.39	350	7.48
3	846	18.08	296	6.33	31	0.66
4	1164	24.88	29	0.62	0	0.00
5	1206	25.78	0	0.00	0	0.00

附表 42　西部地区农村家庭多维相对贫困动态性测度结果（绝对贫困）

k 值	从不相对贫困 户数（户）	占比（%）	暂时相对贫困 户数（户）	占比（%）	慢性相对贫困 户数（户）	占比（%）
1	1	0.02	44	0.94	1698	36.30
2	190	4.06	710	15.18	815	17.42

续表

k 值	从不相对贫困		暂时相对贫困		慢性相对贫困	
	户数（户）	占比（%）	户数（户）	占比（%）	户数（户）	占比（%）
3	941	20.12	702	15.01	93	1.99
4	1597	34.14	99	2.12	1	0.02
5	1740	37.20	0	0.00	0	0.00

附表43　东北地区农村家庭多维相对贫困动态性测度结果（绝对贫困）

k 值	从不相对贫困		暂时相对贫困		慢性相对贫困	
	户数（户）	占比（%）	户数（户）	占比（%）	户数（户）	占比（%）
1	0	0.00	25	0.53	560	11.97
2	157	3.36	275	5.88	151	3.23
3	447	9.56	134	2.86	3	0.06
4	575	12.29	15	0.32	0	0.00
5	597	12.76	0	0.00	0	0.00

附表44　农村家庭与城镇家庭处于从不相对贫困状态的比例（绝对贫困）　　单位：%

k 值	全国		东部		中部		西部		东北	
	农村	城镇	农村	城镇	农村	城镇	农村	城镇	农村	城镇
1	0.27	1.22	0.46	1.21	0.48	1.80	0.06	0.66	0.00	1.06
2	21.87	56.63	31.37	60.47	24.82	54.55	11.00	47.74	26.10	56.03
3	67.56	89.99	77.03	92.63	71.90	89.72	51.81	85.54	74.28	89.56
4	95.80	98.36	98.19	98.89	96.23	96.95	93.75	98.62	97.24	96.53
5	100.00	100.00	100.00	100.00	100.00	100.00	100.00	100.00	100.00	100.00

附表45　农村家庭与城镇家庭处于暂时相对贫困状态的比例（绝对贫困）　　单位：%

k 值	全国		东部		中部		西部		东北	
	农村	城镇	农村	城镇	农村	城镇	农村	城镇	农村	城镇
1	5.81	17.82	9.78	22.13	7.00	19.00	2.53	13.92	4.06	11.99
2	44.37	34.08	47.63	32.31	45.13	33.51	41.03	40.95	46.38	33.68

续表

k 值	全国 农村	全国 城镇	东部 农村	东部 城镇	中部 农村	中部 城镇	西部 农村	西部 城镇	东北 农村	东北 城镇
3	29.04	8.85	20.30	6.88	23.72	9.65	41.22	12.90	23.20	8.78
4	3.43	0.50	1.67	0.12	2.43	0.64	5.84	1.16	2.65	0.60
5	100.00	100.00	100.00	100.00	100.00	100.00	100.00	100.00	100.00	100.00

附表46　农村家庭与城镇家庭处于慢性相对贫困状态的比例
（绝对贫困）

单位：%

k 值	全国 农村	全国 城镇	东部 农村	东部 城镇	中部 农村	中部 城镇	西部 农村	西部 城镇	东北 农村	东北 城镇
1	91.25	76.59	87.92	75.50	90.40	77.61	95.23	83.55	91.91	85.98
2	31.46	7.96	18.67	5.99	27.79	9.75	45.76	9.73	25.00	8.62
3	2.82	0.27	0.97	0.00	2.58	0.21	5.21	1.00	0.48	0.35
4	0.02	0.00	0.00	0.00	0.00	0.00	0.06	0.00	0.00	0.00
5	100.00	100.00	100.00	100.00	100.00	100.00	100.00	100.00	100.00	100.00

附表47　全国不同多维相对贫困动态类型农村家庭的人力资本状况
（绝对贫困）

维度	相对贫困类型	劳动力人数（人）	劳动力占比（%）	健康劳动力占比（%）	接受培训劳动力占比（%）	劳动力平均受教育年限（年）
k=1	从不相对贫困	2.02	81.48	46.15	5.35	10.27
k=1	暂时相对贫困	2.31	80.70	36.10	2.71	8.51
k=1	慢性相对贫困	2.47	76.03	22.10	2.24	5.37
k=2	从不相对贫困	2.37	80.18	67.34	4.42	8.33
k=2	暂时相对贫困	2.36	80.08	44.33	2.22	5.77
k=2	慢性相对贫困	2.60	75.59	34.50	1.18	3.76
k=3	从不相对贫困	2.35	80.48	74.90	2.93	6.65
k=3	暂时相对贫困	2.49	77.45	50.97	1.16	3.81
k=3	慢性相对贫困	2.85	69.61	42.03	0.35	2.18
k=4	从不相对贫困	2.42	76.30	78.40	2.47	5.62
k=4	暂时相对贫困	2.70	70.63	47.78	0.46	2.92
k=4	慢性相对贫困	2.93	73.40	31.85	0.00	2.92

续表

维度	相对贫困类型	劳动力人数（人）	劳动力占比（%）	健康劳动力占比（%）	接受培训劳动力占比（%）	劳动力平均受教育年限（年）
k = 5	从不相对贫困	2.43	76.88	77.01	2.44	5.64
	暂时相对贫困	—	—	—	—	—
	慢性相对贫困	—	—	—	—	—

附表48 东部地区不同多维相对贫困动态类型农村家庭的人力资本状况（绝对贫困）

维度	相对贫困类型	劳动力人数（人）	劳动力占比（%）	健康劳动力占比（%）	接受培训劳动力占比（%）	劳动力平均受教育年限（年）
k = 1	从不相对贫困	1.82	84.86	48.68	5.37	10.95
	暂时相对贫困	2.39	82.73	37.62	4.84	8.66
	慢性相对贫困	2.24	81.04	21.33	2.23	5.73
k = 2	从不相对贫困	2.36	81.76	68.43	4.45	8.18
	暂时相对贫困	2.27	78.57	50.23	1.90	5.71
	慢性相对贫困	2.22	82.02	36.08	0.90	3.75
k = 3	从不相对贫困	2.37	79.71	75.69	3.03	6.82
	暂时相对贫困	2.28	82.16	67.07	0.88	4.07
	慢性相对贫困	2.15	75.26	45.74	0.75	1.76
k = 4	从不相对贫困	2.30	79.80	79.48	2.59	6.33
	暂时相对贫困	2.77	77.37	57.53	0.43	2.96
	慢性相对贫困	—	—	—	—	—
k = 5	从不相对贫困	2.27	81.00	80.45	2.52	6.22
	暂时相对贫困	—	—	—	—	—
	慢性相对贫困	—	—	—	—	—

附表49 中部地区不同多维相对贫困动态类型农村家庭的人力资本状况（绝对贫困）

维度	相对贫困类型	劳动力人数（人）	劳动力占比（%）	健康劳动力占比（%）	接受培训劳动力占比（%）	劳动力平均受教育年限（年）
k = 1	从不相对贫困	2.34	83.87	44.59	5.16	9.79
	暂时相对贫困	2.37	75.67	35.92	2.03	8.66
	慢性相对贫困	2.51	76.29	18.2	2.01	5.78

续表

维度	相对贫困类型	劳动力人数（人）	劳动力占比（%）	健康劳动力占比（%）	接受培训劳动力占比（%）	劳动力平均受教育年限（年）
k=2	从不相对贫困	2.37	81.99	70.54	4.68	8.61
k=2	暂时相对贫困	2.41	76.61	45.57	1.87	6.23
k=2	慢性相对贫困	2.51	74.92	34.49	0.80	3.95
k=3	从不相对贫困	2.34	79.26	74.34	2.84	6.84
k=3	暂时相对贫困	2.42	79.71	56.33	0.58	4.17
k=3	慢性相对贫困	2.69	73.71	43.71	0.00	2.91
k=4	从不相对贫困	2.42	76.70	80.14	2.27	6.13
k=4	暂时相对贫困	2.40	71.46	56.37	0.00	4.01
k=4	慢性相对贫困	—	—	—	—	—
k=5	从不相对贫困	2.48	78.36	77.52	2.27	6.14
k=5	暂时相对贫困	—	—	—	—	—
k=5	慢性相对贫困	—	—	—	—	—

附表50　西部地区不同多维相对贫困动态类型农村家庭的人力资本状况（绝对贫困）

维度	相对贫困类型	劳动力人数（人）	劳动力占比（%）	健康劳动力占比（%）	接受培训劳动力占比（%）	劳动力平均受教育年限（年）
k=1	从不相对贫困	0.95	49.56	44.07	8.99	8.30
k=1	暂时相对贫困	2.23	78.58	35.69	8.10	7.20
k=1	慢性相对贫困	2.53	75.12	30.21	2.45	4.74
k=2	从不相对贫困	2.32	80.18	70.61	5.94	7.89
k=2	暂时相对贫困	2.44	75.48	39.68	3.09	5.46
k=2	慢性相对贫困	2.58	71.70	30.47	1.43	3.44
k=3	从不相对贫困	2.51	78.29	76.16	3.61	5.81
k=3	暂时相对贫困	2.57	70.84	45.65	1.63	3.66
k=3	慢性相对贫困	2.95	66.35	39.22	0.41	2.00
k=4	从不相对贫困	2.54	73.98	78.35	2.82	4.88
k=4	暂时相对贫困	2.73	74.24	46.33	0.64	2.61
k=4	慢性相对贫困	2.95	67.43	32.99	0.00	1.91
k=5	从不相对贫困	2.58	72.83	77.77	2.65	4.74
k=5	暂时相对贫困	—	—	—	—	—
k=5	慢性相对贫困	—	—	—	—	—

附表 51　东北地区不同多维相对贫困动态类型农村家庭的人力资本状况（绝对贫困）

维度	相对贫困类型	劳动力人数（人）	劳动力占比（%）	健康劳动力占比（%）	接受培训劳动力占比（%）	劳动力平均受教育年限（年）
k = 1	从不相对贫困	—	—	—	—	—
	暂时相对贫困	2.12	83.87	35.55	5.86	8.60
	慢性相对贫困	2.38	83.74	19.67	1.36	6.34
k = 2	从不相对贫困	2.15	87.00	68.56	2.40	8.97
	暂时相对贫困	2.18	86.64	45.29	1.33	6.08
	慢性相对贫困	2.65	83.69	36.07	1.08	4.72
k = 3	从不相对贫困	2.21	88.18	76.05	1.82	6.91
	暂时相对贫困	2.50	85.01	57.63	0.73	4.42
	慢性相对贫困	2.89	76.58	49.92	0.00	1.61
k = 4	从不相对贫困	2.30	90.75	77.44	1.58	6.39
	暂时相对贫困	2.62	85.38	48.35	0.00	3.20
	慢性相对贫困	—	—	—	—	—
k = 5	从不相对贫困	2.30	87.14	78.23	1.54	6.57
	暂时相对贫困	—	—	—	—	—
	慢性相对贫困	—	—	—	—	—

附表 52　全国不同多维相对贫困动态类型农村家庭的其他生计资本状况（绝对贫困）　　　　　　　　单位：元

维度	相对贫困类型	人均土地价值	人均金融资产	人均生产性固定资产	人均转移性支出
k = 1	从不相对贫困	690.47	28550.52	15611.41	23471.75
	暂时相对贫困	332.47	20687.21	14290.85	17810.21
	慢性相对贫困	314.39	6753.07	10255.88	5731.36
k = 2	从不相对贫困	604.85	15164.42	13703.44	12003.20
	暂时相对贫困	346.22	7722.53	10252.61	6396.32
	慢性相对贫困	162.92	3072.15	8724.08	2646.30
k = 3	从不相对贫困	402.37	9603.31	12017.43	8031.07
	暂时相对贫困	240.30	4373.31	8159.71	3302.87
	慢性相对贫困	17.48	1277.25	4728.77	1170.66

续表

维度	相对贫困类型	人均土地价值	人均金融资产	人均生产性固定资产	人均转移性支出
k=4	从不相对贫困	356.73	7681.85	10579.98	6619.73
k=4	暂时相对贫困	72.47	1948.60	6023.98	2061.61
k=4	慢性相对贫困	0.00	244.63	5977.34	1924.13
k=5	从不相对贫困	340.08	7788.86	10469.22	6620.73
k=5	暂时相对贫困	—	—	—	—
k=5	慢性相对贫困	—	—	—	—

附表53　东部地区不同多维相对贫困动态类型农村家庭的其他生计资本状况（绝对贫困）　　　　单位：元

维度	相对贫困类型	人均土地价值	人均金融资产	人均生产性固定资产	人均转移性支出
k=1	从不相对贫困	576.65	42195.70	14491.96	31306.01
k=1	暂时相对贫困	553.87	29723.16	13890.41	21376.57
k=1	慢性相对贫困	346.60	10296.87	8188.04	7420.85
k=2	从不相对贫困	581.98	22012.59	9619.40	15110.37
k=2	暂时相对贫困	408.55	9395.57	9421.75	7628.13
k=2	慢性相对贫困	208.97	3860.78	8260.47	2510.02
k=3	从不相对贫困	372.43	14604.72	8796.87	10549.53
k=3	暂时相对贫困	410.52	4425.65	8251.21	3846.83
k=3	慢性相对贫困	0.00	195.57	2847.83	265.87
k=4	从不相对贫困	381.22	12341.37	8728.64	9013.55
k=4	暂时相对贫困	52.73	1170.81	3566.20	2759.38
k=4	慢性相对贫困	—	—	—	—
k=5	从不相对贫困	379.40	12421.25	8678.47	9061.30
k=5	暂时相对贫困	—	—	—	—
k=5	慢性相对贫困	—	—	—	—

附表 54　中部地区不同多维相对贫困动态类型农村家庭的其他生计资本状况（绝对贫困）　　　　单位：元

维度	相对贫困类型	人均土地价值	人均金融资产	人均生产性固定资产	人均转移性支出
k=1	从不相对贫困	503.60	16630.97	15803.21	18855.22
	暂时相对贫困	362.86	11813.45	16019.58	12185.90
	慢性相对贫困	127.96	6621.01	10486.90	5895.66
k=2	从不相对贫困	513.16	10931.88	15366.00	11355.25
	暂时相对贫困	445.52	6573.78	10018.44	6871.13
	慢性相对贫困	151.68	3854.26	8036.44	3229.28
k=3	从不相对贫困	427.85	8061.05	12016.02	8399.53
	暂时相对贫困	268.20	4362.76	7683.95	3319.55
	慢性相对贫困	23.07	954.98	4136.02	840.10
k=4	从不相对贫困	380.18	6913.84	10670.94	7105.33
	暂时相对贫困	298.61	2532.23	4292.06	1096.34
	慢性相对贫困	—	—	—	—
k=5	从不相对贫困	382.15	6878.58	10526.96	7027.38
	暂时相对贫困	—	—	—	—
	慢性相对贫困	—	—	—	—

附表 55　西部地区不同多维相对贫困动态类型农村家庭的其他生计资本状况（绝对贫困）　　　　单位：元

维度	相对贫困类型	人均土地价值	人均金融资产	人均生产性固定资产	人均转移性支出
k=1	从不相对贫困	0.00	0.00	7541.71	36149.68
	暂时相对贫困	1406.82	11692.01	22305.39	14133.36
	慢性相对贫困	255.27	4978.37	9749.10	4748.30
k=2	从不相对贫困	708.41	9919.05	17008.90	12233.34
	暂时相对贫困	357.73	6638.05	10692.75	6252.14
	慢性相对贫困	112.36	2629.19	8552.61	2604.16
k=3	从不相对贫困	372.91	5760.29	12252.90	7103.42
	暂时相对贫困	181.42	4799.80	8022.44	3289.55
	慢性相对贫困	19.01	1615.96	5459.67	1371.87

续表

维度	相对贫困类型	人均土地价值	人均金融资产	人均生产性固定资产	人均转移性支出
k=4	从不相对贫困	298.79	5309.88	10432.00	5359.89
k=4	暂时相对贫困	18.69	2091.24	6734.83	2242.32
k=4	慢性相对贫困	0.00	240.93	6076.38	1948.00
k=5	从不相对贫困	275.77	5117.60	10003.55	5204.26
k=5	暂时相对贫困	—	—	—	—
k=5	慢性相对贫困	—	—	—	—

附表56　东北地区不同多维相对贫困动态类型农村家庭的其他生计资本状况（绝对贫困）　　单位：元

维度	相对贫困类型	人均土地价值	人均金融资产	人均生产性固定资产	人均转移性支出
k=1	从不相对贫困	—	—	—	—
k=1	暂时相对贫困	784.13	18105.22	9133.23	8552.02
k=1	慢性相对贫困	338.16	5956.62	14993.75	4170.44
k=2	从不相对贫困	572.08	10243.68	17245.14	6603.20
k=2	暂时相对贫困	394.21	6978.20	15208.82	4624.12
k=2	慢性相对贫困	99.57	1670.48	13121.33	1752.8
k=3	从不相对贫困	439.34	7800.56	16818.97	5074.92
k=3	暂时相对贫困	96.62	2068.31	9276.97	2419.91
k=3	慢性相对贫困	0.00	82.19	2069.46	967.52
k=4	从不相对贫困	362.57	6587.22	15296.86	4567.68
k=4	暂时相对贫困	44.49	1033.45	6642.66	1899.58
k=4	慢性相对贫困	—	—	—	—
k=5	从不相对贫困	368.80	6292.95	15435.72	4487.47
k=5	暂时相对贫困	—	—	—	—
k=5	慢性相对贫困	—	—	—	—

附表 57　全国不同多维相对贫困动态类型农村家庭的生计策略
（绝对贫困）

维度	相对贫困状态	纯农业生产 户数（户）	纯农业生产 占比（%）	农业生产为主 户数（户）	农业生产为主 占比（%）	非农生产为主 户数（户）	非农生产为主 占比（%）	纯非农生产 户数（户）	纯非农生产 占比（%）
k=1	从不相对贫困	2	15.89	1	8.15	3	24.05	5	41.48
k=1	暂时相对贫困	91	32.19	25	9.16	74	26.31	82	29.15
k=1	慢性相对贫困	2079	45.02	539	11.83	945	20.85	622	13.77
k=2	从不相对贫困	327	30.12	99	9.05	299	27.88	290	26.15
k=2	暂时相对贫困	971	43.57	240	10.83	489	21.48	315	14.75
k=2	慢性相对贫困	884	54.97	247	14.96	219	13.71	113	7.07
k=3	从不相对贫困	1314	39.39	365	11.26	812	24.25	577	18.02
k=3	暂时相对贫困	772	54.19	191	13.55	206	14.82	122	8.70
k=3	慢性相对贫困	103	69.60	20	13.36	8	5.34	4	2.76
k=4	从不相对贫困	2062	44.19	551	11.94	993	21.36	705	15.16
k=4	暂时相对贫困	101	59.43	23	13.72	20	11.55	14	8.19
k=4	慢性相对贫困	—	—	—	—	—	—	—	—
k=5	从不相对贫困	2123	44.62	579	11.74	1031	20.68	725	14.44
k=5	暂时相对贫困	—	—	—	—	—	—	—	—
k=5	慢性相对贫困	—	—	—	—	—	—	—	—

附表 58　东部地区不同多维相对贫困动态类型农村家庭的
生计策略（绝对贫困）

维度	相对贫困状态	纯农业生产 户数（户）	纯农业生产 占比（%）	农业生产为主 户数（户）	农业生产为主 占比（%）	非农生产为主 户数（户）	非农生产为主 占比（%）	纯非农生产 户数（户）	纯非农生产 占比（%）
k=1	从不相对贫困	—	—	—	—	2	33.26	3	49.70
k=1	暂时相对贫困	33	25.67	11	8.41	40	31.24	40	31.47
k=1	慢性相对贫困	411	35.62	99	8.42	272	23.20	262	22.34
k=2	从不相对贫困	112	26.84	29	6.88	114	27.14	141	34.15
k=2	暂时相对贫困	213	35.64	54	8.74	154	24.07	130	21.52
k=2	慢性相对贫困	117	44.80	25	9.17	47	17.86	34	12.99

续表

维度	相对贫困状态	纯农业生产 户数（户）	纯农业生产 占比（%）	农业生产为主 户数（户）	农业生产为主 占比（%）	非农生产为主 户数（户）	非农生产为主 占比（%）	纯非农生产 户数（户）	纯非农生产 占比（%）
k=3	从不相对贫困	317	31.35	82	8.33	263	25.28	261	26.68
k=3	暂时相对贫困	121	44.45	25	9.41	53	19.30	39	14.98
k=3	慢性相对贫困	8	61.11	1	7.55	1	7.68	1	7.68
k=4	从不相对贫困	431	33.74	107	8.24	305	24.01	294	24.07
k=4	暂时相对贫困	8	35.80	3	12.97	5	22.68	5	22.09
k=4	慢性相对贫困	—	—	—	—	—	—	—	—
k=5	从不相对贫困	439	34.37	108	8.48	307	23.32	306	23.65
k=5	暂时相对贫困	—	—	—	—	—	—	—	—
k=5	慢性相对贫困	—	—	—	—	—	—	—	—

附表59 中部地区不同多维相对贫困动态类型农村家庭的生计策略（绝对贫困）

维度	相对贫困状态	纯农业生产 户数（户）	纯农业生产 占比（%）	农业生产为主 户数（户）	农业生产为主 占比（%）	非农生产为主 户数（户）	非农生产为主 占比（%）	纯非农生产 户数（户）	纯非农生产 占比（%）
k=1	从不相对贫困	1	19.05	1	19.46	1	19.98	2	38.36
k=1	暂时相对贫困	31	36.70	8	8.97	20	23.14	24	28.99
k=1	慢性相对贫困	441	38.80	139	12.20	280	25.92	133	11.65
k=2	从不相对贫困	84	27.68	33	10.48	105	32.93	62	20.45
k=2	暂时相对贫困	233	42.28	55	10.24	148	25.92	71	12.60
k=2	慢性相对贫困	164	46.75	55	15.60	55	15.32	26	7.27
k=3	从不相对贫困	328	37.66	101	11.36	257	27.74	127	14.32
k=3	暂时相对贫困	131	43.05	40	12.80	52	17.06	32	10.99
k=3	慢性相对贫困	20	65.88	5	15.83	2	6.41	0	0.00
k=4	从不相对贫困	465	39.78	138	11.75	298	25.02	155	13.02
k=4	暂时相对贫困	13	42.77	4	13.77	4	13.29	3	10.01
k=4	慢性相对贫困	—	—	—	—	—	—	—	—

续表

维度	相对贫困状态	纯农业生产 户数(户)	纯农业生产 占比(%)	农业生产为主 户数(户)	农业生产为主 占比(%)	非农生产为主 户数(户)	非农生产为主 占比(%)	纯非农生产 户数(户)	纯非农生产 占比(%)
k=5	从不相对贫困	489	38.73	141	12.13	307	25.23	158	13.34
	暂时相对贫困	—	—	—	—	—	—	—	—
	慢性相对贫困	—	—	—	—	—	—	—	—

附表60　西部地区不同多维相对贫困动态类型农村家庭的生计策略（绝对贫困）

维度	相对贫困状态	纯农业生产 户数(户)	纯农业生产 占比(%)	农业生产为主 户数(户)	农业生产为主 占比(%)	非农生产为主 户数(户)	非农生产为主 占比(%)	纯非农生产 户数(户)	纯非农生产 占比(%)
k=1	从不相对贫困	—	—	—	—	—	—	—	—
	暂时相对贫困	16	39.34	5	11.12	11	25.50	10	22.30
	慢性相对贫困	942	54.33	262	15.19	278	15.79	161	9.73
k=2	从不相对贫困	76	38.55	18	9.29	47	23.40	48	24.60
	暂时相对贫困	366	48.71	105	14.85	139	18.97	85	11.55
	慢性相对贫困	520	60.54	139	16.39	97	11.58	41	4.77
k=3	从不相对贫困	447	47.91	143	14.92	185	19.54	123	13.58
	暂时相对贫困	421	57.53	108	14.72	95	13.62	46	6.20
	慢性相对贫困	70	71.71	14	14.22	4	4.00	3	3.06
k=4	从不相对贫困	894	52.05	252	15.09	282	16.61	168	10.28
	暂时相对贫困	67	66.09	14	14.63	10	10.49	5	4.82
	慢性相对贫困	—	—	—	—	—	—	—	—
k=5	从不相对贫困	959	53.82	266	14.71	291	15.86	174	9.70
	暂时相对贫困	—	—	—	—	—	—	—	—
	慢性相对贫困	—	—	—	—	—	—	—	—

附表61　　　东北地区不同多维相对贫困动态类型农村家庭的
生计策略（绝对贫困）

维度	相对贫困状态	纯农业生产 户数（户）	纯农业生产 占比（%）	农业生产为主 户数（户）	农业生产为主 占比（%）	非农生产为主 户数（户）	非农生产为主 占比（%）	纯非农生产 户数（户）	纯非农生产 占比（%）
k=1	从不相对贫困	—	—	—	—	—	—	—	—
k=1	暂时相对贫困	8	31.82	2	7.93	4	15.82	10	39.21
k=1	慢性相对贫困	291	49.67	60	10.68	109	18.80	66	10.93
k=2	从不相对贫困	58	36.10	18	11.54	45	27.57	31	19.41
k=2	暂时相对贫困	152	52.41	21	7.32	45	15.53	32	11.41
k=2	慢性相对贫困	83	53.17	23	14.85	23	14.92	11	7.05
k=3	从不相对贫困	198	43.06	45	9.56	105	22.55	67	14.77
k=3	暂时相对贫困	90	63.72	17	12.73	8	5.67	7	5.01
k=3	慢性相对贫困	2	65.69	0	0.00	1	31.78	0	0.00
k=4	从不相对贫困	286	47.03	60	10.39	112	19.41	73	12.56
k=4	暂时相对贫困	12	71.66	2	12.47	0	0.00	1	6.02
k=4	慢性相对贫困	—	—	—	—	—	—	—	—
k=5	从不相对贫困	297	47.28	62	10.29	114	18.89	73	12.06
k=5	暂时相对贫困	—	—	—	—	—	—	—	—
k=5	慢性相对贫困	—	—	—	—	—	—	—	—

参考文献

白增博等：《相对贫困视域下农村老年贫困治理》，《南京农业大学学报》（社会科学版）2020年第4期。

毕岚岚等：《民族直过地区暂时性贫困与慢性贫困的实证研究——基于云南省农村微观面板数据》，《云南民族大学学报》（自然科学版）2018年第4期。

边恕等：《中国农村精准扶贫的动态测度》，《统计与决策》2017年第22期。

蔡亚庆等：《我国农户贫困持续性及决定因素分析——基于相对和绝对贫困线的再审视》，《农业现代化研究》2016年第1期。

曾福生：《后扶贫时代相对贫困治理的长效机制构建》，《求索》2021年第1期。

曾鸣：《互联网使用对西部农村居民文化贫困的影响》，《调研世界》2019年第9期。

陈光金：《中国农村贫困的程度、特征与影响因素分析》，《中国农村经济》2008年第9期。

陈辉、张全红：《基于多维贫困测度的贫困精准识别及精准扶贫对策——以粤北山区为例》，《广东财经大学学报》2016年第3期。

陈宗胜等：《多维贫困理论及测度方法在中国的应用研究与治理实践》，《国外社会科学》2020年第6期。

陈宗胜等：《中国农村贫困状况的绝对与相对变动——兼论相对贫困线的设定》，《管理世界》2013年第1期。

程世勇、秦蒙：《中国城市农民工多维贫困测度与精准扶贫策略选择》，《教学与研究》2017年第4期。

程晓宇等：《农村持久多维贫困测量与分析——基于贵州普定县三个行政村2004—2017年的普查数据》，《中国人口·资源与环境》2019年第7期。

邓婷鹤等：《中国农村老年人多维贫困的测量与识别研究——基于收入贫困与多维贫困视角》，《统计与信息论坛》2019年第10期。

丁谦：《关于贫困的界定》，《开发研究》2003年第6期。

丁士军等：《被征地农户生计能力变化研究——基于可持续生计框架的改进》，《农业经济问题》2016年第6期。

董潘敏、张健明：《基于灰色关联的民族地区致贫影响因素分析》，《上海工程技术大学学报》2019年第4期。

杜书云、徐景霞：《内源式发展视角下失地农民可持续生计困境及破解机制研究》，《经济学家》2016年第7期。

范和生、武政宇：《相对贫困治理长效机制构建研究》，《中国特色社会主义研究》2020年第1期。

方卫东等：《社会保障制度中贫困线和贫困率的测算》，《上海经济研究》2001年第2期。

方迎风：《中国贫困的多维测度》，《当代经济科学》2012年第4期。

高健、丁静：《新农合大病保险能缓解农村长期贫困吗？——来自贫困脆弱性视角的检验》，《兰州学刊》2021年第4期。

高明、唐丽霞：《多维贫困的精准识别——基于修正的FGT多维贫困测量方法》，《经济评论》2018年第2期。

高明：《什么样的农户更容易贫困——家庭结构视角下的多维贫困精准识别研究》，《现代经济探讨》2018年第2期。

高明等：《全面脱贫后农村多维贫困测量研究》，《农村经济》2021年第7期。

高帅：《社会地位、收入与多维贫困的动态演变——基于能力剥夺视角的分析》,《上海财经大学学报》2015 年第 3 期。

高帅、毕洁颖:《农村人口动态多维贫困:状态持续与转变》,《中国人口·资源与环境》2016 年第 2 期。

高艳云:《中国城乡多维贫困的测度及比较》,《统计研究》2012 年第 11 期。

高艳云、马瑜:《多维框架下中国家庭贫困的动态识别》,《统计研究》2013 年第 12 期。

高艳云、王曦璟:《教育改善贫困效应的地区异质性研究》,《统计研究》2016 年第 9 期。

郭建宇、吴国宝:《基于不同指标及权重选择的多维贫困测量——以山西省贫困县为例》,《中国农村经济》2012 年第 2 期。

郭劲光:《我国扶贫治理的空间视野及其与减灾防治的链接》,《农业经济问题》2013 年第 7 期。

郭劲光:《我国贫困人口的脆弱度与贫困动态》,《统计研究》2011 年第 9 期。

郭君平等:《参与式社区综合发展的动态减贫效应及其机理分析——基于消费与收入流动性双重视角的实证检验》,《劳动经济研究》2017 年第 5 期。

郭君平等:《进城农民工家庭贫困的测量与分析——基于"收入—消费—多维"视角》,《中国农村经济》2018 年第 9 期。

郭熙保、周强:《长期多维贫困、不平等与致贫因素》,《经济研究》2016 年第 6 期。

郭熙保、周强:《中国农村代际多维贫困实证研究》,《中国人口科学》2017 年第 4 期。

韩广富、辛远:《相对贫困视角下中国农村贫困治理的变迁与发展》,《中国农业大学学报》(社会科学版)2020 年第 6 期。

韩佳丽等:《贫困地区劳动力流动对农户多维贫困的影响》,《经济科学》2017 年第 6 期。

韩自强等:《基于可持续生计的农村家庭灾后恢复研究》,《中国人口·资源与环境》2016 年第 4 期。

侯卉等：《中国城镇多维贫困的测度》，《城市发展研究》2012 年第 12 期。

侯军岐等：《脱贫边缘户可持续生计影响因素研究》，《山西农业大学学报》（社会科学版）2021 年第 4 期。

侯亚景：《中国农村长期多维贫困的测量、分解与影响因素分析》，《统计研究》2017 年第 11 期。

侯亚景、周云波：《收入贫困与多维贫困视角下中国农村家庭致贫机理研究》，《当代经济科学》2017 年第 2 期。

黄金梓、李燕凌：《"后扶贫时代"生态型贫困治理的"内卷化"风险及其防范对策》，《河海大学学报》（哲学社会科学版）2020 年第 6 期。

黄忠晶：《"绝对贫困与相对贫困"辨析》，《天府新论》2004 年第 2 期。

江山：《国外动态贫困研究的发展与述评》，《兰州学刊》2009 年第 3 期。

蒋翠侠等：《中国家庭多维贫困的统计测度》，《统计与决策》2011 年第 22 期。

蒋南平、郑万军：《中国农民工多维返贫测度问题》，《中国农村经济》2017 年第 6 期。

解垩：《公共转移支付与老年人的多维贫困》，《中国工业经济》2015 年第 11 期。

解雨巷等：《财政教育政策缓解了长期贫困吗？——基于贫困脆弱性视角的分析》，《上海财经大学学报》2019 年第 3 期。

靳小怡等：《可持续生计分析框架应用的新领域：农民工生计研究》，《当代经济科学》2011 年第 3 期。

李飞等：《走出多维贫困研究的"内卷化"与"学徒陷阱"——文献述评的视角》，《中国农业大学学报》（社会科学版）2013 年第 3 期。

李棉管、岳经纶：《相对贫困与治理的长效机制：从理论到政策》，《社会学研究》2020年第6期。

李实、朱梦冰：《中国经济转型40年中居民收入差距的变动》，《管理世界》2018年第12期。

李彦军、刘梦帆：《我国农村家庭贫困影响因素及区域差异》，《中南民族大学学报》（人文社会科学版）2021年第2期。

廖娟：《残疾与贫困：基于收入贫困和多维贫困测量的研究》，《人口与发展》2015年第1期。

林闽钢：《相对贫困的理论与政策聚焦——兼论建立我国相对贫困的治理体系》，《社会保障评论》2020年第1期。

刘洪等：《贵州构建解决民族地区农村相对贫困的长效机制研究》，《贵州民族研究》2021年第4期。

刘林：《边境连片特困区多维贫困测算与空间分布——以新疆南疆三地州为例》，《统计与信息论坛》2016年第1期。

刘林、李光浩：《基础设施可获得性与特殊类型贫困地区居民的多维贫困——以新疆南疆三地州为例》，《贵州财经大学学报》2016年第5期。

刘小珉：《多维贫困视角下的民族地区精准扶贫——基于CHES2011数据的分析》，《民族研究》2017年第1期。

罗必良：《相对贫困治理：性质、策略与长效机制》，《求索》2020年第6期。

罗楚亮：《农村贫困的动态变化》，《经济研究》2010年第5期。

罗明忠、邱海兰：《农机社会化服务采纳、禀赋差异与农村经济相对贫困缓解》，《南方经济》2021年第2期。

罗绒战堆、陈健生：《精准扶贫视阈下农村的脆弱性、贫困动态及其治理——基于西藏农村社区案例分析》，《财经科学》2017年第1期。

马奔等：《生物多样性保护对多维贫困的影响研究——基于中国7省保护区周边社区数据》，《农业技术经济》2017年第4期。

马莉、王广斌：《代际关系质量对农村老年人口相对贫困的影响——基于 CFPS 的微观数据》，《中南林业科技大学学报》（社会科学版）2021 年第 4 期。

马秋华等：《决胜全面小康背景下关于我国贫困标准的思考——基于多种贫困标准的比较分析》，《西华大学学报》（哲学社会科学版）2018 年第 5 期。

马瑜等：《中国老年多维贫困的测度和致贫因素——基于社区和家庭的分层研究》，《经济问题》2016 年第 10 期。

聂荣等：《我国农村家庭消费贫困动态性研究》，《农业经济》2021 年第 9 期。

聂荣、张志国：《中国农村家庭贫困脆弱性动态研究》，《农业技术经济》2014 年第 10 期。

潘竟虎、胡艳兴：《基于夜间灯光数据的中国多维贫困空间识别》，《经济地理》2016 年第 11 期。

彭继权、吴海涛：《家庭生命周期视角下农户多维贫困影响因素研究》，《世界经济文汇》2017 年第 6 期。

曲颂等：《中国城镇住户贫困的测度与分析——基于广义与狭义视角》，《统计与信息论坛》2021 年第 5 期。

曲玮等：《自然地理环境的贫困效应检验——自然地理条件对农村贫困影响的实证分析》，《中国农村经济》2012 年第 2 期。

曲延春：《农村相对贫困治理：测度原则与路径选择》，《理论学刊》2021 年第 4 期。

任强等：《中国北方农牧交错带贫困动态——基于贫困距离指数的分析》，《资源科学》2018 年第 2 期。

沈扬扬等：《扶贫政策演进下的中国农村多维贫困》，《经济学动态》2018 年第 7 期。

沈扬扬、李实：《如何确定相对贫困标准？——兼论"城乡统筹"相对贫困的可行方案》，《华南师范大学学报》（社会科学版）2020 年第 2 期。

石智雷、邹蔚然：《库区农户的多维贫困及致贫机理分析》，《农业经济问题》2013年第6期。

寿可、葛长青：《相对贫困易发生群体类型分析》，《连云港师范高等专科学校学报》2003年第2期。

宋嘉豪等：《劳动力禀赋、非农就业与相对贫困》，《华中农业大学学报》（社会科学版）2022年第1期。

苏芳等：《后脱贫时代相对贫困治理：分析框架与政策取向》，《中国软科学》2021年第12期。

苏静等：《教育、社会资本与农户家庭多维贫困转化——来自CFPS微观面板数据的证据》，《教育与经济》2019年第2期。

孙久文、夏添：《中国扶贫战略与2020年后相对贫困线划定——基于理论、政策和数据的分析》，《中国农村经济》2019年第10期。

孙鲁云、谭斌：《自我发展能力剥夺视角下贫困地区多维贫困的测度与分析——以新疆和田地区为例》，《干旱区资源与环境》2018年第2期。

孙明慧：《乡村振兴战略下农村相对贫困治理机制研究》，《农业经济》2021年第8期。

谭燕芝、张子豪：《社会网络、非正规金融与农户多维贫困》，《财经研究》2017年第3期。

田素妍、陈嘉烨：《可持续生计框架下农户气候变化适应能力研究》，《中国人口·资源与环境》2014年第5期。

田宇等：《武陵山片区多维贫困度量及其空间表征》，《经济地理》2017年第1期。

童继平、胡巍：《关注中国农民的"相对贫困化"》，《安徽农业科学》2004年第3期。

涂爱仙、阳晓丽：《多维视角下民族地区农村老年贫困与社会保护政策减贫研究——基于海南省的调查》，《中国农村研究》2019年第2期。

汪三贵等：《中国农村贫困家庭的识别》，《农业技术经济》2007年第1期。

汪三贵、孙俊娜：《全面建成小康社会后中国的相对贫困标准、测量与瞄准——基于2018年中国住户调查数据的分析》，《中国农村经济》2021年第3期。

汪为等：《农村家庭多维贫困动态性及其影响因素研究——基于湖北数据的分析》，《中南财经政法大学学报》2018年第1期。

汪为、吴海涛：《家庭生命周期视角下农村劳动力非农转移的影响因素分析——基于湖北省的调查数据》，《中国农村观察》2017年第6期。

王春超、叶琴：《中国农民工多维贫困的演进——基于收入与教育维度的考察》，《经济研究》2014年第12期。

王娟、张克中：《公共支出结构与农村减贫——基于省级面板数据的证据》，《中国农村经济》2012年第1期。

王立安等：《退耕还林工程对农户缓解贫困的影响分析——以甘肃南部武都区为例》，《干旱区资源与环境》2013年第7期。

王谦、文军：《流动性视角下的贫困问题及其治理反思》，《南通大学学报》（社会科学版）2018年第1期。

王素霞、王小林：《中国多维贫困测量》，《中国农业大学学报》（社会科学版）2013年第2期。

王小林、Sabina Alkire：《中国多维贫困测量：估计和政策含义》，《中国农村经济》2009年第12期。

王雪岚：《从绝对贫困治理到相对贫困治理：中国精准扶贫长效机制的实践路径分析》，《沈阳工程学院学报（社会科学版）》2020年第1期。

王湛晨、李国平：《利益共享机制下水电移民相对贫困治理研究》，《河南大学学报》（社会科学版）2022年第2期。

魏程琳、史明萍：《文化视角下脱贫不稳定群体形成的社会动因及长效治理机制构建——以单身汉贫困为问题意识来源》，《南京农业大学学报》（社会科学版）2021 年第 5 期。

吴海涛等：《多维贫困视角下农村家庭性别贫困度量》，《统计与决策》2013 年第 20 期。

吴秀敏等：《民族地区建档立卡贫困户多维贫困程度测量研究——来自163 个村 3260 个贫困户的证据》，《西南民族大学学报》（人文社科版）2016 年第 11 期。

吴秀敏等：《民族地区建档立卡贫困户多维贫困程度测量研究——来自163 个村 3260 个贫困户的证据》，《西南民族大学学报》（人文社科版）2016 年第 11 期。

伍艳：《贫困山区农户生计资本对生计策略的影响研究——基于四川省平武县和南江县的调查数据》，《农业经济问题》2016 年第 3 期。

夏春萍等：《我国农村多维贫困的空间分布特征及影响因素分析——基于 31 省的多维贫困测度》，《中国农业大学学报》2019 年第 8 期。

夏玉莲、匡远配：《农地流转的多维减贫效应分析——基于 5 省 1218 户农户的调查数据》，《中国农村经济》2017 年第 9 期。

向玲凛等：《西南少数民族地区贫困的时空演化——基于 110 个少数民族贫困县的实证分析》，《西南民族大学学报》（人文社会科学版）2013 年第 2 期。

向运华、刘欢：《农村人口外出流动与家庭多维贫困动态演进》，《吉林大学社会科学学报》2016 年第 6 期。

谢家智、车四方：《农村家庭多维贫困测度与分析》，《统计研究》2017 年第 9 期。

邢成举、李小云：《精准扶贫与新时代的中国社会革命》，《北京工业大学学报》（社会科学版）2021 年第 1 期。

邢成举、李小云：《相对贫困与新时代贫困治理机制的构建》，《改革》2019 年第 12 期。

徐文奇等：《多维视角下的中国贫困问题研究——基于 MPI 指

数的比较静态分析》,《经济问题探索》2017 年第 12 期。

许源源、徐圳：《公共服务供给、生计资本转换与相对贫困的形成——基于 CGSS 2015 数据的实证分析》,《公共管理学报》2020 年第 4 期。

杨帆等：《可持续生计视阈下县域多维贫困测度与时空演化研究——以四川藏区行政区划县为例》,《软科学》2017 年第 10 期。

杨慧敏等：《生态敏感区农户多维贫困测度及影响因素分析——以河南省淅川县 3 个村为例》,《经济地理》2016 年第 10 期。

杨静、唐丽霞：《暂时性贫困研究——对已有文献的述评》,《贵州社会科学》2013 年第 3 期。

杨龙、汪三贵：《贫困地区农户的多维贫困测量与分解——基于 2010 年中国农村贫困监测的农户数据》,《人口学刊》2015 年第 2 期。

杨振等：《中国农村居民多维贫困测度与空间格局》,《经济地理》2015 年第 12 期。

叶初升等：《动态贫困研究的前沿动态》,《经济学动态》2013 年第 4 期。

叶兴庆、殷浩栋：《从消除绝对贫困到缓解相对贫困：中国减贫历程与 2020 年后的减贫战略》,《改革》2019 年第 12 期。

殷浩栋等：《易地扶贫搬迁户的识别：多维贫困测度及分解》,《中国人口·资源与环境》2017 年第 11 期。

于敏：《贫困地区农村居民收入流动研究——以甘肃省贫困县为例》,《中国农村观察》2011 年第 2 期。

于敏：《贫困县农户动态贫困实证研究——以内蒙古自治区、甘肃省贫困县为例》,《华南农业大学学报》（社会科学版）2011 年第 2 期。

于涛：《中国城市贫困的多维测度及治理》,《河北经贸大学学报》2019 年第 3 期。

张传洲：《相对贫困的内涵、测度及其治理对策》,《西北民族大学学报》（哲学社会科学版）2020年第2期。

张敦福：《城市相对贫困问题中的特殊群体：城市农民工》，《人口研究》1998年第2期。

张立冬：《中国农村多维贫困与精准扶贫》，《华南农业大学学报》（社会科学版）2017年第4期。

张立冬：《中国农村贫困动态性与扶贫政策调整研究》，《江海学刊》2013年第2期。

张庆红、阿迪力·努尔：《新疆南疆三地州农村多维贫困程度及特征分析》，《干旱区资源与环境》2015年第11期。

张全红：《中国多维贫困的动态变化：1991—2011》，《财经研究》2015年第4期。

张全红等：《中国多维贫困的动态测算、结构分解与精准扶贫》，《财经研究》2017年第4期。

张全红等：《中国省份多维贫困的动态测度——以中国健康与营养调查中的9省为例》，《贵州财经大学学报》2014年第1期。

张全红、周强：《多维贫困测量及述评》，《经济与管理》2014年第1期。

张全红、周强：《中国多维贫困的测度及分解：1989—2009年》，《数量经济技术经济研究》2014年第6期。

张全红、周强：《中国农村多维贫困的动态变化：1991—2011》，《财贸研究》2015年第6期。

张全红、周强：《中国贫困测度的多维方法和实证应用》，《中国软科学》2015年第7期。

张莎莎、郑循刚：《农户相对贫困缓解的内生动力》，《华南农业大学学报》（社会科学版）2021年第4期。

张童朝等：《基于市场参与维度的农户多维贫困测量研究——以连片特困地区为例》，《中南财经政法大学学报》2016年第3期。

张维伟：《江苏省深度老龄化背景下老年人口多维相对贫困测度》，《统计科学与实践》2021年第6期。

张衔：《扶贫攻坚与民族地区的贫困动态——以四川省为例》，《四川大学学报》（哲学社会科学版）2000 年第 3 期。

张晓颖等：《流动妇女多维贫困分析——基于北京市 451 名家政服务从业人员的调查》，《经济评论》2016 年第 3 期。

张秀艳、潘云：《贫困理论与反贫困政策研究进展》，《经济问题》2017 年第 3 期。

张昭等：《"收入导向型"多维贫困的识别与流动性研究——基于 CFPS 调查数据农村子样本的考察》，《经济理论与经济管理》2017 年第 2 期。

张昭、杨澄宇：《老龄化与农村老年人口多维贫困——基于 AF 方法的贫困测度与分解》，《人口与发展》2020 年第 1 期。

章元等：《暂时性贫困与慢性贫困的度量、分解和决定因素分析》，《经济研究》2013 年第 4 期。

章元等：《中国农村的暂时性贫困是否真的更严重》，《世界经济》2012 年第 1 期。

郑继承：《构建相对贫困治理长效机制的政治经济学研究》，《经济学家》2020 年第 5 期。

郑长德、单德朋：《集中连片特困地区多维贫困测度与时空演进》，《南开学报》（哲学社会科学版）2016 年第 3 期。

支俊立等：《精准扶贫背景下中国农村多维贫困分析》，《现代财经》（天津财经大学学报）2017 年第 1 期。

周常春等：《连片特困区农户多维贫困测度及能力建设研究》，《中国人口·资源与环境》2017 年第 11 期。

周洁等：《基于模糊物元模型的南京市失地农民可持续生计评价》，《中国土地科学》2013 年第 11 期。

周强、张全红：《中国家庭长期多维贫困状态转化及教育因素研究》，《数量经济技术经济研究》2017 年第 4 期。

周振、兰春玉：《我国农户贫困动态演变影响因素分析——基于 CHNS 家庭微观数据的研究》，《经济与管理》2014 年第 3 期。

左孝凡等:《社会资本对农村居民长期多维贫困影响研究——来自 2010—2014 年 CFPS 数据的证据》,《西北人口》2018 年第 6 期。

邹薇、方迎风:《关于中国贫困的动态多维度研究》,《中国人口科学》2010 年第 6 期。

Abbi Kedir, Andrew Mckay, "Chronic Poverty in Urban Ethiopia: Panel Data Evidence", *International Planning Studies*, Vol. 10, No. 1, February 2005.

Achim Schmillen, Joachim Moller, "Distribution and Determinants of Lifetime Unemployment", *Labour Economics*, Vol. 19, No. 1, June 2011.

Aldide Hagenaars, "The Definition and Measurement of Poverty", *Journal of Human Resources*, Vol. 23, No. 2, April 1988.

Amartya Sen, "Poverty: An Ordinal Approach to Measurement", *Econometrica*, Vol. 44, No. 2, March 1976.

Ann Huff Stevens, "The Dynamics of Poverty Spells: Updating Bane and Ellwood", *American Economic Review*, Vol. 84, No. 2, May 1994.

Anthony Bebbington, "Capitals and Capabilities: A Framework for Analyzing Peasant Viability, Rural Livelihoods and Poverty", *World Development*, Vol. 27, No. 12, June 1999.

Anthony Shorrocks, Wan Guanghua, "Spatial Decomposition of Inequality", *Journal of Economic Geography*, Vol. 5. No. 1, May 2005.

Arne Bigsten, Abebe Shimeles, "Poverty Transition and Persistence in Ethiopia: 1994 - 2004", *World Development*, Vol. 36, No. 9, June 2007.

Binayak Sen, "Drivers of Escape and Descent: Changing Household Fortunes in Rural Bangladesh", *World Development*, Vol. 31, No. 3, June 2003.

Björn Gustafsson, Ding Sai, "Temporary and Persistent Poverty among Ethnic Minorities and the Majority in Rural China", *Review of Income and Wealth*, Vol. 55, No. 1, July 2009.

Caroline Harper et al., "Enduring Poverty and the Conditions of Childhood: Lifecourse and Intergenerational Poverty Transmissions", *World Development*, Vol. 31, No. 3, February 2003.

Charles Schaninger, William Danko, "A Conceptual and Empirical Comparison of Alternative Household Poverty Models", *Journal of Consumer Research*, Vol. 19, No. 4, March 1993.

Chronic Poverty Research Centre, *The Chronic Poverty Report* 2004-2005, Manchester Press, 2005.

Cook Sneder, *Social Security in Rural China: A Report on Research in Four Counties*, Research Report to ESCOR Department for International Development, 2001.

David Hulme, Andrew Shepherd, "Conceptualizing Chronic Poverty", *World Development*, Vol. 31, No. 3, March 2003.

David Hulme, "Chronic poverty and development policy: An introduction", *World Development*, Vol. 31, No. 3, February 2003.

David Hulme et al., *Chronic Poverty: Meanings and Analytical Frameworks*, Chronic Poverty Research Centre Working Paper 7, Manchester, UK: Chronic Poverty Research Centre (CPRC), July2001.

David Sahn, David Stifel, "Poverty Comparisons Over Time and Across Countries in Africa", *World Development*, Vol. 28, No. 12, June 2000.

Dfid. *Sustainable Livelihoods Guidance Sheets*, London: Department for International Development, 2000.

Evelyn Duvall, "Family Development's First Forty Years", *Family Relations*, Vol. 37, No. 2, April 1988.

Frank Ellis, *Rural Livelihoods and Diversity in Developing Countries*, New York: Oxford University Press, 2000.

Glick Paul, "The Family Cycle", *American Sociological Review*, Vol. 12, No. 1, April 1947.

Gorge Porter, "Transport, (im) Mobility and Spatial Poverty Traps: Issues for Rural Women and Girl Children in Sub-Saharan Africa", *Paper Prepared for the International Workshop on Understanding and Addressing Spatial Poverty Traps*, 2007.

Grebenik, Rowntree Seebohm, *Poverty and Progress: A Second Social Survey of York*, London: Longmans, Green and Co. Ltd. , 1901.

Guanghua Wan, Yin Zhang, "Explaining the Poverty Difference between Inland and Coastal China: A Regression-based Decomposition Approach", *Review of Development Economics*, Vol. 12, No. 2, May 2008.

Guillermo Cruces, Quentin Wodon, "Transient and Chronic Poverty in Turbulent Times: Argentina 1995 – 2002", *Economics Bulletin*, Vol. 9, No. 3, July 2003.

Ian Scoones, "Sustainable Rural Livelihoods: A Framework for Analysis", *Institute of Development Studies*, *IDS Working Paper* 72,1998.

James Foster et al. , "A Class of Decomposable Poverty Measures", *Econometrica*, Vol. 52, No. 3, May 1984.

Jing You, "Evaluating Poverty Duration and Persistence: A spell Approach toRrural China", *Applied Economics Letters*, Vol. 18, No. 14, March 2011.

Joan Rodgers, John Rodgers, "Chronic and Transitory Poverty Over the Life Cycle", *Australian Journal of Labour Economics*, Vol. 13, No. 2, December 2010.

Joan Rodgers, John Rodgers, "Chronic Poverty in the United States", *The Journal of Human Resources*, Vol. 28, No. 8, January1993.

JoséMaría Arranz and Olga Cantó, "Measuring the Effect of Spell Recurrence on Poverty Dynamics: Evidence from Spain", *Journal of Economic Inequality*, Vol. 10, No. 2, June 2012.

Jyotsna Jalan, Martin Ravallion, *Household Income Dynamics in Rural China*, UK: Oxford University Press, 2005.

Jyotsna Jalan, Martin Ravallion, "Geographic Poverty Traps? A Micro Model of Consumption Growth in Rural China", *Journal of Applied Econometrics*, Vol. 17, No. 4, July 2002.

Jyotsna Jalan, Martin Ravallion, "Is Transient Poverty Different? Evidence from Rural China", *Journal of Development Studies*, Vol. 36, No. 6, August 2000.

Jyotsna Jalan and Martin Ravallion, "Transient Poverty in Post-reform Rural China", *Journal of Comparative Economics*, Vol. 26, No. 2, June 1998.

Krishna Anirudh, "Pathways out of and into Poverty in 36 Villages of Andhra Pradesh, India", *World Development*, Vol. 34, No. 2, February 2006.

Li Huaiyin, "Family Life Cycle and Peasant Income in Socialist China: Evidence from Qin Village", *Journal of Family History*, Vol. 30, No. 1, January 2005.

Louie James Powell, "Censored Regression Quantiles", *Journal of Econometrics*, Vol. 32, No. 1, June 1986.

Mary Bane, David Ellwood, "Slipping into and out of poverty: The dynamics of Spells", *Journal of Human Resources*, Vol. 21, No. 1, January 1986.

Mary Corcoran et al., "Myth and Reality: The Causes and Persistence of Poverty", *Journal of Policy Analysis & Management*, Vol. 4, No. 4, July 1985.

Mary Gilly and Ben Enis, "Recycling the Family Life Cyle: A Proposal for Redefinition", *Advances in Consumer Research*, Vol. 9, No. 1, January 1982.

Macpherson S., Silburn R., *The Meaning and Measurement of Pov-*

erty, New York: Routledge, 1998.

Meredith Hill, *Some Dynamic Aspects of Poverty In Five Thousand American Families*, New York: Pattern of Economic Progress, 1981.

Muller Christophe, "Censored Quantile Regressions of Chronic and Transient Seasonal Poverty in Rwanda", *Journal of African Economies*, Vol. 11, No. 4, December 2002.

Neil McCulloch, Michele Calandrino, "Vulnerability and Chronic Poverty in Rural Sichuan", *World Development*, Vol. 31, No. 3, June 2003.

Raghav Gaiha, Anil Deolaikar, "Persistent, Expected and Innate Poverty: Estimates for Semiarid Rural South India 1975 – 1984", *Cambridge Journal of Economics*, Vol. 17, No. 4, December 1993.

Rex Du, Wagner Kamakura, "Household Life Cycles and Lifestyles in the United States", *Journal of Marketing Research*, Vol. 43, No. 1, February 2006.

Robert Chambers, Gordon Conway, "Sustainable Rural Livelihoods: Practical Concepts for the 21st Century", *IDS Discussion Paper* No. 296, October 1992.

Robert Tuttle, "Poverty Over the family Life Cycle", *Journal of Family and Economic Issues*, Vol. 10, No. 4, September 1989.

Solomin Barkina, "Years of Poverty, Years of Plenty: The Changing Economic Fortunes of American Workers and Families", *Journal of Economic Issues*, Vol. 19, No. 3, September 1985.

Thomas Glauben et al., "Persistence of Poverty in Rural China: Where, Why, and How to Escape?", *World Development*, Vol. 40, No. 4, September 2011.

Udaya Wagle, "Multidimensional Poverty Measurement: Concepts and Applications, Economic Studies in Inequality", *Social Exclusion and Well-Being, Working Paper*, Vol. 4, No. 1, 2008.

Victor Chernozhuko et al., CQIV: *Stata Module to Perform Censored Quantile Instrumental Variables Regression*, June 2012.

Victor Chernozhukov and Han Hong, "Three-step Censored Quantile Regression and Extramarital Affairs", *Journal of the American Statistical Association*, Vol. 97, No. 459, September 2002.

William Burke, Thomas Jayne, "Spatial Disadvantages or Spatial Poverty Traps: Household Evidence from Rural Kenya, MSU", *International Development Working Paper*, No. 93, February 2008.

William Wells, George Gubar, "Poverty Concept in Marketing Research", *Journal of Marketing Research*, Vol. 3, No. 4, November 1966.

索 引

B

帮扶政策 2,195,215,241

C

城镇家庭 5,6,8,10,14,17,34,42,49,77-89,128-137,235-240,254-256,266,267

从不相对贫困 122-131,139-174,265-277

D

等权重法 54,55
等维度权重法 10,54-56
低收入群体 28,192,195,196
东北地区 3,5,6,8,62,63,70,76-80,83,86,88,89,97,98,106,107,115-117,127,128,131,134,136,137,147,149,158-160,170-173,177-181,183,185,235-237,239,240,245,250,253,255,259,262,264,266,270,273,277
东部地区 58,59,65,66,73,77-79,81,85,87,89,92-94,100-102,110,111,117,124,125,129,130,132,133,135,137,141,142,151-153,163-165,172,173,177-179,181,183,185,189,206,235,236,239,243,247,251,254,258,260,263,265,268,271,274
动态贫困 5,20,41,42,47,48
多维贫困 5,6,8-10,14-17,32-36,38,42-49,51,71,128,187,188,191,193-195,198,224,246-264
多维贫困指数 33-35,45,49,51,246-250,254-256
多维相对贫困 2-8,10,11,38,39,46-57,64-118,122-128,137-151,153-165,167-172,

174-178,180,181,183,185-195,197-203,207,209,210,212-223,225,226,228-230,234-241,265-277

G

公共服务 16,20,73,186,189,190,192-195,200,208,217,218,221,233,239,240

共同富裕 187,188,190,194,197,207,219,230

J

基础设施 16,32,35,58,59,61-63,72,73,75,77,90,138,204,208,210,211,213,241

教育资源 189,206,231,233

金融资产 53,56-63,72-80,84-88,98-107,149-160,243-245,251-254,256,257,260-262,270-273

绝对贫困 1,15-17,19,26,36,37,39,48,118,122,187,188,191,193,195,196,200,203,206,213,218,219,221,222,229,243-277

K

可持续生计框架 30-32,48

L

劳动能力 32,52,53,55-63,72-76,78-80,84-88,90,138,181,196,243-245,254,256,257

M

慢性相对贫困 7,8,122-128,134-137,139-174,180,181,185,236,237,240,241,265-277

N

耐用品 53,56-63,72-80,84-89,236,243-245,251-254,256,257

能力贫困 3,5,6,17,28-30,46-48

农村家庭 3-8,10,12-14,17,29-31,33-37,40-45,47,49,52,53,57-118,122-181,183,185,234-251,254-277

农村居民 14,20,37,38,45,189,211-215,222

农业生产 27,44,45,108-117,160-173,189,208,211,214,216,231,262-264,274-277

P

贫困动态性 9,10,20,22,34,40,42,43,46-48,128

S

社会保障 15,16,20,45,189,190,192,196,227

社会群体 18,45,208,217,233

生活质量 17,29,30,52,53,56,57,60,62,65,78,89,177,212,219,238,243-245

生计策略 4-6,30-32,44,45,48,90,107-117,153,154,156-173,262-264,274-277

生计特征 3,5,6,11,90,138

生计资本 4-6,11,30-32,39,40,48,90-108,113,116,117,138-160,172,260,261,270

生态环境 18,20,45,192,194,200,211,241

适龄儿童 52,53,55-63,72-80,84-88,243-245,251-254,256,257

受教育程度 15,28,29,44,52,55,56,241

受教育年限 45,51-53,90-98,138-149,257-259,267-270

X

西部地区 61,62,68,69,75-79,82,85,88,89,95,96,104,105,113,114,117,126,127,130,131,133,136,137,145,146,155-158,167-169,172,173,177,179,183,185,206,235,236,239,244,249,252,255,259,261,264,265,269,272,276

相对贫困 1-3,5-8,10,11,15-20,26,36-40,45-48,50-52,57-71,78-83,91-99,101,103,105-107,109-112,114-116,119,122-127,137,139-148,150-156,158-160,172,174,175,177,180,181,186-188,190-196,200-206,210,216-220,222-242,267-277

相对贫困地区 204-207,211,216,221,229-233,241

相对贫困家庭 200,233,235,238-242

相对贫困人口 2,17,38,39,188,194,195,197,198,204,229,231-234

相对贫困治理 2,3,38-40,190,194,200-206,210,214,216-

234,238,240,241

相对贫困状态 3,18,39,40,57,59,61-63,65-70,101,103,105-107,123,137,148,161-163,165,166,168-170,237

协同机制 197,199-202,204

Y

医疗保险 52,53,55-63,72-80,84-89,236,241,243-245,251-254,256,257

医疗支出 52,53,55-63,72-79,84-88,243-245,251-254,256,257

义务教育 18,44,58,59,61-63,192,240,241

饮用水 51-53,56-63,72-80,84-88,192,243-245,251-254,256,257

Z

暂时相对贫困 7,8,122-128,131-134,137,139-173,180,181,185,236,237,240,241,265-277

政府部门 199,205,217,220

治理措施 3,197,240,241

治理问题 204

中部地区 60,61,67,74,75,77-79,81,82,85,87,89,94,95,102,103,111-113,117,125,126,130,133,135-137,143,144,153-155,165-167,172,173,177,179-181,183,185,235,236,239,244,248,252,255,258,261,263,265,268,272,275

住房类型 52,53,56-63,72-80,84-88,243-245,251-254,256,257

住房面积 53,56-63,72-80,84-88,243-245,251-254,256,257

做饭燃料 51-53,56-63,72-80,84-88,243-245,251-254,256,257

后　　记

　　2020年，中国实现了第一个百年奋斗目标，在中华大地上全面建成了小康社会，这也标志着中国历史性地解决了绝对贫困问题。在中国共产党的带领下，中国人民历经百年奋斗，最终使"民亦劳止，汔可小康"的千年梦想照进了现实。与此同时，现实也使我们认识到，在进入全面建成小康社会的新阶段后，由消除绝对贫困转向解决"相对贫困"，已然成为"全体人民共同富裕取得更为明显的实质性进展"的关键环节。然而，以往学术界对贫困的研究大多关注绝对贫困，鲜有研究关注相对贫困，尤其缺乏从微观层面研究相对贫困。本书采用微观调查数据，从多维相对贫困的视角展开了理论和实证的研究，以期为长期存在的相对贫困治理提供理论支撑和经验借鉴。

　　本书为作者的博士学位论文，获批2020年度国家社会科学基金后期资助暨优秀博士论文出版项目（项目编号：20FYB018），本书的研究和出版得到了全国哲学社会科学工作办公室和中国社会科学出版社的大力支持。

　　在从事本书的研究过程中，许多机构和人员提供了支持和帮助。北京大学中国社会科学调查中心为本书研究提供了丰富的数据支持，中南财经政法大学吴海涛教授、郑家喜教授为本书研究框架的构建提出了指导性意见，国家社会科学基金项目评审人在本书立项环节提出了宝贵意见，四川农业大学庄天慧教授、蓝红星教授、张社梅教授、徐定德副教授、刘宇荧博士、陈光燕博士、宋嘉豪博士、张正杰博士为本书的修改和完善提供了大量的帮助，四川农业大学农业经济管理和农业管理研究生徐政、罗鑫、张崇梅、邱子珊、李文卓、傅卓颖和黄增协助作者校对了书稿，在此一并感谢。当然，本书可能还存在很多疏漏，但作者仍然希望将这块"引玉之砖"抛出去，为中国的多维相对贫困治理研究贡献绵薄之力。不当之处，敬请读者批评赐教！